岩溶地区地铁工程设计关键技术研究与应用

农兴中 史海欧 翟利华 编著

YANRONG DIQU DITIE GONGCHENG SHEJI GUANJIAN JISHU
YANJIU YU YINGYONG

中南大学出版社
www.csupress.com.cn
·长沙·

图书在版编目(CIP)数据

岩溶地区地铁工程设计关键技术研究与应用／农兴中，史海欧，翟利华编著. —长沙：中南大学出版社，2021.1

ISBN 978-7-5487-4560-0

Ⅰ. ①岩… Ⅱ. ①农… ②史… ③翟… Ⅲ. ①岩溶区—地下铁道—铁路工程—工程设计 Ⅳ. ①U231

中国版本图书馆 CIP 数据核字(2021)第 139820 号

岩溶地区地铁工程设计关键技术研究与应用

农兴中　史海欧　翟利华　编著

□ **责任编辑**	刘颖维	
□ **责任印制**	唐　曦	
□ **出版发行**	中南大学出版社	
	社址：长沙市麓山南路	邮编：410083
	发行科电话：0731-88876770	传真：0731-88710482
□ **印　　装**	湖南鑫成印刷有限公司	

□ **开　　本**	710 mm×1000 mm 1/16　□**印张** 16　□**字数** 321 千字	
□ **版　　次**	2021 年 1 月第 1 版　□**印次** 2021 年 1 月第 1 次印刷	
□ **书　　号**	ISBN 978-7-5487-4560-0	
□ **定　　价**	256.00 元	

编 委 会

主　　编

　　　　农兴中　　史海欧　　翟利华

副 主 编

　　　　刘健美　　张鹏飞　　王　凌　　顾　锋

　　　　阚绍德　　王明敏　　吴　嘉

编　　委

　　　　王一兆　　韦永美　　涂文博　　宋立忠

　　　　姚　典　　涂　建　　杨福瑞　　梁粤华

　　　　卢小莉　　何金福　　王春森　　任　祥

编写单位

　　　　广州地铁设计研究院股份有限公司

　　　　华东交通大学

前 言 *Preface*

　　随着我国城镇化进程不断推进，交通拥堵问题日益严重。地铁是缓解城市交通压力的重要方式，我国地铁建设进入快速发展阶段。受不同地域、不同地质条件和不同运营规模等影响，地铁土建工程的难题越来越多，设计、施工及运营面临的安全形势也越来越严峻。

　　我国可溶岩分布广泛，占国土面积的1/3以上，岩溶地面塌陷灾害时常发生，是全球16个存在严重岩溶地面塌陷问题的国家之一。正在修建地铁的城市中，广州、南宁、长沙、深圳、武汉、济南、贵阳、徐州等均存在不同程度的岩溶地质分布。开展岩溶发育区地铁工程设计关键技术研究，在设计过程中提前预判并控制地铁修建全过程的风险，是保证线路顺利实施和长运久安的关键。

　　截至2020年12月31日，广州地铁运营线路共14条，运营里程为553.2 km，其中广州地铁9号线在岩溶发育复合地层已建成的线路中，里程最长、岩溶最发育、建设难度最大，也是世界首条在浅埋岩溶强烈发育的地质条件下城区内修建整条线路的地铁工程。为解决设计建设过程中的难题，设计团队从岩溶区勘察、车站设计及区间设计等方面开展了岩溶发育区地铁工程设计关键技术研究，线路从设计、建设至验收运营历经近9年，积累了极其丰富和宝贵的工程设计经验，为本书全面系统地分析岩溶发育区地铁工程设计理论和方法奠定了基础。

　　本书在大规模工程实践的基础上，结合广州地铁9号线工程，着重对岩溶发育区地铁土建工程设计关键技术展开研究。针对岩溶的成因和特点，系统总结了岩溶发育区地铁土建工程可能存在的地质风险、勘察重难点、勘察特殊要求，以及勘察手段和技术要点等。依据岩溶发育区地铁土建工程，以典型案例的形式整理出了勘察方法和勘察成果，并提出了溶（土）洞工程处理措施建议；针对岩溶区地铁车站和区间建设，全面分析了修建过程风险和设计重难点，提出了岩溶区地铁车站和区间建设总体设计要求，分别形成了岩溶预处理、先区间后车站、双模盾构设计运用、特殊岩土地层盾构管片设计、盾构隧道基底预留注浆处理、盾构下穿河流及重要建构筑物等一系列设计关键技术，并结合工程设计实践，详细介绍了岩溶预处理设计、车站施工和盾构掘进等典型工程设计开展全过程；同时，针对岩溶区地铁下穿高铁修建设计中面临的地层沉降和岩溶风险等关键设计建设难点，详细分析了岩溶区地铁下穿高铁路基段设计风险，通过方案比选，提出了铁路路基 MJS 水平旋喷桩加固关键技术。本书相关研究成果源于实践、高于实践，可为国内外岩溶发育区城市修建地铁工程提供借鉴，为地铁下穿既有线路路基风险控制措施提供了参考。

本书在编写过程得到了广州地铁集团有限公司、广东华隧建设集团股份有限公司、中铁第一勘察设计院集团有限公司等参建单位同仁的支持和配合，同时参考了国内外相关著作、论文及规范，在此一并表示感谢！

由于编者水平和精力有限，书中一定会存在不少错漏之处，希望国内外同仁批评指正。

作　者

2021 年 1 月

目录
Contents

第1章

概　述

　　我国地大物博，地质构造复杂，具有丰富的岩溶地质，它的存在给地铁的修建带来了巨大困难。本章在阐述全国轨道交通城市发展的基础上，重点介绍了广州岩溶区轨道交通运营情况，以及目前岩溶区地铁设计、建设亟待解决的问题。

1.1　全国城市轨道交通建设运营情况

　　城市轨道交通是重要的公益性交通基础设施，是便民惠民的重大民生工程，关系着城市发展。截至2020年底，我国(不包括港、澳、台地区)共有45个城市开通城轨交通运营线路244条，运营线路总长度达7969.7 km，各城市轨道交通运营线路长度如图1-1所示。

　　"十三五"期间，全国累计新增运营线路长度为4351.7 km，年均新增运营线路长度为870.3 km，年均增长率为17.1%，创历史新高，比"十二五"期间年均投入运营线路长度403.8 km增加了一倍多，五年新增运营线路长度超过"十三五"前的累计总和。运营、建设、规划线路规模跨越式增长，城市轨道交通持续保持快速发展趋势。

　　我国岩溶分布广泛，占国土面积的1/3以上，岩溶地面塌陷灾害时常发生，是全球16个存在严重岩溶地面塌陷问题的国家之一。正在修建地铁的城市中，广州、南宁、长沙、深圳、武汉、济南、贵阳、昆明、徐州等均存在岩溶地质，其中各城市中位于岩溶发育区的地铁线路如表1-1所示。

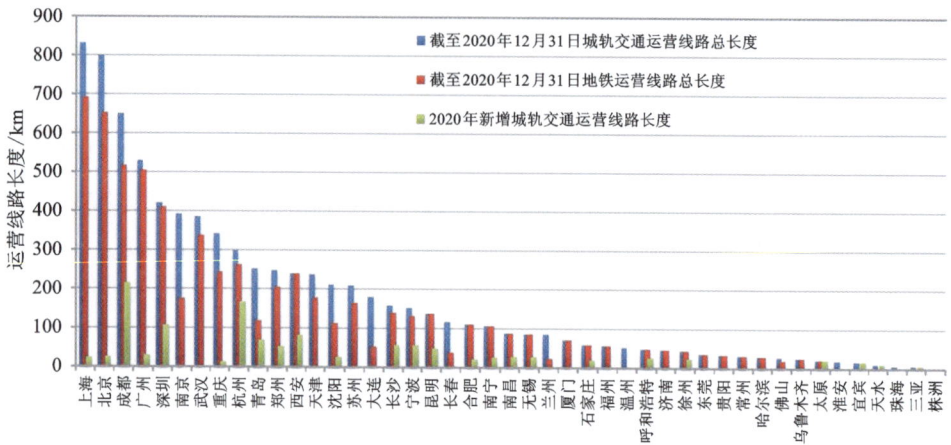

图 1-1　各城市轨道交通运营线路长度

(侯秀芳，梅建萍，左超. 2020 年中国内地城轨交通线路概况[J]. 都市快轨交通，2021，34(01)：12-17.)

表 1-1　各城市中位于岩溶发育区的地铁线路

城市	岩溶发育区的地铁线路
广州	2 号线三元里至嘉禾望岗段、3 号线永泰至机场北段、5 号线大坦沙段、6 号线如意坊以西段、9 号线、8 号线北延段
南宁	2 号线、4 号线
长沙	1 号线、3 号线、4 号线
深圳	3 号线、8 号线、14 号线、16 号线
武汉	2 号线、3 号线、6 号线、7 号线、27 号线
济南	1 号线
贵阳	1 号线、2 号线、3 号线
昆明	3 号线、4 号线、6 号线
徐州	1 号线、2 号线、3 号线

1.2　广州岩溶区轨道交通建设运营情况

截至 2020 年 12 月 31 日，广州地铁运营线路共 14 条，分别为 1 号线、2 号线、3 号线（含 3 号线北延段）、4 号线、5 号线、6 号线、7 号线、8 号线、9 号线、13 号线、14 号线(含知识城线)、21 号线、APM 线和广佛地铁,广州地铁运营里程为 553.2 km,居中国(除港澳台地区外)第四名。

为适应城市经济社会发展需要,支持广州市重点区域、新区建设和南沙自贸区发展,促进区域交通一体化,提升综合交通枢纽接驳水平,发挥轨道交通网络效益。2017 年 3 月,国家发改委批复了广州市城市轨道交通第三期建设规划(2017—2023 年)(发改基础〔2017〕498 号),广州地铁将新建设 3 号线东延段、5 号线东延段、7 号线二期、8 号线北延段、10 号线、12 号线、13 号线二期、14 号线二期、18 号线和 22 号线共 10 个项目,总长度为 258.1 km。预计至2023 年,广州市城市轨道交通累计开通里程将突破 800 km。

广州地区地质情况复杂,有"地质博物馆"之称,地铁施工难度和风险大。其中,广州地铁已建成的 2 号线三元里至嘉禾望岗段、3 号线永泰至机场北段、5 号线大坦沙段、6 号线如意坊以西段、9 号线、8 号线北延段均位于岩溶发育区;在建的 13 号线罗冲围至朝阳段、12 号线槎头至云溪花园段、14 号线二期也位于岩溶发育区。在岩溶发育复合地层已建成的线路中,广州地铁 9 号线里程最长、岩溶最发育、建设难度最大,也是世界首条在浅埋岩溶强烈发育的地质条件下城区内修建整条线路的地铁工程。

1.3 广州岩溶地质分布及岩溶发育特征

1.3.1 广州地区岩溶分布情况

1. 可溶性碳酸盐岩分布

广州地区地层从新至老有新生界的第四系、下第三系,中生界白垩系、侏罗系、三叠系,古生界二迭系、石炭系、泥盆系,元古界的震旦系。其中,石炭系下统的石磴子组(C_1ds)岩性为石灰岩和泥灰岩,石炭系中上统壶天群($C_{2+3}ht$)岩性为灰白肉红色厚层状、隐晶微晶石灰岩夹白云质石灰岩或角砾状灰岩;二迭系栖霞组(P_1q)岩性为灰黑色炭质灰岩夹炭质页岩;下第三系梓庄村组(E_1X)中上部含泥灰岩、灰岩。这些地层以灰岩为主或有灰岩夹层,是形成岩溶的岩层条件,主要分布于广州—花都盆地(简称广花盆地),分布面积约为 510.5 km²。此外,在广州北部从化市良口—吕田一带也零星分布有大理岩化灰岩可溶岩,沿花岗岩侵入体边缘部位分布,为灰岩受热浆热液作用影响而成。

2. 可溶性碎屑岩分布

广州可溶性碎屑岩主要为白垩系上统大塱山组黄花岗段(K_2d_2)及下第三

系梓庄村组(E_1X)红层中的灰质砂岩和灰质角砾岩,主要分布于广从断裂带附近及其以西地带,即广花盆地东部边缘。因其粗碎屑多为灰岩质,被水溶蚀后也能形成空洞,即红层中的溶洞。

1.3.2 广州地区岩溶发育规律

1.岩溶发育受岩性的影响

(1)可溶性碳酸盐岩

广州地区可溶性碳酸盐岩岩溶发育与岩性具有一定的对应关系。根据广州地铁勘察钻孔统计(如图1-2所示)发现:石炭系壶天群($C_{2+3}ht$)岩溶发育最为强烈,其次为石炭系石磴子组(C_1ds)及二叠系栖霞组(P_1q),再次为石炭系测水组(C_1dc)和大塱山组(k_2d_2)。

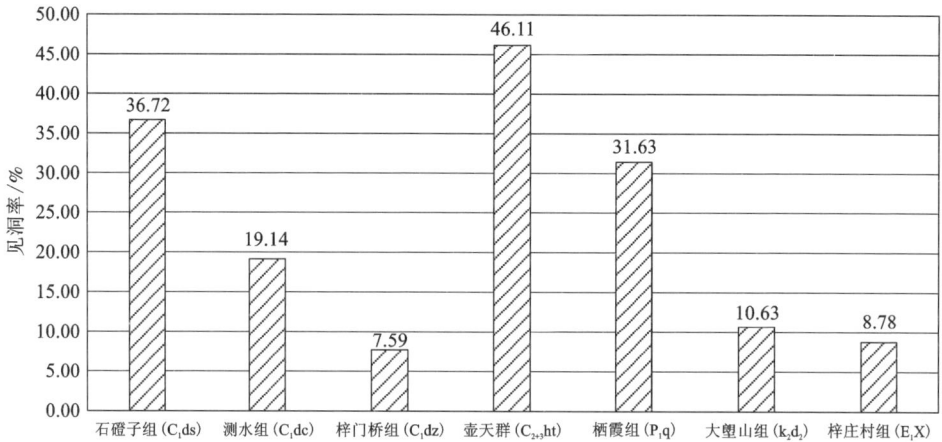

图1-2 广州地铁勘察钻孔不同岩性对应见洞率统计

(2)可溶性碎屑岩

广州地区白垩系上统及第三系红层地层因近可溶性碎屑盐岩,山麓堆积或崩积、冲洪积沉积后形成灰质角砾岩、灰质砂砾岩,大多呈透镜状产出,规模较小。广州地铁5号线、6号线、11号线及14号线在广州火车站、大坦沙、沙河、钟落潭等地有揭露出该套地层中的溶洞。其主要有以下特征:

①溶洞规模一般较小,其中洞高小于1.0 m的约占30%,洞高为1.0~2.0 m的约占37%,洞高为2.0~5.2 m的约占33%。

②无充填溶洞超过80%,仅少数溶洞充填流塑—软塑状的粉质黏土,且以半充填为主;大部分溶洞全漏水,具良好的连通性和导水性,局部区域岩溶水

具有承压性。

③溶洞多位于不同风化岩带，甚至在微风化岩带的夹层中也有发育。

④溶沟、溶槽等岩溶现象不发育。

2. 岩溶发育受断裂带的影响

广州地区可溶性岩主要分布于广花盆地，位于广从断裂西侧，同时还存在NWW 向的温泉断裂和 NE 向的沙坝断裂，受断裂带控制，岩石破碎裂隙发育，是岩溶发育的良好基础。2 号线北延段线路位于萧岗向斜东翼，为区域性大断裂广从断裂控制区，同时靠近三元里温泉断裂、新市—嘉禾断裂，决定了本区具备岩溶发育强烈的条件；5、6 号线大坦沙站附近位于广三断裂与海珠断裂影响范围，岩溶发育；5 号线草暖公园，位于广从断裂与环市路断裂的交汇处，岩溶特别发育；广佛线岩溶也主要沿雷岗东断裂发育。对该区域岩溶的洞岩比进行了统计(如表 1-2 所示)，发现越靠近温泉断裂带和广从断裂带，岩溶的洞岩比越高，特别是在断裂较为密集的部位或规模较大的断层附近，洞岩比较大，表明这些地方的灰岩溶蚀率较高，溶洞发育。

表 1-2　广州岩溶地区揭示洞岩比值统计表

地点	洞岩比范围	洞岩比平均值
温泉断裂带以北	0.09~0.37	0.23
温泉断裂带附近	0.13~0.85	0.38
温泉断裂带以南	0.09~0.21	0.16
广从断裂带西部金沙洲大桥附近	0.13~0.24	0.18
广从断裂带附近电视塔南侧	—	0.25

3. 岩溶发育受水系影响

广从断裂西侧为流溪河，岩溶发育过程的侵蚀作用受流溪河影响。古流溪河走向大致为北东—南西，途经金沙洲—大坦沙一段时，古河道近为南北走向；珠江水系(含流溪河)途径段岩溶发育程度高，其中大坦沙片区岩溶发育，溶洞呈串珠状分布，钻孔揭示单个溶洞最大高度达 21 m，含水层渗透系数为112.2~135.5 m/d。

4. 岩溶发育深度特征

广州地区岩溶发育深度一般在基岩面以下 80 m 之内，-80~-65 m 不等，北高南低。上下分 3 层：基岩面以下 0~30 m，岩溶率为 2.88%，为富水带；基岩面以下 30~50 m，岩溶率为 0.72%，为贫水带；基岩面以下 50~80 m，岩溶率为 0.11%，为隔水带。一般岩溶发育程度会随着深度的增加而递减。经统计揭露溶(土)洞的洞顶埋深，广州地区岩溶发育深度主要集中在 10~30 m，正好是地铁隧道埋深的深度区域，占所有溶(土)洞垂向分布的 85.26%，其中深度为 20~30 m 的溶(土)洞占比有 54.84%；深度为 10 m 以下和 50 m 以下的溶(土)洞占比很少，分别为 0.39% 和 0.44%(如图 1-3 所示)。

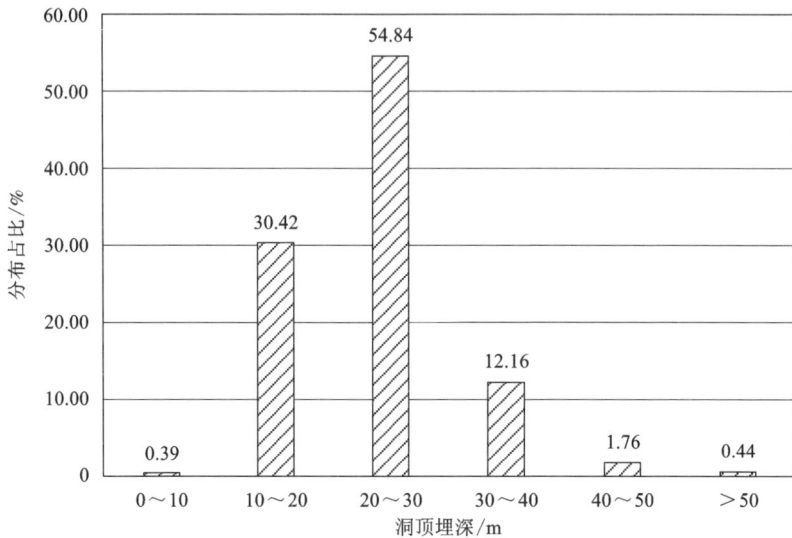

图 1-3　广州地铁线路溶(土)洞洞顶埋深分布图

1.3.3　广州地区岩溶发育特征

广州地区岩溶发育形态主要为溶洞、溶沟、溶槽，少量溶隙、溶孔、落水洞等。

1. 溶洞

溶洞形态特征：溶洞在各可溶岩均有分布，大小不一，形态多样。根据既有资料统计，广州市可溶岩钻孔见洞率为 21.7%~86.0%(平均为 55.9%)，岩溶率为 3.60%~50.72%(平均为 10.31%)。不同可溶岩区溶洞大小情况有所不同，溶洞高度从 0.5 m 到超过 10 m，平均为 3.55 m；据钻孔揭露，最大溶洞高度为 35.55 m，位于增城区派潭镇；从已完成勘察的地铁线路，选取 3498 个溶洞对其发育大小进行统计分析，溶洞高度不大于 3.0 m 的洞体占 77.76%，大于 5.0 m 的溶洞为 9.75%(如表 1-3 所示)。

表 1-3 广州地铁线路溶(土)洞高度分布统计表

洞体高度范围/m	溶洞个数/个	所占百分比/%
0~1.0	1229	35.13
1.0~3.0	1491	42.62
3.0~5.0	437	12.49
5.0~10	279	7.98
>10	62	1.77
合计	3498	100

溶洞充填情况:溶洞根据被充填程度分为全充填、半充填、未充填 3 种,充填物多为细砂、淤泥、黏土、粉质黏土等。根据对广州地铁勘察钻孔揭露的溶洞进行统计,全充填状态占 29%,半充填占 50%,未充填占 21%。未充填溶洞显示岩溶处于发育期,岩溶水在其中流动强烈;半充填溶洞显示溶洞处于过渡期,岩溶水在其中流动较强烈,大部分溶洞处于半充填状态;全充填状态显示岩溶处于休眠期,岩溶水流动性弱。

2. 土洞

土洞为岩溶的衍生物,在可溶岩分布区土洞普遍发育。土洞多分布在覆盖层下部,与可溶岩的开口溶洞相连,随着地下水动力作用和土洞的不断坍塌,土洞逐步向地表推进直至形成地面塌陷;土洞大小不一,洞径多为 0.3~2.0 m;土洞多呈半充填状态,少量呈全充填状态。广州地区土洞分布主要集中在广花盆地平原区,而且在石炭系石磴子组和壶天群、白垩系、二叠系栖霞组的上覆地层中最为发育,如广州新白云国际机场主机楼和廊道区第四系下伏分布有石炭系石磴子组灰岩,在不到 1 km² 范围内,钻探揭露到土洞超过 70 个(如图 1-4 所示)。

3. 溶沟、溶槽

地表水沿可溶岩的节理面或裂隙面发生溶蚀,形成溶沟或沟槽(如图 1-5 所示)。溶沟常呈长条形,溶槽呈不同形态的凹陷状,深度一般为 0.4~3.0 m,较大型的溶沟可达数十米深,溶槽可达 70 m 以上。据钻探资料显示,在荔湾区大坦沙一带可溶岩区,第四系覆盖层厚度一般为 20~30 m,但少量钻孔至 50 m 才揭露到可溶岩,显示溶槽发育的差异性,经过钻探岩芯分析,判定有断裂从此经过,溶沟、溶槽内充填有粉细砂、黏土、淤泥等。

图1-4　白云机场南揭露溶(土)洞

4.溶隙、溶孔

溶隙、溶孔是可溶性岩岩溶发育初期的表现(如图1-6所示),是裂隙形成溶洞过程中的中间阶段,也是连通溶洞和可溶岩表面溶沟、溶槽的通道。往往沿结构面密集区发育,常分布在断层带上、褶皱轴部、可溶岩与其他岩石接触带上。在钻孔岩芯中表现为结构面上的溶蚀沟,钻探遇到该区域往往出现漏水现象。

图1-5　溶沟

图1-6　溶隙

1.4 岩溶区修建地铁亟待解决的设计关键技术

岩溶区修建地铁亟待解决的设计关键技术如下：

①针对岩溶区地铁土建工程勘察设计可能遇到的风险，提出岩溶区地铁土建工程的勘察风险、勘察重难点及勘察关键技术。

②针对岩溶区地铁车站修建过程中存在的风险及设计的重难点，明确车站设计总体技术要求，优化岩溶区明挖法地铁车站设计方案。

③针对岩溶区地铁区间设计建设可能面临的风险，明确岩溶区地铁区间设计重难点，提出岩溶发育区地铁区间设计总则及设计关键技术。

④针对岩溶区地铁下穿高铁修建设计中面临的地层沉降和岩溶等风险，明确岩溶区地铁下穿高铁路基段设计重难点，提出下穿高铁的设计关键技术。

⑤针对岩溶区地铁车辆段设计建设，明确岩溶区地铁车辆段设计重难点，提出岩溶区车辆段设计关键技术。

1.5 本章小结

本章主要介绍了全国轨道交通建设运营情况，重点介绍了广州岩溶地区的岩溶发育特征及其城市轨道交通运营情况，并针对性地提出了岩溶区修建地铁亟待解决的设计关键技术问题。

第 2 章

岩溶区勘察关键技术

岩溶区由于溶(土)洞及岩溶水的存在,使拟建场地地基承载力减小、围岩不稳定、结构安全可靠性降低,在地铁修建过程中可能存在地面塌陷、基地突涌水等风险。广州地铁 9 号线是我国首条在浅埋岩溶强烈发育的地质条件下修建的地铁工程,如何采用现有勘察技术尽可能查明沿线溶(土)洞发育情况,对于地铁工程的设计、施工都至关重要。

本章首先分析了岩溶区地质风险及勘察重难点;然后结合地铁工程勘察总体技术要求,全面总结了地铁工程勘察关键技术;最后给出了广州地铁 9 号线勘察过程中的典型案例,以供同类工程参考。

2.1 地质风险及勘察重难点

2.1.1 地质风险

对地铁土建工程来说,岩溶区主要的三大地质风险要素为水、洞、岩土组合的复合地层。

1. 地下水

岩溶的成因离不开水,因此岩溶区往往是水系发达之处,而对于地下工程来说,地下水一直是不容忽视的风险因素。岩溶区地下水丰富,且由于溶洞、溶蚀、溶沟的连通特征,补给快,盾构施工过程易打破岩溶区的水系平衡,同时为其提供汇水通道,引发地下水往盾构隧道汇集,易导致土压盾构喷涌,盾尾、管片渗漏等问题;在基坑开挖过程中,容易发生岩溶水突涌,导致基坑被淹等问题;同时,地下水的大量流失也会引起地面沉降。

2. 溶(土)洞

(1)洞穴坍塌

溶(土)洞在外力干扰下存在坍塌风险,尤其是土洞,洞顶板为成拱的黏土,稳定性差;而溶洞顶板为岩层,稳定性相对好些,除非顶板岩层厚度小且受扰动大。因此,洞穴坍塌多发生在黏土层/土洞/岩溶复合地层。

溶(土)洞坍塌的主要原因是顶板地层平衡被打破。另外,工程实施过程中地下水的变化;勘察阶段钻机荷载及振动;预处理阶段注浆压力、地面作业荷载等;盾构掘进阶段振动、超挖等扰动,都有可能破坏其原有的平衡状态导致洞穴坍塌。

(2)开挖面失衡

车站围护结构施工时遇到溶(土)洞易发生泥浆快速流失,存在桩孔或槽段塌方的风险;盾构掘进过程遇到溶(土)洞,存在平衡开挖面的介质流失于洞穴的风险。

3. 凹凸不平的高强度灰岩及岩土组合的复合地层

岩溶区的微风化灰岩强度高,同时布满了溶槽、溶沟、溶(土)洞,因此岩面是凹凸不平的。对广州市的岩溶区来说,岩面以上多数覆盖富水砂层。在这套地层中施工,对明挖工程来说,存在围护结构施工易发生偏孔、塌孔的问题。对盾构工程来说,盾构破岩的滚刀在凹凸不平的岩面上掘进无法形成完整的轨迹线,破岩效果差,产生的大块岩块发生滞排,滞排的岩块又会损坏盾构机搅拌棒等部件。刀具随着刀盘转动易受轴向力、侧向力冲击,发生不正常损坏。同时盾构机在上软下硬的复合地层中施工存在姿态控制难、地面沉降过大等问题。

2.1.2 勘察重难点

针对上述地质风险,岩溶区工程勘察的重点、难点如下所述。

1. 第四系地层

(1)勘察重点

岩溶区应重点查明可溶岩上覆第四系地层的状态、成分、空间分布、富水和透水性、颗粒成分及其成因或沉积环境等。尤其应重点查明砂土层、淤泥软土层及软流塑状的残积土层的分布特征。当灰岩上覆为松散砂层(含有一定的黏粒)时,岩溶水与孔隙水贯通,且岩溶水可能具有承压性,水的活动对上面土层产生潜蚀作用,出现溶洞与土洞伴生现象,在工程建设的影响下,容易发生塌陷等地质灾害;在溶洞发育区的上覆地层存在着一定厚度的淤泥层时,因淤泥具有含水量高、孔隙率大、强度低、易触变及渗透系数较小等特性,在自重及外部荷载作用下排水固结的过程很缓慢,变形持续时间长,势必对隧道结构产生影响;在灰岩顶与上覆残积土接触部位常发育有软流塑状的残积土,该土层对盾构施工的影响与土洞或淤泥层相类似,存在较大的施工隐患。

（2）勘察难点

下伏岩层起伏大，因此与第四系地层的交界面很难被探清。此外，由于地层特性，勘察本身也有一定的难度，如砂土层或流塑状软土层与基岩直接接触，在勘察阶段揭露到土洞或薄顶溶洞时，容易出现上部地层塌落的现象，在地层分层和鉴别时容易忽略土洞或薄顶溶洞。

2. 岩层

（1）勘察重点

针对岩溶区的岩体勘察，需重点查明可溶岩层与非可溶岩层的分布情况及溶岩层的岩溶发育情况；查明岩层矿物组分、地层产状、破碎程度；在揭露岩溶时还需重点查明洞顶形态、顶板的完整度、顶板厚度；对不同地层时代灰岩进行化学成分分析和矿物成分薄片鉴定，了解灰岩的可溶性特征；对接触带附近砾岩进行砾石成分及基质成分的化学分析，结合钻探揭示情况分析评价砾岩发育溶洞的可能性；查清岩面起伏线，尤其是与上覆第四系地层的交界面。

（2）勘察难点

由于岩溶区灰岩地层受地质构造、岩层接触带及破碎带、地下水流等影响，岩溶发育也呈不均匀性，岩溶区常出现有石芽、石柱、溶沟、溶蚀洼地等，单凭现行规范要求间距布置钻孔，很难查清其岩面起伏状态。岩溶区岩土工程勘察钻探施工也存在一定的困难，如钻孔漏水或涌水、钻孔偏斜、采取率低等问题。遇到的一些大的溶洞和裂隙时，勘察钻探操作不当，就会出现掉钻以及钻具损坏的现象，或者是钻具被溶洞以及裂隙中的一些填充物掩埋，无法顺利拔出，甚至出现洞穴坍塌的事故。

3. 地下水

（1）勘察重点

勘察时需查明隧道沿线的地下水位、水温和水化学成分，特别要查明涌水量丰富的含水层、汇水构造、强透水带及与地表水体连通的断层、破碎带、节理裂隙密集带和岩溶通道，预测基坑开挖或盾构掘进时突水（泥）的可能性。

针对岩溶水需重点查明岩溶水出水点的类型、位置、标高、所在的岩溶岩组、季节动态、连通条件及其与地面水体的关系；阐明岩溶水环境、动力条件、消水与涌水状况、水质与污染情况。

（2）勘察难点

岩溶地下水大多分布于岩层洞穴或溶蚀裂隙中，通过快速循环交替来形成集紊流、层流、孔隙、通道于一体的地下水系统。因岩溶发育分布规律性较差，裂隙、溶洞、孔隙相互连通，尤其在溶洞发育的情况下，很难通过一般的抽水试验来准确计算其水文地质参数；倘若岩溶地层与上覆砂层直接接触，其岩溶水与上部第四系松散层地下水相连通,富水构造就更为复杂。因此,在岩溶勘察过程中,查明岩溶区地下水的连通性、动力条件及较准确计算有关水文参数,在当前勘察技术手段下仍是难点。

4.溶(土)洞

(1)勘察重点

查明场地溶(土)洞发育规律、形态规模、密度及其空间分布、充填情况及充填物性质、可溶岩顶部浅层土体的厚度、空间分布及其工程性质、岩溶水的循环交替规律等问题,是岩溶区轨道交通工程地质勘察中的重点,为后续的溶(土)洞处理的设计、施工、运营维保等提供基础资料。

(2)勘察难点

岩溶地区的溶洞发育常常千姿百态,以当前的勘察技术手段难以完全查明溶(土)洞发育分布情况。目前主要手段是采用钻探和物探的方式进行,这两种方法都具有各自的局限性:钻探为一孔之见,对于发育分布无一般规律可循的岩溶洞体,在有限的钻孔条件下是不能完全揭露所有溶(土)洞,即使有揭露到,也很难查明洞体大小和形态;而物探技术为一种间接勘察方法,且受外围因素干扰及其反演理论计算存在的多解性等影响,其准确性仍有待提高。因此,对于溶(土)洞的探查仍然是一大难点。

2.2 地铁工程勘察总体技术要求

2.2.1 勘察要求

1.岩溶区勘察内容

岩溶区勘察应查明下列内容:

①地表岩溶分布形态特征、溶蚀地貌类型。

②可溶岩地层分布、地层年代、岩性成分、地层厚度、结晶程度、裂隙发育程度、单层厚度、产状、所含杂质、溶蚀及风化程度。

③不同岩性岩层的分布特征、接触关系、接触范围。

④溶洞、暗河的空间位置、形态、分布和充填情况,节理裂隙发育程度,溶洞、裂隙的连通性。

⑤断裂的力学性质和产状,断裂带或溶蚀深槽的破碎程度、宽度、胶结程度和渗透性。

⑥褶皱不同部位的特征以及与岩溶发育程度的关系。

⑦分析区域侵蚀基准面、地方侵蚀基准面与岩溶发育的关系。

⑧岩溶地下水分布特征及补给、径流、排泄条件，岩溶地下水的流向、流速，岩层水富水性，岩溶水与地表水、覆盖层或不可溶岩覆盖层地下水的水力联系。

⑨水文地质复杂的岩溶地段应进行水文地质试验或地下水动态观测。对于工程建设有重大影响地段，可选择一定数量的观测孔进行不少于一个水文年的水文地质动态观测。

2. 覆盖型岩溶发育地区勘查内容

覆盖型岩溶发育地区还应查明下列内容：

①覆盖层成因、性质、厚度。

②地下水补给来源，各含水层间的水力联系、水头高度，地下水的开采情况。

③土洞和塌陷的成因、分布、形态发育规律和发展趋势。

3. 岩溶勘察要求

岩溶勘察应符合下列要求：

①岩溶区勘探应采用钻探、原位测试和物探等勘探手段。

②物探提供的岩面埋深、溶洞、裂隙、破碎带特征信息可用挖探、钎探或钻探进行验证。

③溶（土）洞填充状态检查可采用钻探取芯、轻型动力触探、标贯等方法。

④岩芯采取率要求，完整岩层大于或等于80%、破碎带大于或等于50%、溶洞填充物大于50%（软塑、流塑状除外）。

⑤应测定线岩溶率。

⑥应做好勘探孔回填封孔。

4. 各勘察阶段的岩溶勘察应重点了解和查明的内容

各勘察阶段的岩溶勘察应重点了解和查明以下内容：

①工程可行性研究阶段勘察应基本查明岩溶裂隙及土洞的发育条件，了解可溶性基岩的分布区域、埋藏深度，了解地下水特性，调查现状岩溶地质灾害的发育程度，了解其危害程度和发展趋势，对场地的稳定性和适宜性进行初步评价。

②初步设计阶段勘察应初步查明岩溶洞隙和土洞的分布规律、发育程度和发育规律，对岩溶发育程度进行初步分级，并开展初步的岩土工程分析评价。

③详细设计阶段勘察应查明场地岩溶洞隙和土洞的平面位置、埋藏深度、规模、充填程度和充填物物理力学性质，查明岩溶水的埋藏条件、补给排泄条件、连通性、富水性和地层渗透性，对地基基础和地下工程设计及岩溶的治理措施提出建议。

④施工阶段补充勘察可根据需要具体确定桩长、连续墙深度等与设计相关的参数，或进一步提供确定施工工法、参数或解决施工问题的工程地质和水文地质资料，满足施工方案制定和风险控制的要求。

⑤专项勘察应进一步查明拟建工程范围内岩溶洞隙和土洞的位置、规模、埋深、充填情况、溶洞连通性、地下水特征等，对岩溶处理措施提出建议。

⑥在施工阶段，覆盖性岩溶可结合岩溶处理采用探灌结合的方式，进一步查明溶洞边界和发育形态。

⑦工程可行性研究阶段勘察勘探点间距宜为 100~150 m；对线路选线和工法研究有重大影响的地段，勘探点间距可适当加密。

5. 初步设计阶段勘察勘探点间距要求

初步设计阶段勘察勘探点间距应符合下列要求：

①地下车站、明挖区间（含明挖井）勘探点宜按结构轮廓线分两排对称布置，每排勘探点间距为 30~40 m。

②地下区间勘探点沿左右线隧道分别布置，间距为 40~80 m。

③桩基工程宜逐墩布置勘探点。

6. 详细设计阶段勘察勘探点间距要求

详细设计阶段勘察勘探点间距应符合下列要求：

①对于地下明挖车站、区间沿结构轮廓线布置，勘探点间距为 10~20 m。

②对于地下明挖附属结构，沿轮廓线两排对称布置。当车站主体和附属结构轮廓线距离较小时，可考虑勘探点的综合利用；勘探点间距为 10~20 m。

③当岩溶水对基坑开挖施工有直接影响时，在明挖基坑内部布置勘探点，间距宜控制在 10~20 m；当设置有柱（桩）时，宜逐柱（桩）布置勘探点。

④暗挖地下区间左、右线中心线间距小于 $3D$（D 为洞外径尺寸）时，应在左、右线外侧及中间各布置 1 排勘探点。勘探点间距控制在 10~20 m。

⑤暗挖地下区间左、右线中心线间距不大于 $3D$ 时，在左、右线各自两侧分别布置 2 排勘探点，每排勘探点间距按 10~20 m 控制。

⑥桩基工程每墩应布置不少于 1 个勘探点，或逐桩布置勘探点。

7. 施工阶段补充勘察勘探点布置

施工阶段为施工图设计服务的补充勘察勘探点布置，可参照下列要求根据设计需要布置：

①明挖车站或区间工程进入岩层的地下连续墙，宜沿地下连续墙每 3 m 布置 1 个超前钻勘探点。连续墙宽度大于 3 m 时，按一槽两钻布置钻孔。转角位置可适当增加布孔。

②对于明挖车站或区间工程进入岩层的围护桩，可隔桩实施超前钻勘探

点，但应保证超前钻勘探点间距不大于 3 m。

③对于地下暗挖区间工程，勘察点应布置在隧道结构轮廓外侧 3 m 范围内。

④嵌岩桩宜采用一桩一孔实施超前钻，对于桩径 1 m 及以上嵌岩桩宜按一桩多孔布置超前钻钻孔，如表 2-1 所示。

表 2-1　不同桩径超前钻钻孔数量布置表

桩径 d/m	$d<1.0$	$1.0\leqslant d<1.2$	$1.2\leqslant d<1.6$	$d>1.6$
钻孔数/孔	1	2	3	4

注：当钻孔结合物探方法时，钻孔数量可适当减少，但每根桩钻孔数不少于 1 孔。

⑤当勘探点揭示有溶（土）洞时，可结合施工，按设计要求在已有勘探点周边 2~3 m 加密，按此循环推进至溶（土）洞边界或设计指定范围。

⑥对于地下水条件复杂或其他需要重点研究的地段，溶（土）洞探查范围尚需根据实际情况适当扩大。

8. 设计阶段勘察勘探点孔深

通过初步设计阶段勘察和详细设计阶段勘察，岩溶区结构底板下为中、微风化基岩的，孔深应超过结构底板并进入中、微风化岩 10 m。结构底板下揭露串珠状溶洞的，钻孔应适当加深并在溶洞底入连续完整中、微风化岩 2 m 后终孔。

9. 施工阶段勘察勘探点孔深

施工阶段为施工图设计服务的勘察勘探点深度宜按下列要求确定：

①对于地下车站工程，勘探点应钻至围护结构底、桩底或基底以下 5 m 连续稳定相对不透水层或完整岩体。

②若围护结构底、桩底或基底以下遇串珠状溶（土）洞时，需钻穿洞底，当穿越岩体厚度累计达 5 m，勘探点可在溶洞底入连续完整岩体 2 m 后终孔。

③对于地下区间工程，应进入底板下不小于 10 m，遇 5 m 连续稳定相对不透水层或完整岩体可提前终孔。

2.2.2　地球物理勘探

运用地球物理勘探技术，可以了解地下岩石的性质及其分布规律，进而推断地质构造情况，从而解决工程地质问题。

1）应根据不同的岩溶探测目的和要求，结合工程地质调绘和钻探成果开展地球物理勘探工作。

2）地球物理勘探测线和测点布置应遵循先面后点、先疏后密、先地表后地下、先控制后一般的原则，勘探测线一般应垂直于岩溶发育带布置。

3）初步设计勘察及不具备钻探作业条件的详勘部位宜采用地面方法进行地球物理勘探，专项勘察阶段宜采用孔间物探。

4）岩溶地球物理勘探方法的选用原则应符合以下要求：

①复合对称四极剖面法辅以联合剖面法、浅层地震法（瑞雷面波法、横波反射法、地震映像法）、高密度电法、地质雷达等，主要用于探测岩溶洞隙的分布、位置及相关的地质构造、基岩面起伏等。

②无线电波透视法、探地雷达法、跨孔 CT 法（如弹性波 CT、电磁波 CT、电阻率 CT 等）、孔中电视、管波法等，主要用于探测岩溶洞穴的位置、形状、大小及充填状况等。

③充电法、自然电场法主要用于追索地下暗河河道位置、测定地下水流速和流向等。

5）当发现物探异常时，应加密测点或选择代表性部位布置钻孔加以验证。

6）应尽量采取多种方法相互印证、综合判释岩溶地球物探勘探成果，未经验证的物探成果不能直接作为施工图设计和地基处理的依据。

2.2.3　勘察成果分析与评价

运用地质学、岩土力学、工程地质学的理论，按照科学的勘察程序与方法，利用有效的测试仪器和技术，调查和工程建设有关的工程地质条件，分析存在的工程地质问题，为工程建设的设计、施工等提供翔实、科学、准确的地质资料。

1）应阐明岩溶的空间分布、发育程度、发育规律、对各类工程的影响和处理原则、存在问题和施工中注意事项等。

2）岩溶地段基坑、隧道涌水量应采用多种方法进行计算比较，并应对岩溶突水、突泥位置和强度、地下水位下降的可能性、地表水和工程周边环境的影响、可能发生地面塌陷的地段等岩土工程问题作出预测和评价，提出工程措施建议。

3）岩溶地面塌陷应根据岩溶发育程度、土层厚度与结构、地下水位等主要因素综合评价，分析塌陷的主要原因，提出预防和处理措施的建议。

4）基础跨越并置于隐伏溶洞之上的，应评价隐伏溶洞的稳定性。

2.3　地铁工程勘察关键技术

2.3.1　国内外岩溶区勘察技术现状

对于岩溶区的勘察，目前国内外都普遍采用钻探与物探技术相结合的勘察方法，但结合的理念稍有不同：国外通常是在勘察前期进行物探，在此基础上进行钻探；国内则以钻探为主导，一般是在勘察过程中以物探手段进行辅助探查。因勘察理念的差异，反映到研究方向及应用规范上有所不同：国外积极研制、利用先进的仪器设备，提高探测的准确性；同时运用多种物探技术进行综合勘探；物探技术的应用比重较国内勘察行业大得多；极为重视标准指南的制定，以便非专业人员在制定工作方案过程中也能作出正确的选择；对于钻探技术只对钻孔及取样质量有所规范，对钻孔工作量无具体要求。而国内在钻探规范方面，各行业自成系统、专业性强，可操作性强于欧美规范，有其自身的优势，便于工程师掌握应用；但同时由于面面俱到且充斥很多半经验的参数和方法，使得工程师对规范、标准形成了依赖，不利于技术人员钻研基础理论，不利于设计人员对特殊工程进行专题研究；物探技术相对国外有些滞后，但近十几年来已受到了重视，并取得了一些成果。

对于岩溶区的勘察，还有一些其他方法作为配合或在特定情况下进行辅助探查，如地质测绘、遥感技术等在大区域上开展工作，能够获得工作区岩溶发育或分布的一些宏观规律；同位素技术可用于追踪岩溶水连通情况等。但总体仍以钻探与物探相结合的技术手段，由于岩溶在空间上发育的不均一性、岩溶水文地质条件的复杂性以及地形的多样性，钻探和物探技术都有一定的局限性：钻探方法成本高、勘探周期长，不可能布设极密的钻孔来查明复杂的岩溶分布特征；物探技术虽较钻探便捷、经济，但受其方法理论及场地条件等因素影响，探测结果也存在不确定性。

2.3.2　岩溶区钻探勘察技术

钻探是通过地质钻孔获得钻孔附近的土样、岩样以及水样等，从而对岩溶地区的工程与水文地质条件进行勘察的方法。广州地铁关于岩溶区的钻探勘察技术，是在结合了勘察规范的基础上，通过广州地铁各条线路的勘察实践逐步完善而形成的（部分线路钻探规定如表2-2所示），不仅包含了对不同地层各勘察阶段钻孔间距、深度的规定，而且考虑到岩溶区钻探本身的难度及钻孔对后期盾构掘进的影响，对钻孔工艺及封孔要求也进行了规范，具体内容如下所述。

表 2-2　广州地铁岩溶区勘察钻探技术演变过程

线路	钻孔间距				钻孔深度	
	工程可行性研究阶段 /m	初勘钻孔间距 /m	详勘钻孔间距 /m	补勘阶段钻孔间距	工可勘察—详勘阶段	补勘阶段
2 号线	300	100	40	2 m	钻至隧底以下 10 m 或遇岩层且进入 3~5 m 连续完整岩层	按进入隧道结构底板以下 2 m 控制
5 号线	300	100	40	隧道外：5 m；隧道内：2.5 m	终孔深度要求为隧道底以下 5 m	
9 号线	250~300	40~50	15~25	1. 详勘及补勘未发现溶（土）洞的区域，钻孔间距按 7.5 m 布置。2. 对于已发现溶（土）洞的区域，已经处理过，补勘钻孔间距按 7.5 m，未处理的区域，按 5 m 布置。3. 溶洞位置，以发现溶洞的钻孔为中心，沿横向每隔 2~3 m 布置钻孔，沿纵向每隔 2~3 m 布置钻孔，直到找到溶洞边界为止。9 号线开始采用到物探手段配合探明溶洞，直到基本确定岩溶边界	1. 穿过结构底面以下并进入中等风化或微风化带 3~5 m，且无软弱夹层，若未满足条件，则钻至 35 m（底板埋深小于 25 m）或结构底深以下 10 m（底板埋深大于 25 m）即可。2. 如遇断裂、洞穴及溶洞孔，穿过断裂、洞穴及溶洞进入底板 3~5 m	

续表2-2

线路	工程可行性研究阶段孔间距/m	初勘钻孔间距/m	详勘钻孔间距/m	补勘阶段钻孔间距	钻孔深度	
					工可勘察—详勘阶段	补勘阶段
8号线北延段	250~300	40~50	15~25	1. 原勘察成果见洞率大于35%,补勘间距为5 m 2. 见洞率小于10%,补勘间距为15 m 3. 见洞率10%~35%,补勘间距为10 m	1. 控制性勘探孔,应进入结构底板以下不小于3倍洞径或进入结构底板以下连续中等风化或微风化岩石不小于10 m 2. 一般性勘探孔,应进入结构底板以下不小于2倍洞径或进入结构底板以下连续中等风化或微风化岩石不小于10 m 3. 终孔时遇软土、溶洞、断裂等原则揭穿并进入溶洞等底板下2 m	1. 当隧道底位于岩层时,钻孔至隧道下方完整岩层2 m时可终孔 2. 当隧道底位于〈4〉、〈5〉土层时,钻孔至隧道底下方5 m或钻至完整岩层2 m时可终孔 3. 当隧道底位于砂层时,钻穿透水层,钻孔至〈4〉、〈5〉地层5 m或完整岩层2 m时可终孔 4. 当隧道底部砂层厚度大于10 m时,钻至隧道底10 m位置即可终孔 5. 当遇到溶洞,钻穿溶洞,至溶洞底有有2 m完整的岩层时终孔

1. 工程可行性研究阶段勘察

该阶段勘探点沿隧道线路右侧按地貌单元布置。一般每类地貌单元中钻孔至少 6 个，勘探点布置间距一般为 200~250 m；对线路选线和工法研究有重大影响的地段，勘探点距可加密至 90~120 m。钻孔深度原则上应超过 35 m（含 35 m）；钻孔应穿过隧道结构底面进入中等风化带或（和）微风化带 3~5 m 终孔；若发现软弱夹层则应钻到结构面以下 10 m 终止；如遇煤层、洞穴和断裂等情况，一般要求增加孔深，穿过煤层、洞穴和断裂后终孔。

2. 初步设计阶段勘察

钻孔沿左右线路两侧交替，地下区间按间距 40~50 m 布置，其钻孔深度与可行性研究勘察阶段相同。

3. 详细设计阶段勘察

该阶段区间勘探点宜在隧道结构外侧 3~5 m 交叉布置，间距宜为 15~20 m。钻孔深度应穿过隧道结构底面并进入中等风化带或（和）微风化带 5 m；若发现软弱夹层则钻至 35 m（底板埋深小于 25 m）或结构底板以下不小于 10 m（底板埋深大于 25 m）；若遇溶洞、洞穴和断裂等一般需穿过溶洞、洞穴和断裂等并进入隧道结构底板以下 3~5 m。

4. 施工阶段补充勘察

对前三个勘察阶段揭示有溶（土）洞的位置必须进行补充勘察。采取加密钻孔和物探结合的方式探明溶（土）洞位置及大小：以发现溶洞的钻孔为中心，沿横向每隔 2~3 m 布置钻孔，沿纵向每隔 2~3 m 布置钻孔，同时采用物探手段配合探明溶（土）洞直到找到溶洞边界为止。加密钻孔可作为注浆孔再次利用。

5. 钻探施工工艺

钻探施工采用击进（填土、淤泥、砂砾石层）、回转钻进（黏性土、岩石），并根据地层情况，选用相应钻具、钻压、转速及冲洗液，保证岩芯采取率。详细记录溶（土）洞的位置、规模、埋深、填充物性状和地下水特征，拍摄并保存岩芯照片。具体操作实施如下：

1）采用回旋岩芯钻探，钻孔开孔直径 ϕ130 mm，终孔直径 ϕ91 mm。地下水位以上需干钻，测到初见水位后才可用水钻，对基岩全风化、强风化带，断层破碎带及破碎岩层宜采用双层岩芯管钻进，泥浆或套管护壁。

2）在地层中钻进时，按岩石可钻性分级，控制好回次进尺，在黏性土、软土和较完整的岩层中，每回次不大于 2.0 m；在松散地层（砂土、粉土）和破碎岩层中钻进时，每回次不大于 1.0 m。

3）软土、砂土或饱和黏性土中如有缩孔、塌孔，应注明其位置及严重程度，并采取加固孔壁措施,保证钻孔孔壁的完整性。

4)保证岩芯采取率:松散砂层不低于65%,黏性土不低于85%,基岩全风化、强风化带不低于65%,基岩中风化带不低于80%,基岩微风化带不低于85%。

5)准确量测和记录钻进尺寸(误差≤5 cm)及不同岩性分层深度,认真填写钻探记录,每个钻孔均应量测初见水位及稳定水位(误差≤10 cm)。

6)封孔要求

①无溶洞的钻孔。每孔验收完成后,必须进行全孔注浆封堵。利用钻杆做注浆管,将钻杆下入钻孔底,采用孔底压力注浆法进行注浆,区间补勘封孔采用1∶1水泥浆,确保封孔质量,且按要求对封孔过程进行视频摄像。注浆24 h后再用水泥砂浆对孔口进行二次封堵。

②有溶洞的钻孔。成孔后下入ϕ48 mm PVC袖阀管,下管时及时向管内加入清水克服浮力,花管进入溶洞底部以下0.5 m,在袖阀管与孔壁之间的环状间隙处孔口下管施作止浆段,止浆段采用1∶1水泥砂浆封堵密实。然后对溶洞及钻孔进行注浆处理。

2.4　地铁工程物探勘察关键技术

物探原理是根据各岩、土之间的密度、磁性、电性、弹性、放射性等物理性质的差异,选用不同的地球物理方法和物探仪器,测量工程区的地球物理场的变化,以了解其水文地质和工程地质条件的勘探方法。物探是一种间接探测方法。

2.4.1　广州地铁物探勘察技术应用

广州地铁对物探技术应用的研究分为两类:一类是将物探应用于初勘过程中或初勘结束但详勘未开始阶段,主要用于划分岩溶平面发育情况,指导详勘布孔,多采用地面物探技术;另一类是将物探技术应用于详勘及补勘阶段,主要是对溶(土)洞进行详查,多采用井中物探方法。广州地铁历年来在岩溶区所进行的物探工程应用试验如表2-3所示,形成的成果如下所述。

1.浅层地震反射法

地震反射波是利用地震波在弹性介质传播的理论,通过人工在地面激发地震波向地下深处传播,遇弹性不同的介质分界面产生反射,对反射波进行时频特征和振幅特征分析,了解地下地质体的特征信息。本物探技术在2号线车辆段及三元里—新市段进行工程试验(如图2-1所示),其中嘉禾车辆段整场完成

表 2-3　广州地铁在岩溶区的物探工程应用试验统计

勘察阶段	物探试验的线路	应用的物探技术
初勘阶段	2 号线嘉禾望岗车辆段	浅层地震反射法 瞬变电磁法
	2 号线三元里至新市段	面波法
	9 号线	高密度电阻率法 地质雷达法 陆地声呐法
	8 号线北延段	高密度电阻率法 地质雷达法
详勘或补勘阶段	2 号线	跨孔电磁波 CT 法 跨孔地震波 CT 法
	广佛线	跨孔地震波 CT 法
	5 号线	高密度电阻率法 电磁波 CT 法 管波法
	9 号线	跨孔电磁波 CT 法 跨孔超高密度电阻率法 跨孔地震波 CT
	8 号线北延段	微动法

29 条浅层地震反射波测线，测试完成后共划分了 27 个强岩溶区、11 个弱岩溶区和 8 个溶(土)洞发育区，通过第三方单位钻探验证得出以下结论：①物探推断强岩溶区内共有钻孔 44 个，其中见洞高大于 1.0 m 溶(土)洞的钻孔 31 个，见洞率为 70.45%。②物探推断弱岩溶区内共有钻孔 69 个，其中见洞高大于 1.0 m 溶(土)洞的钻孔 35 个，见洞率 50.07%。③物探推断非岩溶区内共有钻孔 66 个，其中见洞高大于 1.0 m 溶(土)洞的钻孔 4 个，见洞率 6.06%。并且在 40 m 深度范围内无洞高大于 3 m 的溶(土)洞。④地面物探报告中的岩溶发育分区边界与根据钻孔揭露情况绘制的边界(如图 2-2 所示)基本吻合。

　　应用效果评价：在场地条件较好的情况下，浅层地震划分岩溶发育分区边界与根据钻孔揭露情况基本吻合，能较好地对岩溶地段进行分区；能大致判断基岩面和岩溶发育程度；在解释洞高大、无充填的溶洞上有一定的准确性，但对于溶洞顶板厚度小、全充填、洞高小的溶洞则难以区分或不能较准确地圈定。

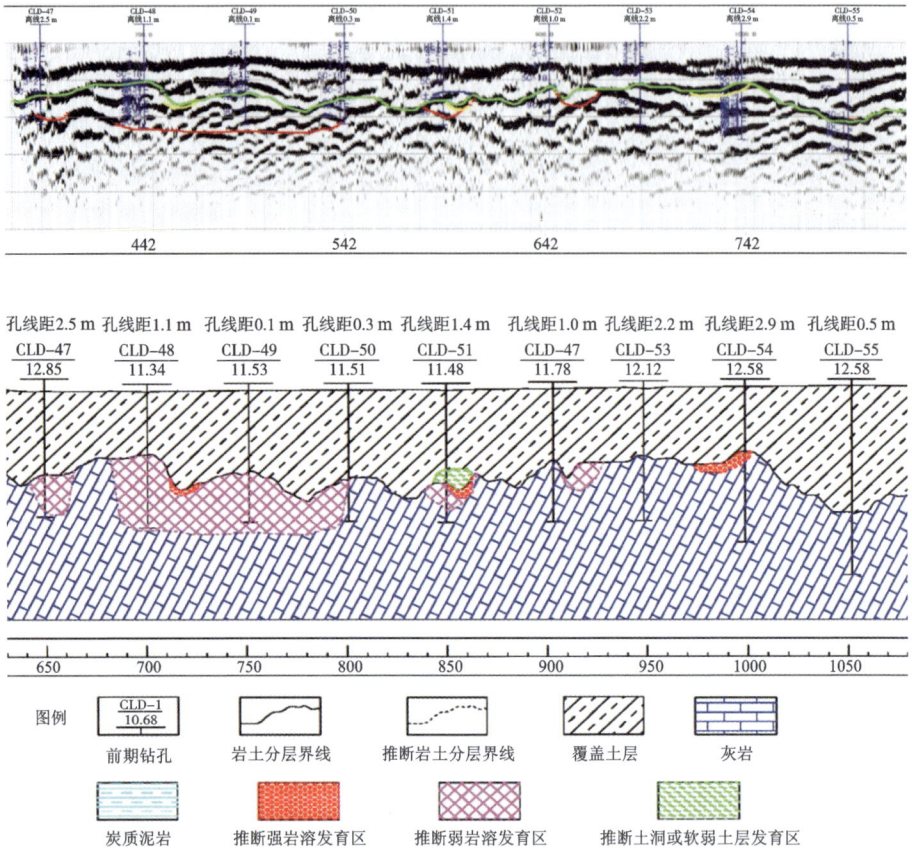

图例

CLD-1 前期钻孔	岩土分层界线	推断岩土分层界线	覆盖土层	灰岩

炭质泥岩 　　推断强岩溶发育区 　　推断弱岩溶发育区 　　推断土洞或软弱土层发育区

图 2-1　地震反射时间剖面及地质解释剖面图

2. 瞬变电磁法

本物探技术在 2 号线嘉禾望岗车辆段场地进行工程试验（如图 2-3 所示），试验结果表明：瞬变电磁法在岩溶场地岩溶区探测未能取得预想效果，对于岩面起伏形态及溶洞体均未有对应显示，对深度的反演存在较大误差，探测效果较浅层地震方法要差。

3. 面波法

本物探技术在 2 号线三元里至新市段进行了工程试验，共实施了 3 条测线，探测面波影像及地质解释如图 2-4 所示。从反演图与邻近钻孔揭露地质情况对比可以看出，面波法解释的基岩面与钻孔揭露基本吻合，对土洞也能有所异常反映，但难以区分其形态、大小等。

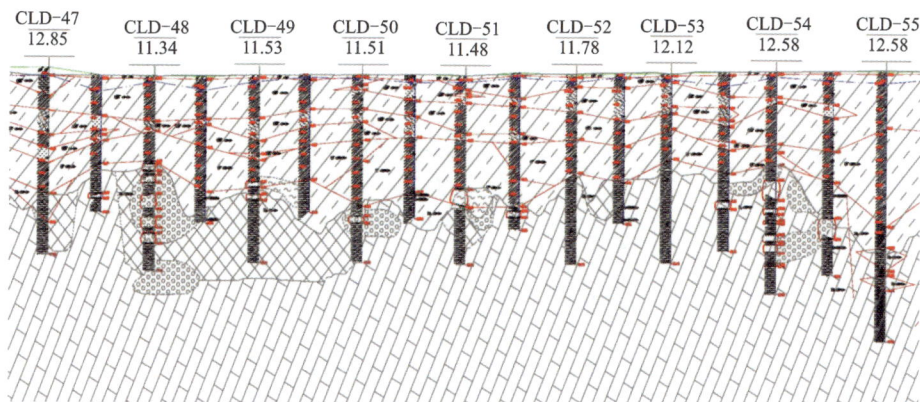

图 2-2 地震反射地质解释剖面及地质钻孔剖面图

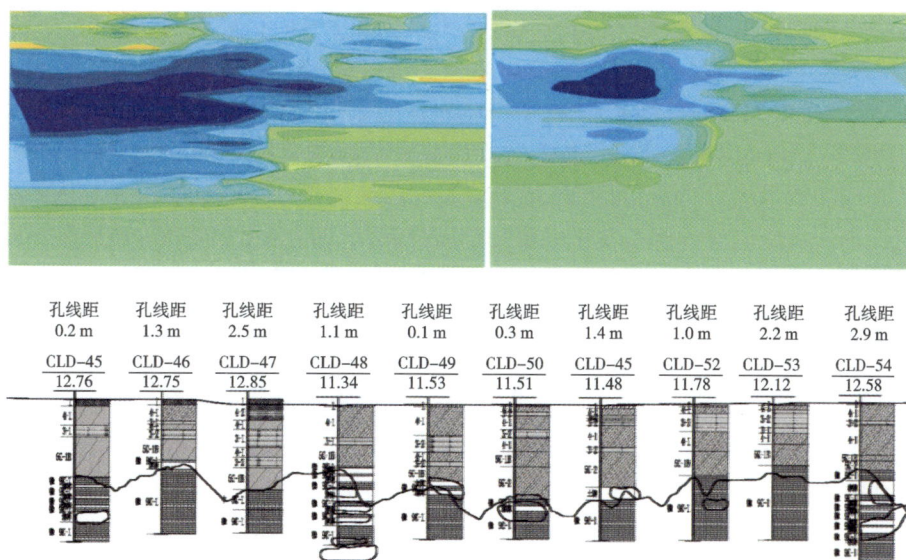

图 2-3 瞬变电磁拟断面图和地质解释图

应用效果评价：面波法的面波速度接近对应地层横波速度值，探测精度相对较高，对岩土层划分具有一定优势；但受人工震源能量的限制，其探测深度往往较浅，对较深部的地质信息反映较差，这在很大程度上限制了面波法的应用空间。

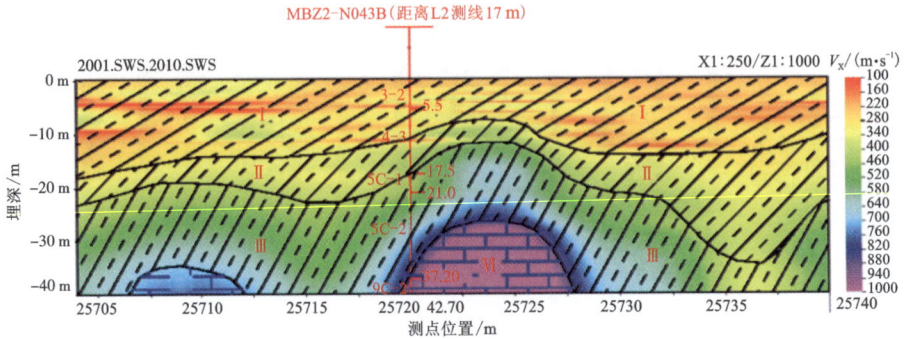

图 2-4 某测线面波速度反演剖面图

4. 高密度电阻率法

高密度电阻率法仍然是以岩、土导电性的差异为基础，研究在人工施加稳定电流场的作用下地中传导电流分布规律的一种电探方法。本物探技术应用于8 号线北延段初勘阶段，进行岩溶区划分，共布置 18 条测线；其中 D2 测线布设于石井站—亭岗站区间，反演结果断面如图 2-5 所示，与沿测线 D2 的钻孔MHBZ2-334、MHBZ2-336、MHBZ2-338 钻孔资料吻合较好。

应用效果评价：从工程试验结果来看，在地面条件允许的情况下，认为高密度电法实施岩溶探测基本可大致划分岩面起伏和岩溶发育分布，适用于不同岩性接触界面的划分；但在闹市区则对于溶（土）洞体的位置及形态等较精细的探查效果欠佳。

5. 地质雷达法

本物探技术在 9 号线飞鹅岭站—广州北站区间进行工程试验，从试验结果的地质雷达剖面图上看（如图 2-6 所示），图像上浅部异常分辨率较高，例如埋深小于 2.0 m 的地下管线、排水渠等浅埋物反映非常好，大于 4.0 m 信号能量较弱，4.0 m 以下基本未能反映出地层信息，高频电磁波无法达到岩石界面，此试验点应用地质雷达方法无法达到勘探目的，未能进行岩溶地层或溶（土）洞解释。

应用效果评价：探测雷达的探测深度跟所用雷达天线的中心频率有关，在探测条件较理想区域，天线中心频率为 $25\sim50$ MHz，勘探深度为 30 m 左右；中心主频为 $100\sim900$ MHz，探测深度为 $0.5\sim8.0$ m，主要用于地下管线探测、地下空洞探测、考古研究、混凝土质量检测等；中心主频大于 1000 MHz，探测深度小于 0.5 m，主要用于公路路面、机场跑道、墙厚及墙内空洞和隐藏物的探测等。广州地区地下水位普遍较浅，均为隐伏岩溶区，上部覆盖层厚度多在

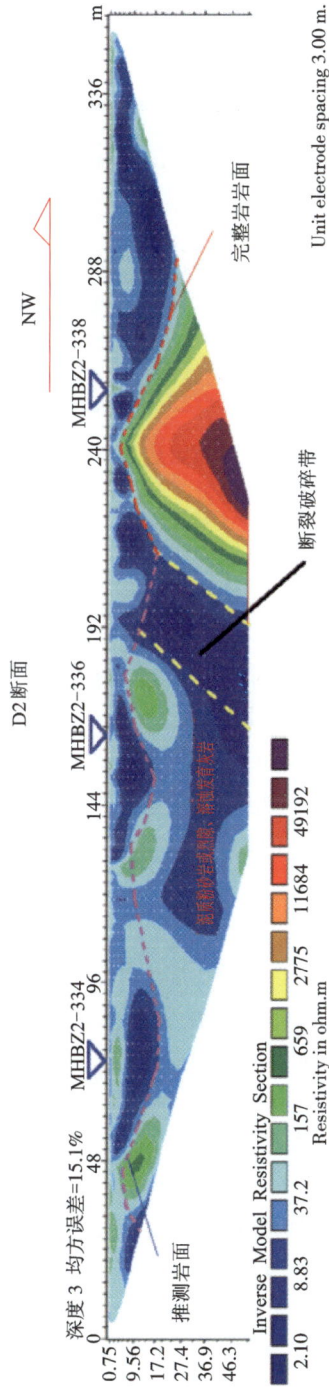

图2-5　D2测线反演结果断面图

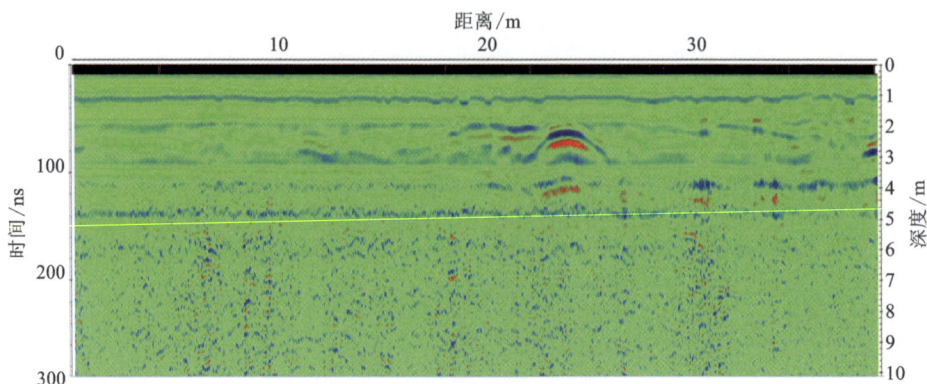

图 2-6　地质雷达剖面图

15 m 以上，因此，不建议在广州地区采用地质雷达方法实施岩溶探测。

6. 跨孔电阻率 CT 法

本物探技术在 9 号线清布站进行工程试验（如图 2-7 所示）。应用效果评价：跨孔超高密度电法对充填溶洞探测灵敏度较高，对高低阻异常区判定较为有效，数据重现性好，根据溶洞与电阻率之间的关系能圈定溶洞发育范围。土洞因围岩与目标体间的电阻率差异不甚明显，该方法易出现漏判；溶洞较薄的顶板容易被"掩盖"，即该方法不能区分溶洞的连通性等。总体来看，本物探技术对井间岩面起伏、洞体发育部位均有较好的定性解释和定量解释，仅在深度上稍有偏差。

7. 跨孔电磁波 CT 法

本物探技术同样在 9 号线清布站利用电阻率 CT 的钻孔进行工程试验。应用效果评价：跨孔电磁波 CT 成像技术经 3 个剖面验证，其中 1 个剖面的电磁波 CT 成果及验证钻孔对照（如图 2-8 所示），该方法对溶洞解译深度偏差较大，只有个别深度解译合理，与钻孔资料很难吻合，效果不理想。从相同剖面探测效果来看，跨孔超高密度电法效果比跨孔电磁波 CT 相对要好。

8. 跨孔地震波 CT 法

本物探技术分别在广佛线桂城站—南桂路站区间、9 号线飞鹅岭站—广州北站区间进行工程试验（如图 2-9、图 2-10 所示）。应用效果评价：从上述两组地震波 CT 探测结果来看，总体认为该方法对岩溶探查效果相对较好。具体的解释成果与钻孔孔距、实施人员经验、解释反演方法等有较大关系，如上述在 9 号线试验采用慢度影像图进行反演，获得的图像较广佛线的解释度要低，

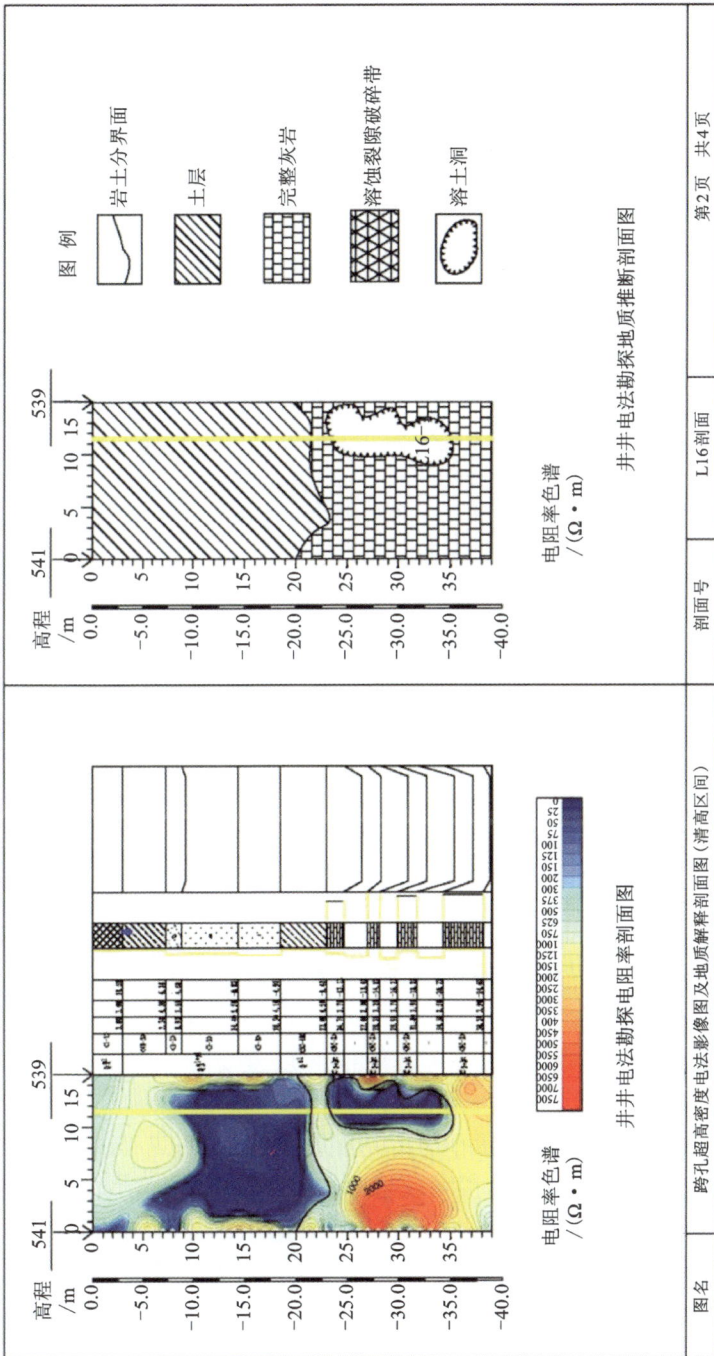

图2-7　某剖面超高密度电法反演影像及地质解释成果图

QG542-QG186剖面电磁波CT图

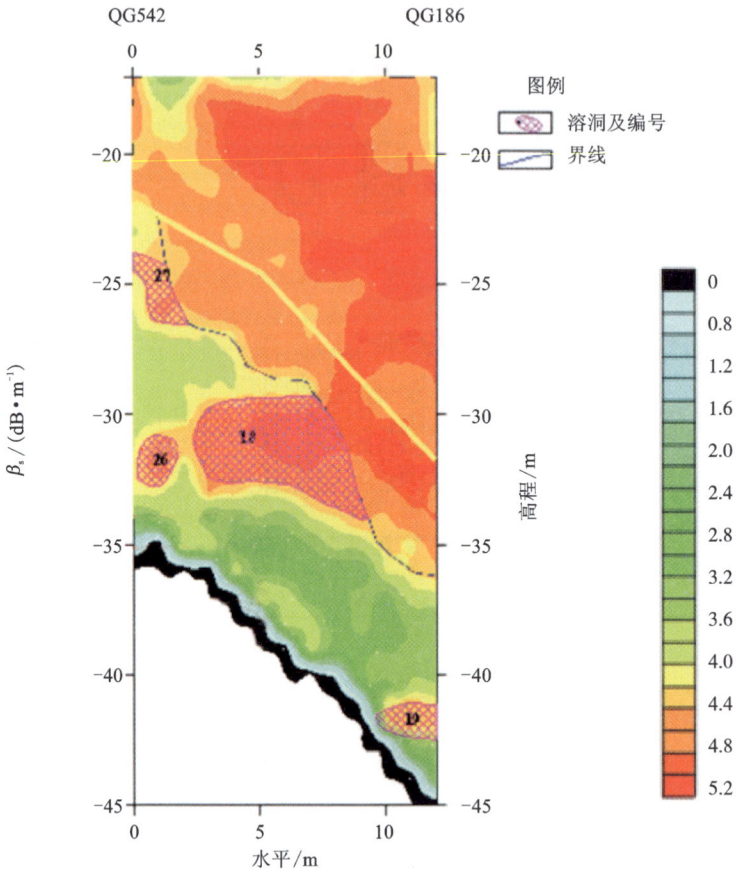

图2-8 电磁波CT成果及验证钻孔对照图

尤其是岩面的反映不够直观，提高了解释的难度，效果也不好。

9. 微动法

本物探技术在8号线北延段小坪站—石井站区间进行工程试验（如图2-11所示）。应用效果评价：从微动探测成果来看，其解释成果与邻近钻孔资料对比，岩面的大体起伏对应较好，岩面与实际较吻合，对于溶洞的定性探测有一定指导效果，能判断岩溶发育与否，可在地面上进行岩溶段的普查或异常区划分，但对岩溶的大小及形态解释还有所偏差，探测精度上难以满足精细个体溶洞的探查，尤其是很难探查出洞体较小的溶洞。

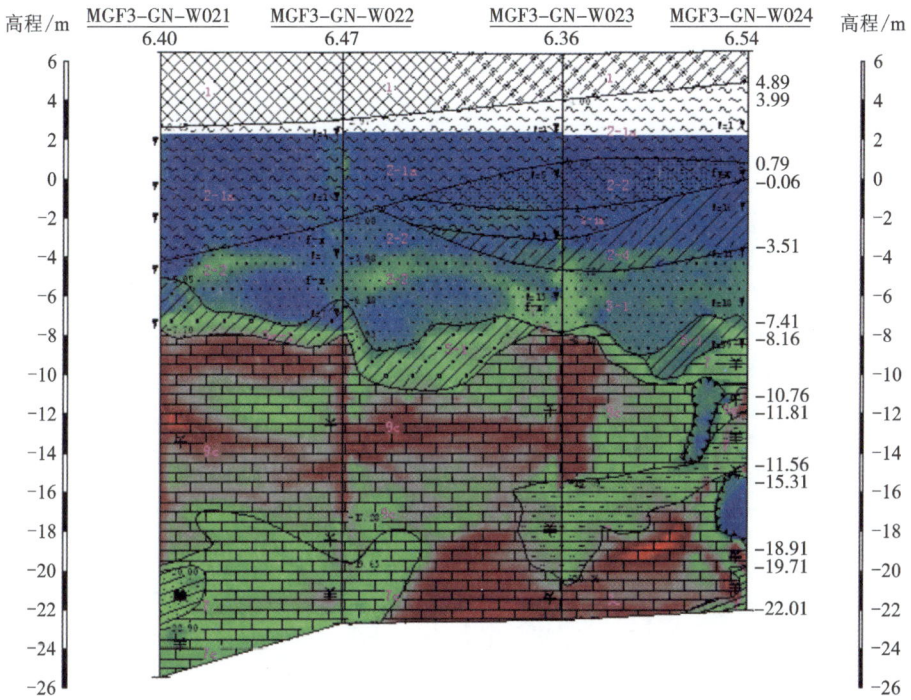

图 2-9　广佛线波速影像及综合地质解释图

10.陆地声呐法

本物探技术是新引进的方法,在 9 号线花都汽车城站—广州北站区间进行工程试验(如图 2-12 所示),主要用于探测隧底岩溶发育情况,同时检测该方法的有效性。应用效果评价:陆地声呐法具有探测溶洞的理论基础,资料解释完全依据溶洞的图像反映是典型的双曲线同相轴,对于划分小型溶洞较难有说服力,验证也较困难;在缺少既有地质钻孔资料情况下对于岩面划分差异较大,在陆地声呐时间剖面上,岩土分界反射界面不明显,凭经验取波速值时,会导致岩土界限划分不准、溶洞定深不准,加上盾构隧道两侧的测线溶洞定位偏移的影响,将严重影响成果准确性。

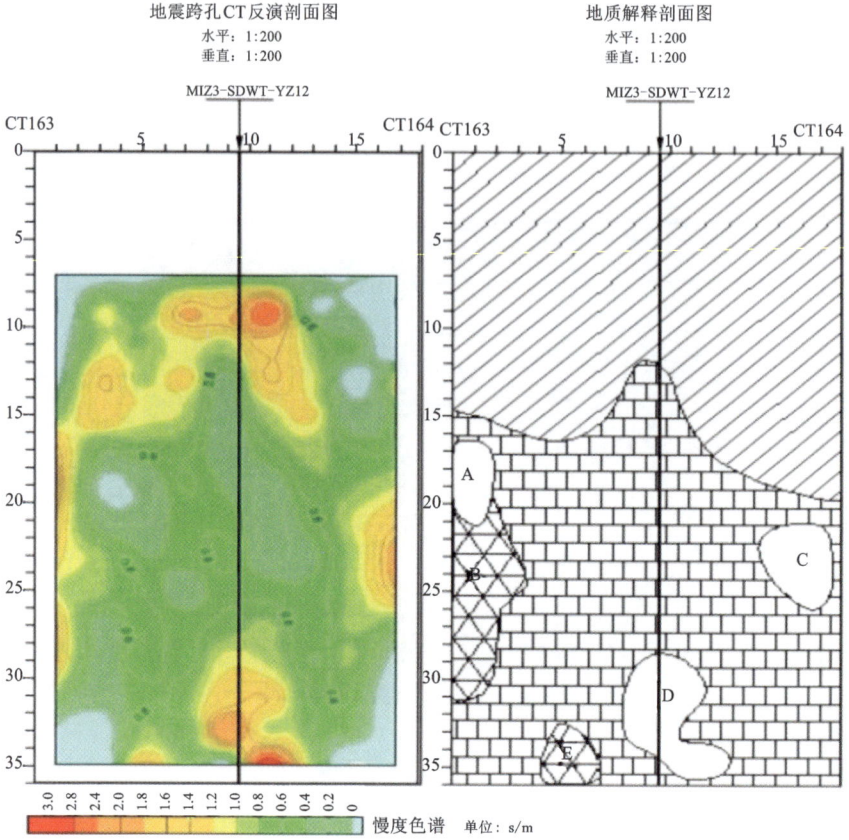

图2-10　9号线剖面影像及地质解释图

MHBZ2-262	
深度范围/m	岩土层
0.00~3.60	杂填土
3.60~14.60	砾砂
14.60~17.20	灰岩
17.20~18.40	溶洞
18.40~19.60	灰岩
19.60~20.10	溶洞
20.10~22.90	灰岩
22.90~23.30	溶洞
23.30~35.10	灰岩
MHBZ2-262与 RD6相距4.8 m	

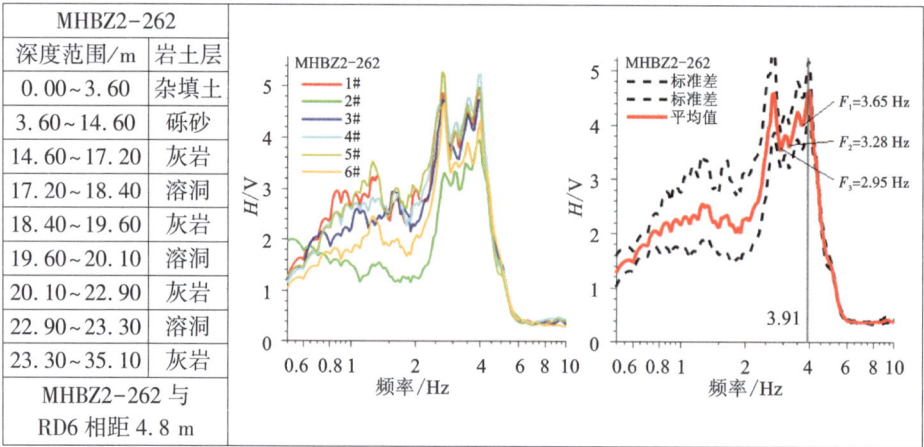

图2-11　8号线北延小石区间 MHBZ2-262 钻孔情况与微动探测解释成果对比

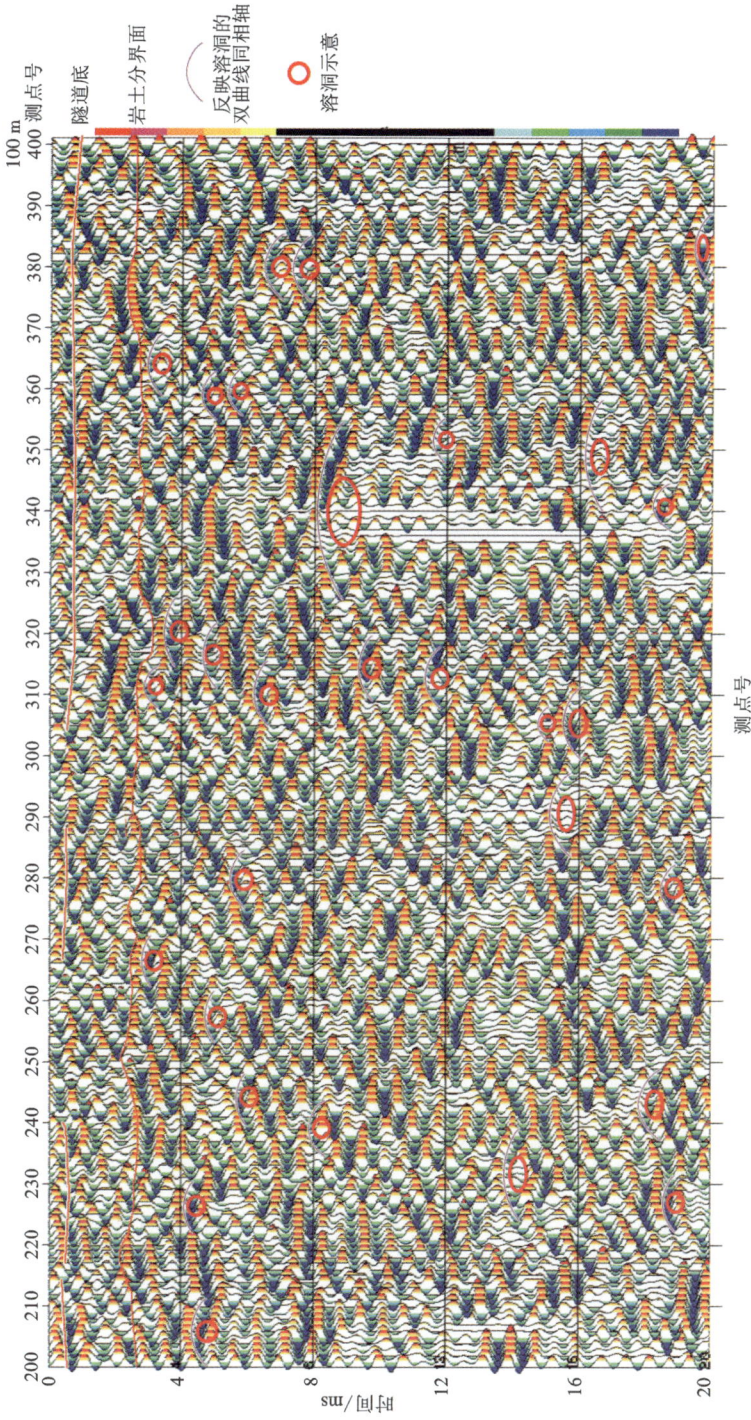

图 2 - 12　9 号线花广区间右测线 50~100 m 陆地声呐时间剖面图

2.4.2 广州地铁物探勘察技术经验总结

目前岩溶区勘察采用钻探+物探综合方法勘察已得到普遍认同,面对种类繁多的物探方法,如何选择好和利用好,以达到对岩溶勘察真正起到"事半功倍"的效果,在实施物探工作前及过程中都需要有科学的方案和技术来指导。根据 10 种物探方法在广州地铁试验应用结果,结合各方法的特点,经验总结如下:

①选择物探方法前,需要充分收集既有地质资料,了解岩溶区的地质水文情况,如覆盖层厚度、岩溶发育地层岩性、地下水位等,结合探测任务目的和场地地面条件初步排除一些不能应用的方法。

②在初步排除后剩余的物探方法中,再根据勘察阶段、需解决的问题,如在工程可行性研究阶段或初勘阶段划分岩溶区段及岩溶发育程度,则可选择地面物探方法。而详勘或施工阶段需了解具体岩溶发育特征、溶洞大小等,则选择孔内物探技术。因岩溶地质的复杂性,建议各阶段应采用综合物探方法,综合对比解释,提高探测成果的准确性,以减少误判率。

③经过上述思路步骤选定物探方法后,需选择合适场地进行物探方法的有效性试验,选择场地需要有代表性,能基本反映工作场地的特征。同时依据探测不同深度、精度等调整或选择不同参数。必要的情况下还可采用不同仪器、不同人员进行试验,以排除仪器设备和人员操作可能带来的误差。

④在岩溶勘察过程中,物探与钻探需紧密结合,物探成果不能偏离既有的钻探资料进行解释,地质钻孔布置也需结合物探成果来合理布置,相互配合才能达到对岩溶区实施经济、科学勘察的目的。

⑤岩溶区各物探技术的效果评价如表 2-4 所示。

表 2-4 岩溶区物探技术效果评价

物探类型	物探技术	效果评价
地面物探技术	浅层地震反射法	在场地条件较好的情况下,能较好地对岩溶发育地段进行分区;对洞高大、无充填的溶洞的特征探测有一定的准确性,建议应用
	瞬变电磁法	对于岩面起伏形态及溶洞体均未有对应显示,探测效果差
	面波法	探测深度往往较浅,对较深部的地质信息反映较差
	高密度电阻率法	基本可大致划分岩面起伏和岩溶发育分布,适用于不同岩性接触界面的划分;但对于溶洞体的位置及形态等较精细的探查效果欠佳,建议应用于划分岩溶区

续表2-4

物探类型	物探技术	效果评价
地面物探技术	地质雷达法	不建议采用地质雷达方法实施岩溶探测
	微动法	能判断岩溶发育与否，对岩溶的大小及形态解释还有所偏差，可在地面上进行岩溶段的普查或异常区划分；该方法为新技术，建议加强后续的应用研究
	陆地声呐法	岩土界限划分不准、溶洞定深不准
孔中物探技术	跨孔电阻率CT法	对孔间岩面起伏、洞体发育均有较好的定性解释和定量解释，仅深度上稍有偏差，建议应用
	跨孔电磁波CT法	该方法对溶洞解译深度偏差较大，只有个别深度解译合理，与钻孔资料很难吻合，效果不理想
	跨孔地震波CT法	该方法对岩溶探查效果相对较好，建议应用

2.5　广州地铁9号线勘察成果

2.5.1　岩溶和地面塌陷

1. 工可阶段勘察

工可阶段勘察完成钻孔62个，其中技术孔41个，鉴别孔21个。

（1）钻孔布置及编号

①工可阶段勘察主要按地貌单元沿线路右侧布置钻孔，每类地貌单元一般不少于6个钻孔，在每个车站和区间均应布置钻孔。

②工可阶段勘察原则上钻孔间距为250~300 m。

③技术孔数（取岩土样钻孔）不宜少于总孔数的2/3，技术孔应均匀分布，不同的地貌和地质单元应有技术孔控制，可根据勘察现场情况确定调整技术孔。不同地质单元参与统计的有效样本数不少于6个。

④工可阶段勘察钻孔编号为MIZ1-××，其中，MI代表轨道交通（地铁）9号线，Z代表钻孔，1代表可行性研究阶段，××为两位阿拉伯数字，表示钻孔序号。MIZ1-01代表轨道交通（地铁）9号线可行性研究阶段一号钻孔。

（2）钻孔深度

①工可阶段勘察钻孔深度应满足不同方案比选的需求。

②工可阶段勘察钻孔深度以 30 m 为宜(河流的钻孔深度从河床起算)。

③技术孔(取样孔)的深度除满足上述要求外,还应满足取样要求。

(3)溶(土)洞揭露情况

沿线基岩以灰岩为主,灰岩中揭露的岩溶有溶蚀裂隙、溶(土)洞等,以溶洞为主,局部见有土洞。

1)溶洞。

溶洞主要发育在石炭系灰岩中,本次勘察全线路揭露中、微风化灰岩的钻孔 53 个,揭露发育溶洞的钻孔 39 个,见洞率 73.6%;揭露溶洞总数 74 个,有 17 个钻孔揭露两层以上溶洞,占揭露溶洞钻孔的 44%。由此可见,沿线石炭系灰岩,溶洞发育强烈。在钻孔揭露的 74 个溶洞中:

①在溶蚀发育深度上,溶蚀底板埋深在 10~30 m 的有 56 个,约占溶洞总数的 75.7%;溶蚀底板埋深超过 30 m 的有 18 个,约占溶洞总数的 24.3%。

②在洞体高度上,洞体高度小于等于 1.5 m 的溶洞有 47 个,约占溶洞总数的 63.5%;洞体高度超过 1.5 m 的溶洞有 27 个,约占溶洞总数的 36.5%。其中,MIZ1-05 揭露的洞体高度为 6.05 m,无充填,如图 2-13 所示。MIZ1-38 揭露的洞体高度为 6.0 m,充填软塑状粉质黏土。MIZ1-60 揭露的洞体高度为 6.16 m,充填软塑状石灰岩残积土。

③在填充情况上,半充填和无充填溶洞 34 个,占溶洞总数的 46%;全充填溶洞 40 个,占溶洞总数的 54%。充填物主要为软塑状粉质黏土,局部夹有少量灰岩岩块。部分钻孔揭示为半边岩芯半边空洞,部分钻孔在溶洞中钻进时漏水。

图 2-13 广州地铁 9 号线工可阶段
勘察钻孔 MIZ1-05 岩芯相片

④在洞体岩层顶板厚度上,顶板厚度小于等于 1.5 m 的溶洞有 49 个,约占溶洞总数的 66.2%;顶板厚度

超过 1.5 m 的溶洞有 25 个,约占溶洞总数的 33.8%;溶洞顶板厚度小于等于洞体高度的有 41 个,约占溶洞总数的 55.4%。顶板最小厚度仅为 0.1 m。

2)土洞。

沿线勘察有 2 个钻孔揭露土洞,土洞揭露情况如表 2-5 所示。

表 2-5　广州地铁 9 号线工可阶段勘察土洞揭露情况统计一览表

钻孔编号	洞体顶底板埋深/m	洞体顶底板标高/m	洞体高度/m	充填物特征	发育层位
MIZ1-11	16.1~23.0	−7.44~−14.34	6.9	充填流塑状粉质黏土,钻具自然下沉	软塑状粉质黏土
MIZ1-35	23.0~25.8	−10.97~−13.77	2.8	无充填	硬塑状粉质黏土

MIZ1-11 钻孔在深度 16.1~23.0 m 揭示土洞,该土洞洞体高度为 6.9 m,位于软塑状粉质黏土的底部,土洞下即为微风化灰岩,土洞由流塑状粉质黏土充填,钻探过程中钻具自然下沉。

MIZ1-35 钻孔在深度 23.0~25.8 m 揭示土洞,该土洞洞体高度为 2.8 m,位于硬塑状粉质黏土的底部,土洞下即为微风化灰岩,土洞无充填。

3)岩溶地面塌陷。

据《广州市广花盆地二、三号线北部线路灰岩地区地质调查——岩溶工程特性评价及工程风险评估报告》,花都新华水源地自 1972 年建井开采以来,共发生岩溶地面塌陷 46 处,成椭圆状,断面为坛状、井状及漏斗状,直径一般为 3~5 m,最大 8 m,深 0.3~2.4 m,面积一般为 12 m²,最大达 50 m²,最大影响范围达 3000 m²。造成菜地塌陷,居民房屋裂缝。致灾原因是该水源地岩溶发育,由于大量抽取地下水,引起水位变动而塌陷。自 1995 年取消集中开采地下水以来,未有岩溶地面塌陷记录。人为抽排灰岩岩溶地下水时,易诱发岩溶地面塌陷,为岩溶地面塌陷易发区。9 号线线路中部、东部处在原新华水源地岩溶地面塌陷范围。

2. 初步勘察

9 号线部分车站初勘阶段溶(土)洞揭露情况如表 2-6 所示。花都汽车城站初勘阶段 8 个钻孔,其中,有 7 个钻孔揭露到共计 16 个溶洞,见洞率为 87.5%;广州北站初勘阶段 8 个钻孔,其中,有 7 个钻孔揭露到 8 个溶洞和 1 个土洞,见洞率为 87.5%;花都广场站初勘阶段 8 个钻孔,其中,有 5 个钻孔揭露到共计 16 个溶洞,见洞率为 62.5%;马鞍山公园站初勘阶段 8 个钻孔,仅发现1个小溶孔,高度为0.1 m,见洞率为12.5%。飞鹅岭站和花果山公园站在初勘阶段均未发现溶(土)洞。

表2-6   9号线部分车站初勘阶段溶(土)洞揭露情况

工点名称	钻孔数/个	揭露到溶洞土洞孔数/个	见洞率/%
花都汽车城站	8	7/8	87.5
广州北站	8	7/8	87.5
花都广场站	8	5/8	62.5
马鞍山公园站	8	1/8	12.5

9号线部分区间初勘阶段溶(土)洞揭露情况如表2-7所示。花都汽车城站—广州北站区间见洞率最高,初勘阶段共布置47个钻孔,其中有28个钻孔揭露到共计43个溶洞和3个土洞,见洞率接近60%;飞鹅岭站—花都汽车城站见洞率最低,初勘阶段共布置54个钻孔,有21个钻孔揭露到共计33个溶洞和1个土洞,见洞率接近40%。

表2-7   9号线部分区间初勘阶段溶(土)洞揭露情况

工点名称	钻孔数/个	揭露到溶洞土洞孔数/个	见洞率/%
飞鹅岭站—花都汽车城站	54	21/54	38.9
花都汽车城站—广州北站	47	28/47	59.6
广州北站—花果山公园站	53	22/53	41.5
花果山公园站—花都广场站	40	22/40	55
花都广场站—马鞍山公园站	27	13/27	48.1
马鞍山公园站—清布站	57	27/57	47.4

3. 详细勘察

9号线各车站详勘阶段溶(土)洞揭露情况如表2-8所示。花都汽车城站、广州北站、花都广场站、清布站的岩溶见洞率均在40%以上,岩溶发育比较强烈;飞鹅岭站和马鞍山公园站的岩溶见洞率均在10%以下,岩溶发育较弱;花果山公园站和高增站均未揭露到溶(土)洞。

表 2-8　9 号线各车站详勘阶段溶(土)洞揭露情况

工点名称	钻孔数/个	揭露到溶洞土洞孔数/个	填充情况	见洞率/%
飞鹅岭站	66	2/66		3
花都汽车城站	99	67/99	约 1/5 充填软塑状、可塑状黏性土，1/5 溶洞充填砂土，其他无充填	67.7
广州北站	107	67/107	约 1/4 充填软塑状黏性土，1/10 溶洞充填砂土，其他无充填	62.6
花果山公园站	48	0		0
花都广场站	156	66/156	约 1/4 充填软塑状、可塑状黏性土，1/5 溶洞充填砂土，其他无充填	42.3
马鞍山公园站	93	7/93	约 1/5 充填软塑状、可塑状黏性，其他无充填	7.5
清布站	82	36/82	约 89% 全充填，主要充填软塑状黏性土，少量充填砂土、碎石等，其余为半充填及无充填	43.9
高增站	70	0		0

　　9 号线各区间详勘阶段溶(土)洞揭露情况如表 2-9 所示。除清布站—高增站区间外，9 号线沿线各区间岩溶见洞率均在 30% 以上。

表 2-9　9 号线各区间详勘阶段溶(土)洞揭露情况

工点名称	钻孔数/个	揭露到溶洞土洞孔数/个	填充情况	见洞率/%
飞鹅岭站—花都汽车城站	243	88/243	约 1/3 充填软塑状、可塑状黏性土，1/4 溶洞充填砂土，其他无充填	36.2
花都汽车城站—广州北站	243	84/243	约 1/4 充填软塑状、可塑状黏性土，1/4 溶洞充填砂土，其他无充填	34.6
广州北站—花果山公园站	317	156/317	约 1/5 充填软塑状、可塑状黏性土，其他无充填	49.2
花果山公园站—花都广场站	279	131/279	约 1/4 充填软塑状、可塑状黏性土，其他无充填	46.9

续表2-9

工点名称	钻孔数/个	揭露到溶洞土洞孔数/个	填充情况	见洞率/%
花都广场站—马鞍山公园站	288	121/288	约1/5充填软塑状、可塑状黏性土，1/5溶洞充填砂土，其他无充填	42.0
马鞍山公园站—清布站	356	168/356	约1/5充填软塑状、可塑状黏性土，1/10溶洞充填砂土，其他无充填	47.2
清布站—高增站	682	107/682	约80%全充填，主要充填软塑—流塑状黏性土，少量充填碎石、砂土等，约15%半充填，其余无充填	15.7

2.5.2　地下水

1. 地下水的赋存条件与补给

（1）地下水位

9号线位于广花盆地，地貌上属于河流冲洪积平原，地势平坦宽广，揭露第四系地层为人工填土，冲洪积砂层和黏性土层及残积层，基岩为石炭系、二叠系和第三系岩层，地下水位的变化受地形地貌、地层岩性、地下水补给来源等因素控制。勘察期间揭露沿线地下水稳定水位埋深为0.95~9.72 m。

地下水位的变化与地下水的赋存、补给及排泄关系密切，每年二月起随降水量增加与农灌水的增大，水位开始逐渐上升，到六月至九月处于高水位时期（丰水期），九月以后随着降水量与农灌水的减少，水位缓慢下降，到十二月至次年二月处于低水位期（枯水期）。根据广花盆地监测资料，地下水位年变幅第四系孔隙水为0.39~1.53 m，岩溶水为0.55~1.30 m。

（2）地下水类型

根据9号线沿线地下水赋存条件、含水介质及水力特征分析，地下水主要有三种基本类型，分别为松散岩类孔隙水、碳酸盐类裂隙溶洞水和碎屑岩类裂隙水。

松散岩类孔隙水，主要赋存于冲积-洪积砂层<3-1>、<3-2>、<3-3>中。砂层一般被人工填土层、冲积-洪积土层<4-1>、河湖相淤泥、淤泥质土层<4-2>覆盖，地下水具微承压性。<3-1>、<3-2>砂层粉、黏粒含量较高，富水性弱—中等，透水性中等，渗透系数为1~8 m/d。<3-3>砾砂层厚度较大，呈层状分布，富水性中等，中等—强透水，渗透系数为5~15 m/d。

碳酸盐类裂隙溶洞水，主要含水层为石炭系、二叠系灰岩。线路穿过多个向斜、背斜及断裂构造，受岩性、构造的控制，石炭系灰岩岩溶发育总体上强烈但很不均匀，以壶天群灰岩透水性、富水性最强，单井涌水量在数百 m³/d 至 1000~3000 m³/d，最大达 15595 m³/d；而泥质灰岩、炭质灰岩岩溶裂隙溶洞发育弱，透水性、富水性也较弱。各种地层岩性富水性情况对比如表 2-10 所示。沿线揭示的岩溶发育在下伏岩层中，上部冲洪积层和残坡积土层厚度较大，透水性差，在一定程度上起到隔水作用，岩溶水具承压性。

表 2-10　各种地层岩性富水情况对比表

岩性	地层代号	富水等级	单位涌水量/ [L·(s·m)⁻¹]	所占钻孔/个	与该岩性钻孔 总数之比/%
下二叠统 栖霞组灰岩	P₁q	极强	—	—	—
		强	13.269	1	25.0
		中等	—	—	—
		弱	0.015~0.556	3	75.0
中上石炭统 壶天群灰岩	C₂₊₃ht	极强	22.07~42.565	2	6.7
		强	5.073~11.30	7	23.3
		中等	1.02~4.14	8	26.7
		弱	0.003~0.698	13	43.3
下石炭统 石磴子 组灰岩	C₁ds	极强	15.318~22.30	2	5.6
		强	6.120~13.925	4	11.1
		中等	1.244~3.256	17	47.2
		弱	<0.617	13	36.1

　　碎屑岩类裂隙水，主要含水层应于石炭系、二叠系和第三系岩层的强风化带和中风化带中，岩性主要为泥质粉砂岩、粉砂岩、页岩、炭质页岩、泥岩、粗砂岩等，地下水的赋存条件与岩性、岩石风化程度、裂隙发育程度等有关。从勘察资料分析，碎屑岩强风化带裂隙发育，岩石破碎，岩芯呈半岩半土状；碎屑岩中风化带裂隙较发育，岩石较破碎，岩芯呈短柱状或块状；由于风化裂隙为泥质充填，地下水赋存条件相对较差，一般具弱透水性，富水性弱。由于强—中风化基岩上覆全风化岩、残积土<5>和粉质黏土<4-1>等相对隔水层，裂隙水具承压性。

（3）地下水的补给与排泄

松散岩类孔隙水主要赋存在第四系砂层中，其补给主要来源为大气降水和地表水补给；排泄主要为大气蒸发及向河流排泄。碳酸盐类裂隙溶洞水主要由侧向径流补给以及第四系砂层越流补给，碎屑岩类裂隙水补给来源主要是第四系砂层越流补给；排泄方式主要为以地下径流方式排向下游地区或人工抽汲地下水。

2. 地下水的腐蚀性

（1）腐蚀性评价条件

按照国家标准《岩土工程勘察规范》（GB 50021—2001）第 12.2 条及附录 G 有关规定，地下水对建筑材料的腐蚀性评价针对不同的环境类型、含水层渗透性、浸水条件等有着不同的规定。根据本工程的特点，结合广州地铁 9 号线地下水特征，地下水的腐蚀性评价的具体条件如下：

广州市属于湿润地区，分布地层主要有弱透水层和强透水层，含水量一般为 20%~30% 或大于 30%。因此评价地下水对混凝土结构的腐蚀性按 II 类环境类型评价。9 号线采用地下线和高架线，一般隧道处于长期浸水环境，高架桥桩处于干湿交替环境，因此评价地下水对钢筋混凝土结构中的钢筋的腐蚀性浸水条件按长期浸水和干湿交替考虑。

（2）主要腐蚀性评价指标及结果

工可阶段勘察共取 5 组地下水水样，进行水质分析和侵蚀性 CO_2 测定。根据水质分析成果资料，按照相应的评价条件，综合评价地下水对建筑材料的腐蚀性。

按照国家标准《岩土工程勘察规范》（GB 50021—2001）第 12.2 条规定，对本次勘察所取地下水水样进行了腐蚀性评价，线路沿线地下水对混凝土结构不具腐蚀性；除 MIZ1-26 孔混合水在干湿交替条件下对钢筋混凝土结构中的钢筋具弱腐蚀性外，其余地下水对钢筋混凝土结构中的钢筋不具腐蚀性；对钢结构具弱腐蚀性。各孔主要腐蚀性化学指标及腐蚀性评价如表 2-11 所示。

（3）渗透系数

土层渗透性的强弱首先由岩土孔隙的大小和连通性决定，其次是孔隙率的大小决定，这与土的成因、颗粒大小、颗粒级配、黏粒含量及土的密实度等有关。基岩的渗透系数不仅取决于其成因，而且与岩石裂隙发育程度、充填情况及岩溶裂隙的连通性等有关，同一岩层在不同方向上也往往具有不同的透水性，因此，岩土层渗透系数具很大的不均匀性。各岩土层渗透系数的选取主要考虑以下几方面的因素。

表 2-11　地下水腐蚀性化学指标及评价表

取水钻孔	地下水类型	$SO_4^{2-}/$ $(mg \cdot L^{-1})$	$Cl^-/$ $(mg \cdot L^{-1})$	侵蚀 CO_2 $/(mg \cdot L^{-1})$	pH值	$HCO_3^-/$ $(mmol \cdot L^{-1})$	对混凝土腐蚀性	对混凝土中钢筋腐蚀性（干湿交替）	对钢结构腐蚀性
MIZ1-26	混合水	73.99	116.96	0	9.1	2.90	无	弱	弱
MAZ1-33	混合水	77.38	41.28	4.81	7.3	3.88	无	无	弱
MAZ1-42	混合水	56.05	68.80	0	11.2	0	无	无	弱
MAZ1-55	混合水	27.11	32.97	1.2	7.3	2.24	无	无	弱
MAZ1-61	混合水	27.11	22.28	3.61	7.1	1.80	无	无	弱

①第四系土层：层位有人工填土层<1>、冲-洪积土层<4-1>、河湖相淤泥、淤泥质土层<4-2>，坡积土层<4-3>，残积层<5C-1>（<5-1>）、<5C-2>（<5-2>）。主要根据各其成因类型、土层特征、含有物、室内渗透试验等选取。

②第四系砂层：层位有冲洪积粉细砂<3-1>、中粗砂<3-2>、砾砂<3-3>，主要根据其成因类型、特征、颗粒组成、黏粒含量及密实度等选取。

③基岩：层位有石炭系二叠系、第三系岩层的各风化带。主要根据成因、裂隙发育程度及破碎程度等特征综合确定。

工可阶段勘察各岩土层渗透系数的范围值，主要根据各岩土层的特征，室内土工试验成果，结合当地工程经验综合确定。

2.5.3　岩土参数

工可阶段勘察岩土参数建议值，是在统计结果的基础上进一步计算、查表并结合钻孔资料、勘察成果及地区经验综合判断之后得出的。

根据国家标准《岩土工程勘察规范》（GB 50021—2001）第 14.2.5 条，以及《岩土工程勘察报告编制标准》（CECS 99：98）7.3 条，天然含水量（ω）、密度（ρ）、孔隙比（e）、塑性指数（I_p）、液性指数（I_L）、压缩系数（$a_{0.1-0.2}$）、压缩模量（$E_{s0.1-0.2}$）、基床系数（K）、渗透系数（K_{20}）等选用指标的平均值；黏聚力（C）、内摩擦角（φ）、岩石抗压强度（f_r）、地基承载力特征值（f_{ak}）等采用岩土参数标准值。以上标准值和平均值均在各岩土层物理力学指标统计表选取，当设计规范另有专门规定标准值的取值方法时，按有关规范执行。

1. 物理性质基本指标

各土层的物理性质基本指标，即天然密度、天然含水量、孔隙比、砂土坡角是在土工试验统计成果的基础上，并结合有关规范给出的经验值提出的建议值。

2. 抗剪强度指标

各土层的抗剪强度指标，即直接快剪、固结快剪指标和不排水不固结三轴剪切指标，是在土工试验结果的统计基础上，并结合有关规范经验值提出的建议值。

3. 压缩性指标

各土层的压缩性指标，即压缩系数、压缩模量是按土工试验统计值得出。

4. 变形模量

砂土、粉土及黏性土的变形模量数值，根据《工程地质手册》(第三版)的有关内容并结合当地经验得出；残积土的变形模量数值，结合有关规范经验值提出建议值。

5. 渗透系数

根据实验室测定的土层渗透系数，结合国家标准《地下铁道、轻轨交通岩土工程勘察规范》(GB 50307—1999)及《工程地质手册》(第三版)的有关内容，结合相关的经验提出。

6. 静止侧压力系数和土的泊桑比

土的泊桑比结合有关规范经验值提出建议值，静止侧压力系数根据土的泊松比按公式 $K_0 = \mu/(1-\mu)$ 计算求出。软土静止侧压力系数按公式 $K_0 = 1-\sin\varphi$ 计算得出(φ 为有效应力法内摩擦角或取固结快剪内摩擦角)。

7. 地基承载力特征值

人工填土、淤泥、淤泥质土、砂层、黏性土、粉土的地基承载力特征值，用统计表中的有关岩土参数的标准值，结合有关规范经验值提出建议值。

泥岩、粉砂质泥岩和粉砂岩的地基承载力特征值，根据广州地区经验值提出。

8. 基床系数

土层的基床系数包括垂直基床系数 K_V、水平基床系数 K_X，根据固结试验结果计算和各岩土层状态，根据国家标准《地下铁道、轻轨交通岩土工程勘察规范》(GB 50307—1999)，并参照地区勘察经验得出。

9. 桩周土、岩极限侧阻力标准值与桩端土、岩极限端阻力标准值

各岩土层桩周土、岩极限侧阻力标准值与桩端土、岩极限端阻力标准值，用统计表中的有关岩土参数的标准值，根据《建筑桩基技术规范》(JGJ 94—

2008)并结合本地区经验提出建议值。

2.6　本章小结

本章首先分析了岩溶区地质风险及勘察重难点,地下水、溶(土)洞及复合地层是岩溶区的主要地质风险;第四系地层、岩层、地下水及溶(土)洞则是岩溶区勘察的重难点。然后对地铁工程勘察总体技术要求进行了系统的总结,包括钻探要求、地球物理勘探要求、勘察成果的分析与评价标准等。同时,对地铁工程勘察关键技术进行了全面的归纳,包括钻探关键技术和物探关键技术等。最后以典型案例的形式给出了广州地铁 9 号线的勘察成果,以供同类工程参考。

第3章

岩溶区明挖车站设计关键技术

车站是地铁中最复杂的建筑物，在浅埋岩溶强烈发育的地质条件下修建地铁可能出现地面塌陷、支护结构坍塌、渗漏水及基底突涌水等风险。因此，支护结构选型、基底处理、溶(土)洞处理等对岩溶区地铁车站设计尤为重要。

本章首先分析了岩溶区地铁车站修建过程中存在的风险及设计的重难点，然后系统总结了车站设计的总体技术要求，最后给出了广州地铁9号线车站典型设计案例，以供同类工程参考。

3.1 车站风险分析及设计重难点

3.1.1 地质风险

1.溶(土)洞

对于岩溶区的地铁车站工程，一般推荐采用明挖方案。由于可能存在未查明、未采取充填措施或充填措施不可靠的溶(土)洞，在明挖基坑施工过程中可能出现地面塌陷(如图3-1所示)和支护结构坍塌的风险。

2.地下水

岩溶区地下水丰富，加上溶洞、溶蚀、溶沟的连通特征，

图3-1 溶(土)洞坍塌引起地面塌陷

地下水补给快，在基坑开挖过程中可能出现支护结构渗漏水(如图3-2所示)及基坑底部突涌水(如图3-3所示)的风险。

图 3-2　连续墙接缝渗漏水引起地面塌陷

图 3-3　基底突涌水

3.1.2　设计重难点

1. 站位选择

通常情况下,车站与路口的位置关系如图 3-4 所示。如何根据具体站点的情况,选择适宜的站位,或在此基础上对出入口位置进行调整,以兼顾客流吸引和周边环境的需求,是地铁车站设计的重难点之一。

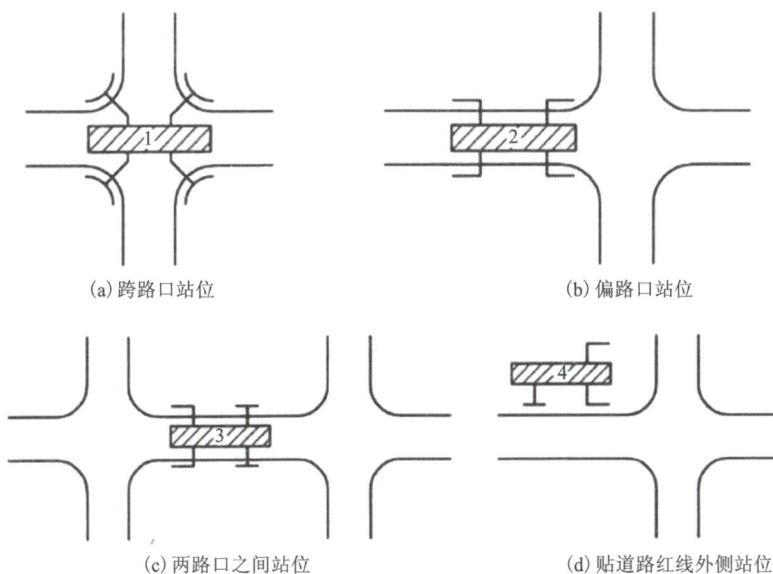

(a) 跨路口站位

(b) 偏路口站位

(c) 两路口之间站位

(d) 贴道路红线外侧站位

图 3-4　车站位置与路口关系图

2. 埋深选择

合理确定地铁车站的埋深,对降低地铁土建工程造价尤为重要。在地铁建设总投资中土建工程占 40% 以上,而在土建工程投资中,车站土建工程占 45% 左右。减小地铁车站埋深可以有效降低车站土建工程造价,对降低地铁建设成本具有重要意义。由计算分析可知:一个结构总长为 184 m 的地下 2 层车站,基坑深度每减小 1 m 则总造价约降低 2%,建筑高度每减小 1 m 则总造价约降低 3.7%;一条 20 km 长的地铁,地下车站底板埋深平均减小 1 m,总造价可减少 3600 万 ~6550 万元。同时,减小地铁车站埋深也可减小运营成本及方便乘客。因此,设计人员如何根据站点的情况选择适宜的埋深,合理地减少不必要的投资,是地铁车站设计的重难点之一。

3. 车站建筑布置

车站的建筑布置应能满足乘客在乘车过程中对其活动区域内的各部位使用的需要。将乘客进、出站的过程用流线的形式表示出来,称为乘客流线(或乘客组织)。乘客流线是地铁车站的主要流线,也是决定建筑布置的主要依据。站内除了乘客流线,还有站内工作人员流线、设备工艺流线等。这些流线具体而集中地反映出乘客乘车与站内房间布置之间的功能关系。

为合理地进行车站平面剖面布置,设计人员必须了解和掌握各种流线的关系,将地铁车站各部分的使用要求进行功能分析并绘制功能分析图,如图 3-5 所示。因此,如何根据车站类型和规模合理组织人流路线(车站乘客流线、工作人员流线、设备工艺流线)、划分功能区,再具体进行车站不同部位的建筑布置,是地铁车站设计的重难点之一。

4. 围护结构设计

明挖地铁车站修建中通常需要进行基坑的支护和开挖,基坑工程的设计和施工不仅需要岩土工程方面的知识,而且需要结构工程方面的知识。同时,基坑工程中的设计和施工是密不可分的,设计计算的工况必须和施工的工况一致才能确保设计的可靠性。设计计算理论的不完善和施工中的不确定因素会增加基坑工程失效的风险,因此,设计、施工人员需要具有丰富的现场实践经验。由此看出,围护结构设计也是地铁车站设计的重难点之一。

5. 防水设计

通常地下结构防水不易引起各方的重视,但是地下结构一旦渗漏引起的后果却是很严重的。地铁工程属于大型构筑物,长期处于地下,时刻受地下水的渗透作用,防水问题能否得到有效的解决不仅影响工程本身的坚固性和耐久性,而且直接影响地铁的正常使用。随着人们对地下工程使用要求的不断深入,防水问题逐渐被人们所重视,防水的标准和等级也在不断提高。目前,地

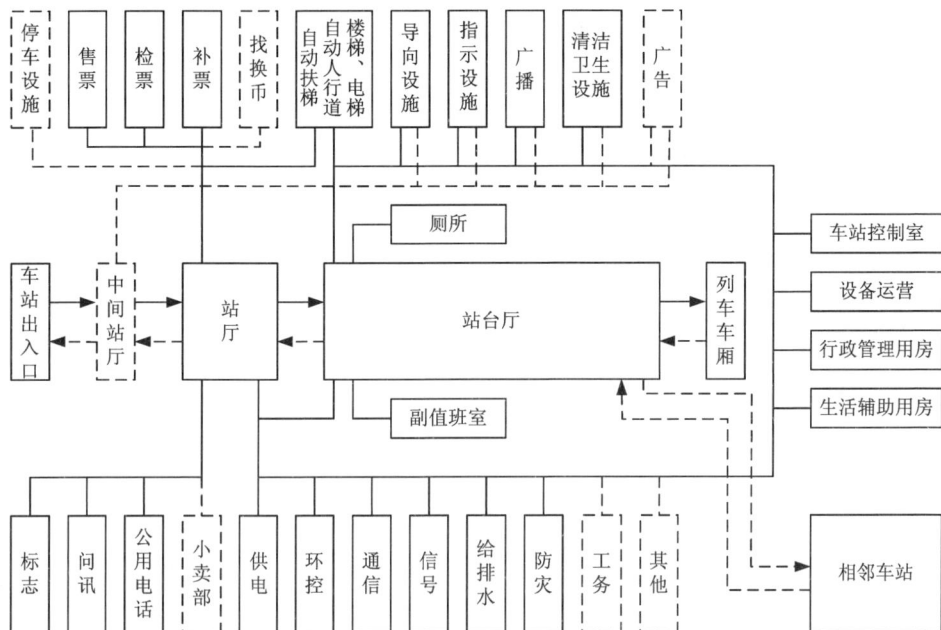

注：⌐ ‑ ‑ ‑ ¬ 根据需要设置

图 3-5　地铁车站功能分析图

下工程的防水已经逐渐从以往单一防水朝着复合防水、综合防水方面发展，其地位正在逐渐得到提高。因此，防水设计也是地铁车站设计的重难点之一。

6. 基底处理

基底处理的主要目的是减小深基坑施工中突水、突泥和连续墙施工的风险，预防土洞的出现，以及减小后期运营的风险；次要目的是提高车站结构的基底承载力，满足变形的要求。广州地铁 9 号线全线位于岩溶发育区，因此，车站基底处理的设计至关重要。

7. 溶(土)洞处理

如果溶(土)洞处理不当，可能在明挖基坑施工过程中出现地面塌陷和支护结构坍塌的风险。由于广州地铁 9 号线全线位于岩溶发育区，因此溶(土)洞处理对地铁车站设计同样至关重要。

3.2　车站设计总体技术要求

3.2.1　车站总体布置原则

地铁车站直接服务于旅客。车站分布与设置一般情况下应参照以下原则：

①方便乘客使用。车站站位应为乘客使用提供方便，使多数乘客步行距离最短。尽可能靠近大型客流集散点，为乘客提供方便的乘车条件；尽量通过短的出入口通道，将购物、游乐中心、住宅、办公楼与车站连通，为乘客提供无日晒、无雨淋的乘车条件。对于大型客流集散地段的车站，设计人员还应考虑乘客进出站行走路线，尽量避免人流不顺畅、出入口被堵塞和车站站厅客流分布不均匀的现象。对于突发性的大型客流集散点，如体育场，车站不宜靠近观众主出入口处。

②与城市道路网及公共交通网密切结合。城市轨道交通路网密度和车站数量均小于地面公交线路网，必须依托地面公交线路网，为城市轨道交通车站往返输送乘客，使其成为快速且大运量的骨干系统。在城市交通枢纽、地铁线路之间与其他轨道交会处设置车站，使之与道路网及公共交通网密切结合。一般将城市轨道交通车站设在道路交叉口，公交线路在城市轨道交通车站周围设站，方便公交与城市轨道交通之间的换乘。

③应与城市建设密切结合，与旧城房屋改造和新区土地开发结合。

④尽量避开地质不良地段，尽可能减少对周围环境的干扰。

⑤方便施工，减少拆迁，降低造价。

⑥兼顾各车站间距离的均匀性。车站的站间距应根据现状及规划的城市道路布局和客流的实际需要确定：市区繁华区一般可控制在 1 km 左右；市区边缘或城市组团之间，一般为 1.5~2.0 km；有特殊理由时，也可增大到 2 km 以上。

3.2.2　地铁车站建筑设计原则

1. 一般原则

①车站总体布局应符合城市规划、城市交通规划、环境保护和城市景观的要求，妥善处理好与地面建筑、地下管线、地下构筑物等之间的关系，尽量减少房屋拆迁、管线迁移，以及施工时对地面建筑物、地面交通及市民的影响。

②站位平面设计应与周围的城市道路、建筑、公交的规划积极配合，合理地布置通道、出入口、风亭、冷却塔的位置。

③车站设计必须满足客流需求，保证乘降安全、疏导迅速、布置紧凑、便

于管理，并具有良好的通风、照明、卫生、防灾等设施，为乘客提供舒适的乘车环境。

④该线与其他轨道交通线路交汇处的换乘站，换乘设施的通过能力应满足预测的远期换乘客流量的需要。不能同步实施时，应预留换乘条件。

⑤车站的站厅、站台、出入口通道、人行楼梯、自动扶梯、售检票口(机)等部位的通过能力应按该站远期超高峰客流量确定。

⑥车站是城市轨道交通的重要节点，地面车站和车站附属建筑设计应符合城市规划、城市景观设计要求。其建筑设计应体现交通建筑的特点，简洁明快、造型美观。

⑦车站在满足功能要求的前提下，应保持适宜的体量、合理的车站建设规模，优化结构形式，简化设备及运营管理模式。

⑧车站应尽可能考虑采用垂直电梯作为主要无障碍设施。

⑨车站设计应满足防灾、事故疏散的要求。车站公共区应按客流需要设置足够宽度的、直通地面的人行通道，每站的人行通道数量远期一般不少于 3 个，近期至少要有 2 个能直通地面。出入口之间的距离尽可能拉大，口部附近应有较开阔的空间，通道和出入口不应有影响乘客紧急疏散的障碍物。

⑩车站设计应体现"以人为本"，根据地铁规范车站应设置公共卫生间，每个车站在站台层设一处公共卫生间与工作人员卫生间上下相邻合用一处污水泵房。

⑪地铁车站应兼顾人民防空功能的需要，设计时应考虑平战结合，并尽可能与附近的人防工事连通，或在适当部位预留连通口，待后期连通。

2. 车站总平面设计原则

①车站站位平面设计应符合城市总体规划要求和轨道交通线网规划。车站站位平面设计应根据城市现状及规划发展情况选择良好的站位平面位置，应能满足设计远期客流集散量和运营管理的需要，具有良好的外部环境条件，最大限度地吸引乘客。

②车站出入口、风亭、冷却塔的位置，应根据周边环境及城市规划要求进行合理布置。出入口位置应有利于客流吸引和疏散；风亭位置在满足功能要求的前提下，应满足规划、环保和城市景观的要求。

③与郊区铁路、地铁、轻轨、公交换乘的车站，应充分考虑预留换乘接口条件，选择合理的换乘方式，使换乘客流组织合理、快捷，尽量避免交叉。

④换乘站、折返站应满足其功能要求。

⑤应注意车站分向客流、突发客流对站位的影响。

3. 车站主、次要使用空间设计原则

①车站规模应根据近/远期设计客流量、所处位置的重要性及该地区远期发展规划等因素综合考虑确定。

②地铁车站一般由站厅层、站台层等主要使用空间及人行通道、地面出入口、风道、地面风亭等次要使用空间组成。

③地铁车站主要使用空间应按运营要求划分功能区，可分为乘客公共区，设备与管理用房区(运营管理用房、设备用房以及辅助用房等)。

④站厅层一般划分为公共区(分非付费区和付费区)、设备及管理用房区两部分。非付费区为乘客提供集散、售检票、公共电话、银行服务的空间，并兼顾行人过街功能。付费区提供检票、补票，选择楼、扶梯进站台的空间。设备及管理用房区提供布置机电设备和工作人员办公、生活用房空间，该区域应考虑消防紧急疏散通道和设备运输等功能。

⑤站台层一般划分为候车区及部分设备用房区，主要为乘客提供候车、下车的空间，以及为列车提供停靠的空间。

⑥人行通道、地面出入口是乘客出、入地铁车站的连通空间，应能有效、便利地吸引和疏导乘车客流。地面风亭是地铁车站因通风需要而设在地面的附属构筑物，其布置应满足车站通风需要并与城市环境相协调。

⑦地下车站设备管理用房区的布局应充分考虑"有人区"和"无人区"的区别，应将"有人区"布置在同一防火分区内，且有一个直通地面的紧急疏散口。

3.2.3 岩溶区地铁车站结构设计原则

对于岩溶区的地铁车站工程，一般推荐采用明挖方案。在开展岩溶区明挖基坑工程设计时，应遵循以下原则：

①支护结构选型应根据具体地质条件，按不同结构形式进行综合比选。

②尽量采用非嵌岩的桩(墙)，减少对基底灰岩的扰动与破坏。

③可通过增设支撑，减少支护结构的嵌固深度。

④地下连续墙施工，应根据岩面起伏情况，分段进行有针对性的设计与施工。

⑤城区内的基坑，第一、二道支撑宜采用钢筋混凝土，加强支护结构的整体性，防止岩溶局部坍塌对周边建构筑物的影响。

⑥明挖基坑结构设计时，应针对基坑开挖时基底涌水、未查明及处理的岩溶在运营期坍塌对地铁结构的损坏等风险采取必要的防范措施。

⑦通过压力灌浆、水泥搅拌桩或高压旋喷处理，消除溶(土)洞等不良地质作用对场地稳定性的影响。

明挖基坑支护工程是指在基坑开挖时，为了保护坑壁不致坍塌、保护主体地下结构的安全以及使周围环境不受损害所采取的工程措施的总称。支护结构是指基坑支护工程中采用的支护墙体(包括防渗帷幕)以及内支撑系统(或土层锚杆)等的总称。

根据被支护土体的作用机理，可将基坑支护分为两大类：支护型和加固型。支护型基坑支护包括板桩墙、排桩、地下连续墙等，加固型基坑支护包括水泥搅拌桩、高压旋喷桩、注浆和树根桩等。在实际应用中往往将两者结合，形成混合型。按其受力性能，大致可划分为悬臂式支护结构、单(多)点支点混合结构、重力式挡土结构及拱式支护结构四类。每一种支护方案都有其适用范围和优缺点。在实际应用中，应综合考虑各种因素，经比较后最终确定支护方案。

选择支护结构类型的基本依据如下：

①基坑的形状、尺寸。

②基坑支护结构所受的荷载，包括侧向荷载、竖向荷载、施工活载、地面超载等。

③工程地质及水文地质条件。地下水情况及分布、地表水位、承压水层、承压气体等。

④环境条件。基坑周围建筑物状况，基坑周围公用设施分布及地下构筑物、管线状况，基坑周围交通状况及道路状况，基坑周围水域(河流)状况，对基坑施工的特殊要求等。

⑤建筑物的基础结构及上部结构对支护结构的要求。

⑥基坑开挖及排水等方案。

⑦对基坑支护结构施工(噪声、振动、地面污染)的要求。

⑧基坑场地周围已有基坑支护结构形式或类似的基坑支护结构形式在施工中的成功经验、失败原因和教训。

⑨现已应用的各种支护技术的特点与适用范围。

⑩相应基坑支护设计规程、规范、指南等。

3.2.4　明挖基坑溶(土)洞处理原则

1. 处理原则

若明挖基坑位于岩溶区，采取以下几点原则进行溶(土)洞处理：

①明挖结构应遵循岩溶处理、基底处理、支护结构、主体结构、支护与主体结构组合方案、抗浮方案、施工期涌水及运营期风险防治方案等多方面协调统一考虑的原则。

②影响工程安全的溶(土)洞均应被处理。

③工程影响范围内的非全填充土洞均应被处理，全填充土洞应根据填充物性质、地基承载力、周边环境等情况确定处理方案。

2. 处理范围

在满足地铁列车高速运行条件下地基承载力要求的基础上，应结合基底以上是否有稳定隔水层及隔水层厚度确定岩溶处理范围，一般情况下可参照以下要求执行：

（1）嵌岩支护结构及嵌岩段

对嵌岩的支护结构及处于嵌岩段的溶洞需采用注浆处理，防止支护结构施工时发生塌陷。

（2）基底处于灰岩层段

①处于基坑开挖深度内的浅层溶洞需提前注浆充填处理。

②底板以下 2 m 范围内的所有溶洞均应被处理。

（3）基底处于黏土层段

①底板以下、岩面以上有一定厚度且较稳定的隔水层时，其下灰岩所发现的岩溶原则上不需要被处理；隔水层的厚度可根据基坑抗渗计算选取。

②基坑内隔水层厚度有变化时，可考虑设置"格栅"分区分别进行处理。

（4）基底处于砂层段

①基底砂层如已采用格栅状进行分隔处理，原则上仅对已发现的具有开放性的溶洞及浅层溶洞(溶洞顶板厚度小于 1 m 溶洞)进行处理。

②基底采用水泥土墩柱加固的基坑，需对墩柱间已发现的顶板厚度小于 2 m 的溶洞进行处理。

3. 处理措施

溶(土)洞采用充填注浆的方法进行处理：

①充填压力需根据溶(土)洞的充填情况进行调整；未填充溶(土)洞采用水泥砂浆进行注浆充填；全填充溶(土)洞应根据填充物的情况确定是否处理。

②充填注浆需边勘察边注浆边摸查溶(土)洞的规模及处理后的状态。摸查方法为根据注浆量及注浆孔所检测到的溶(土)洞洞径，初步估算溶(土)洞的规模后再向周边布设检查孔。检查孔除需注意检查溶洞的延展状况外，还需检查注浆充填状况，发现注浆不饱满的部位需利用检查孔继续注浆。

③规模较大的溶洞且其范围已超出城市轨道交通结构设置的安全限界时，可先在安全限界钻孔，采用速凝浆控制边界，并减少注浆的范围及注浆量。

④充填注浆需根据溶(土)洞所处的深度、地层条件分别采用振动沉管及钻孔埋管进行注浆。埋深较浅、围岩为砂土层的土洞可采用振动沉管方式进行充

填注浆；溶洞需先成孔、后埋入注浆管，并注意封闭溶洞顶板及注浆管与孔壁间的间隙后才能注浆；对于大于 3 m 无填充溶(土)洞和半填充溶(土)洞，可采用 ϕ200 mm 的 PVC 套管注水泥砂浆；对于非填充或半填充的较大溶洞，可采用泵送混凝土进行填充。

施工前应进行现场注浆试验，注浆参数根据试验情况进行调整。注浆量和注浆有效范围通过现场试验确定。

3.2.5　地铁车站设计标准

1. 站厅层

①地下车站公共区装修后地坪面至结构顶板底面净高(一般情况下)不小于 4200 mm。

②公共区地坪装修层厚度(一般情况下)为 150 mm。

③公共区装修后净高不小于 3000 mm。

2. 站台层

地下车站站台采用屏蔽门系统，屏蔽门纵向组合长度约为 116.08 m，有效站台计算长度为 120 m。在屏蔽门两端外侧应留出不小于 1.5 m×1.5 m 的空间，供列车驾驶员工作使用。

①站台最小宽度：岛式站台(有柱时)不小于 10000 mm；岛式站台侧站台宽度不小于 3000 mm；侧式站台(有柱式柱外站台)不小于 2500 mm；侧式站台(无柱式)不小于 3500 mm。

②地下车站结构净高(板下)(一般情况下)不小于 4400 mm。

③地下车站公共区装修后净高(一般情况下)不小于 3000 mm。

④公共区地坪装修层厚度为 100 mm。

⑤公共区站台装修面至轨面高度为 1080 mm。

⑥轨面至结构底板面(一般情况下)为 580 mm。

⑦站台边缘到线路中心线的距离为 1500 mm。

⑧线路中心线到侧墙净距为 2150 mm。

3. 车站设备与管理用房

车站设备与管理用房面积如表 3-1 所示。

①除了应满足地下铁道设计规范的规定和有关设备与运营管理的技术要求，一般情况下装修后净高不小于 2500 mm。

②一般情况下地坪面装修层厚度为 50~100 mm。

③环控机房净高(一般情况下)不小于 4000 mm。

④设备用房区内的通道装修后净高不小于 2400 mm。

表 3-1 9 号线地下车站设备与管理用房面积表

房间	面积/m²	备注
车站控制室	36/60	宜设在站厅层乘客较多一端,无关管线不得穿越
站长室	15~20	与车控室相邻并设门连通
警务室	35/45	宜设在站厅层乘客较多的一端
安全办公室	15	宜靠近站厅层公共区
会议室	25/30	设在站厅层管理用房较多的一端
车站备品库	20	宜设站厅层
更衣室	2×10	设在站厅层管理用房较多的一端
卫生间	2×10	设在站厅层管理用房较多的一端
保洁间	2×9	每层一间
银行	25	设在站厅层非付费区
票务室	7.5	设在站厅付费区与非付费区分界处,每端设一间
综合监控设备室	20	靠近车控室
票务管理室	25	靠近车控室
AFC 设备室	15	靠近售检票区或靠近公共区
AFC 维修室	8/15	靠近公共区
气瓶室	15~20	靠近被保护房间,按需要设置,无关管线不得穿越
照明配电室	8~12	每层每端各设一间
环控电控室(含监控室)	42	邻环控机房,每端各设一处,有门直通机房
民用通信机房	50	靠近通信设备室合并设置(含移动和电信局机房)设置在车站
UPS 电源室	2×20	与车控室同一端,两间相邻布置
通信设备室(含 PIDS)	50	设在站厅层,与车站控制室同一端
信号设备及电源室	75	集中联锁站
	45	非联锁站
信号值班室	15	联锁站、换乘站设置,靠近通号设备室

续表3-1

房间	面积/m²	备注
屏蔽门设备及控制室	20~22	设在站台层,通号设备室下方
污水泵房	10	设在卫生间下方、内设设污水池
废水泵房	10	设在车站最低点
电缆井	5	按需要定个数 尽量设在站台层
降压变电所	240	
跟随式变电所	120	尽量设在站台层
牵引降压混合变电所	400	尽量设在站台层
环控机房 (非集中供冷站)	1100	不含风道、风亭、冷却塔面积 若有制冷水系统,宜集中设在临近变电所一端的环控机房内
环控机房(集中供冷站)	760	
乘务员休息室	10	设在折返站
工务用房	12	设在有岔站站台层
车辆紧急抢修用房	20	设在有折返线的车站站台层
接触网紧急抢修用房	20	设于有岔站站台层
公共卫生间	38	设在车站合适部位与车站工作人员卫生间相邻
广告备品库	8~10	
应急照明电源室	20~22	每层每端一间

⑤设备用房区内的通道净宽不小于 1200 mm。

4. 车站通道出入口

①净宽不小于 2500 mm。

②净高(通道长度≤60 m)不小于 2500 mm

③通道纵向坡度不大于 5%。

④与自动扶梯或楼梯相连的通道宽度,必须与其通过能力相匹配。

5. 楼梯

①单向公共区人行楼梯最小宽度为 1800 mm;双向公共区人行楼梯最小宽度为 2400 mm。

②管理、设备区(管理用房较多一端)内应设一座净宽不小于 1100 mm 的

工作人员专用楼梯。

③消防专用楼梯最小宽度为 1200 mm。

④站台至轨行区的工作梯(兼疏散梯)最小宽度为 1100 mm。

6. 自动扶梯

①地面到站厅的自动扶梯应按近期设计客流量设置、远期设计客流量预留。站厅到站台的自动扶梯应按远期设计客流量设置。各台自动扶梯的汇集客流量应尽量相等。

②自动扶梯的倾角为 30°，有效净宽按 1000 mm 计算，设计通过能力按 9600 人/h 的 80% 考虑。作为事故疏散用的自动扶梯，应采用一级负荷供电。

③车站出入口提升高度超过 6 m 时，应设上行自动扶梯，有条件的出入口应增设下行扶梯；超过 12 m 时应设上、下行自动扶梯，有条件的应增设一台备用扶梯。站台与站厅间应设上、下行自动扶梯。分期建设的自动扶梯应预留位置。

7. 无障碍设施

车站设计应考虑无障碍设计。具体做法：设置垂直电梯，同时配置导盲设施到达站台层。车站出入口可考虑采用垂直电梯或轮椅牵引机作为无障碍设施。

3.3　车站设计方案研究

3.3.1　车站站台形式研究

地铁车站按站台形式可以分为岛式车站、侧式车站和岛侧式车站三种基本类型。站台位于上、下行线路之间的车站称为岛式车站；站台位于线路两侧的车站称为侧式站台车站，简称侧式车站；在线路之间和两侧均设置站台的车站称为岛侧式车站。

一般的地下两层岛式车站，位于规划道路中心下，满足市政和规划要求，车站顶板覆土应达到 3 m。车站轨面埋深一般在 14.1 m 左右，车站底板埋深要达到 16.4~16.8 m。在岩溶发育区，为降低施工风险，避免线路区间穿行在上软下硬的地层中，适当提高车站的埋深或者提高轨面埋深，使与车站相连的区间仅在土层中穿行，车站就必须浅埋。保障车站的必要服务功能和运营功能，浅埋车站的设置方式有：①减少车站顶板覆土；②采用侧式站台车站；③采用岛式一层半方案。各种车站浅埋方案对比如表 3-2 所示。

表3-2 车站方案比较表

车站形式	断面形式	车站功能	轨面埋深/m	车站埋深（车站最深处）/m	与区间工法的结合
地下二层岛式车站		负一层为站厅层，负二层为站台层，车站功能和运营服务好，过街功能完善，整体布局紧凑	14.100（顶板覆土3.00）	16.800	可采用盾构工法，区间会在两种地层中穿行
岛式一层半车站		主要设备和管理用房集中布置在站台层一侧，车站功能尚好，进出站乘客过江，运营管理服务稍差。可实现过街功能	9.280（顶板覆土3.00）	15.010	可采用盾构工法，并可使区间在土层中穿行
侧式车站		分设两个站厅，管理用房布置较分散。车站功能尚可，单侧客流进出站方便，运营管理服务稍差。过街需下穿，同岛式一层半车站	9.700（顶板覆土3.00）	16.900	区间一般以明挖为主，若采用盾构，需要在车站两端做喇叭口的明挖过渡段
侧式假岛岛车站		分设两个站厅，车站设备与管理用房布置分散。变电用房较为集中，车站功能尚可，运营管理服务较差。同侧式车站方案	9.780（顶板覆土3.00）	16.900	区间采用盾构，不需在车站两端设喇叭口过渡段

减少车站顶板覆土以达到抬高轨面埋深，抬高的幅度相对有限。按城市发展和市政道路设施的一般要求，设置在城市道路下的车站主体顶板应有 3 m 覆土，以保障市政管网的敷设。

侧式车站的最大优点就是可以浅埋明挖，对于车站功能来说，没有岛式车站便利，误行的乘客和过街的乘客都需要过轨穿行，但单侧方向乘客进出站比较方便。设置两处站厅，不便于运营管理和服务。不过地质条件不理想的车站和区间，可采用明挖工法。若区间采用盾构工法，则需要明挖一段喇叭口过渡。结合区间工法考虑，侧式车站可以做侧式假岛形式，线间距保证区间盾构宽度，其空间集中设置变配电用房，车站功能仍保留侧式车站的特点，但与车站相连的区间应有盾构施工的条件。

岛式一层半的方案，综合了两层岛式车站和侧式车站的特点。车站站台层和站厅层并列布置，乘客可在岛式站台上候车，具有岛式车站的便利。但站厅需分设两处，进出站乘客迂回，不便于运营管理和服务。

3.3.2　围护结构选型研究

地铁的深基坑工程，其周围通常存在交通要道、已建建筑或管线等各种构筑物，这就涉及基坑开挖的一个很重要内容，即保护其周边构筑物的安全使用问题。一般的基坑支护大多是临时结构、投资太大也易造成浪费，而一味考虑经济因素而忽略了支护结构的安全性又势必造成工程事故，因此基坑围护结构的选择又涉及一个成本问题。地铁基坑围护结构的方案选择要根据基坑周边情况及土质情况并结合设计要求，初步选出几种方案，从施工安全、造价、工期等方面进行比较，最后选定最优支护方案。

1. 地铁基坑围护结构形式

（1）钢板桩

钢板桩是打桩机将一种特制的钢板桩沉入地下构成一道连续的板墙，作为基坑开挖的临时挡土、挡水围护结构。钢板桩有平板式和波浪式两种，钢板桩之间通过锁口互相连接，形成一道连续的挡墙。钢板桩咬口好，能止水，适用于软土、淤泥及淤泥质土。

（2）深层水泥搅拌桩

深层水泥搅拌桩是利用水泥作为主要固化剂，是软基处理的一种有效形式，利用搅拌桩机将水泥喷入土体并充分搅拌，使水泥与土发生一系列物理化学反应，使软土硬结从而提高基础强度。软土基础经处理后，加固效果显著，可很快投入使用。深层水泥搅拌桩适用于处理淤泥、淤泥质土、泥炭土和粉土土质。

（3）地下连续墙

地下连续墙是在基坑开挖之前，用特殊挖槽设备在泥浆护壁情况下开挖基槽，然后下钢筋笼浇筑混凝土形成的地下混凝土墙。它最早出现于意大利，当时主要用于防渗墙。20 世纪 70 年代后期开始陆续用于深基坑工程支护结构的围护墙，现已在全国广泛应用。地下连续墙的防水抗渗性能好，各种地质、水位条件皆适宜。

（4）土钉墙

土钉墙是将基坑边坡用钢筋制成的土钉进行加固，边坡表面铺设一道钢筋网再喷射一层混凝土面层和土方边坡相结合的边坡加固型支护施工方法。其构造为设置在坡体中的加筋杆件（即土钉或锚杆）与其周围土体牢固黏结形成的复合体，以及面层所构成的类似重力挡土墙的支护结构。土钉墙防水抗渗性能好，造价低，施工周期短，施工噪声、振动小。土钉本身变形小，对周边环境影响小，适用于砂土、黏土、粉土地层。

（5）SMW 工法桩

SMW 工法桩是利用专门的多轴搅拌机就地钻进切削土体，同时在钻头端部将水泥浆液注入土体，经充分搅拌混合后，再将 H 型钢或其他型材插入搅拌桩体，形成地下连续墙体，利用该墙体直接作为挡土和止水结构。其主要特点是构造简单，止水性能好，工期短，造价低，环境污染小，特别适合黏性土、粉土、砂土、砂砾土、ϕ100 mm 以上卵石及单轴抗压强度小于 60 MPa 的岩层。

2. 地铁基坑各类围护结构的优缺点分析

（1）钢板桩

优点：

①钢板桩支护方案施工安全迅速，工期短，打完桩后即可开挖。

②有较好的隔水能力。

③钢板桩截面积小，易于打入，U 形、Z 形等波浪式钢板桩截面抗弯能力较好。

④钢板桩在基础施工完毕后还可拔出重复使用。

⑤钢板桩支护既挡土又止水，悬臂钢板桩支护结构的刚度小。

⑥对施工场地及空间要求不高，可以保护邻近建筑物，污染小。

缺点：

①支撑工作量大。

②当土质坚硬时打入困难。

③当钢板桩与构筑物隔离不好时拔桩难度大。

④易带土造成邻近房屋不均匀沉降。

（2）深层水泥搅拌桩

优点：

①深层水泥搅拌桩将固化剂和原地基软土就地搅拌混合，因而最大限度地利用了原土。

②施工时无振动、无噪声、无污染，而且不会使地基侧向挤出，对周围原有建筑物的影响很小，可在市区内和密集建筑群中进行施工。

③与钢筋混凝土桩基相比，节省了大量的钢材，并降低了造价。

缺点：

①对复合地基承载力的提高有一定的限度，其承载力不大于 160 kPa，当复合地基承载力要求较高时，搅拌桩不再有优势。

②搅拌桩的施工技术要求较高，容易出现质量事故。

（3）地下连续墙

优点：

①整体受力，抗荷载能力强，特别适合深基坑。

②通过锁口管，容易进行分段施工。

③具有最佳的防止水效果。

④基坑开挖后，坑壁表面平整，易于防水层施工。

⑤施工进度快。

缺点：

①施工造价最高，主要机械设备为进口设备且配套设备多为大型设备。

②废弃泥浆易污染环境。

（4）土钉墙

优点：

①施工方法简单，方便操作。

②造价最低。

缺点：

①在场地开阔且无任何周边建筑物影响的条件下方可实施。

②坡壁土体需有一定的内聚力，土钉施工时一般要先挖土层 1~2 m 深，喷射混凝土和安装土钉前需要在无支护情况下稳定至少几个小时，因此土层必须有一定的天然"凝聚力"，否则需要先进行地基加固处理来维持坡面稳定，从而使施工复杂化、造价增加。

③施工时要求坡面无水渗出，否则开挖后坡面会出现局部坍滑，这样就不可能形成一层喷射混凝土面层。

④软土开挖不宜采用土钉墙支护。因为土钉锚固体与软土的界面摩阻力

小，造成土钉的承载能力小，同时在软土中成孔也较困难。

（5）SMW 工法桩

优点：

①对周边环境影响小。施工对邻近土体扰动较小，不会产生邻近地面下沉、房屋倾斜、道路裂损及地下设施移位等危害；SMW 工法施工占用场地仅为其他施工方法的 60%~80%，有利于保护周边的建筑、道路及空中和地下的管线；同时残土及泥浆量小，比较容易处理，有利于保护环境卫生。

②成桩质量可靠。目前 SMW 工法采用的三轴搅拌钻机为中空叶片螺旋式钻机，在钻进土体的同时置换出大量的原状土。同时利用高压空气压入水泥浆使水泥土得到充分搅拌，从而使桩体无分层夹泥现象。桩体中插入型钢后，型钢与水泥紧密结合增加了型钢翼缘厚度，使桩体强度大大增加。

③连续施工防水效果好。SMW 工法钻机的钻杆具有螺旋翼与搅拌翼相间设置的特色，随着钻掘与搅拌反复进行，使水泥浆与土体得到充分均匀的搅拌，且水泥掺入量高，水灰比大，墙体全长无接缝，这样一方面使得形成的水泥土墙具有较高的抗压、抗剪强度，另一方面使它比传统的连续墙具有更可靠的止水性，其渗透系数 K 可达到 $8 \times 10^7 \ cm/s$。

④工程造价低，施工进度快。一方面搅拌桩的水泥使用量远低于其他围护施工方法，另一方面 SMW 工法每台班可成桩 390 m 以上，在压缩工期的同时节约了人工费，因此可大大减少投资。

缺点：

①机械施工用电量较大。

②在粉细砂层易产生抱钻现象。

③其基坑围护结构属于柔性支护，不适合深度过大的基坑。

不同地质不同开挖深度围护结构类型的选择如表 3-3 所示。

表 3-3　不同地质不同开挖深度围护结构类型

开挖深度/ m	我国沿海软土地区软弱土层，地下水位较高情况	我国西北、西南、华南、华北、东北地区地质条件较好，地下水位较低情况
≤6	方式 1：搅拌桩（格构式）挡土墙 方式 2：灌注桩后加搅拌桩或旋喷桩止水，设一道支撑 方式 3：环境允许，打设钢板桩或预制混凝土板桩，设一至二道支撑	方式 1：场地允许放坡开挖 方式 2：以挖孔灌注桩或钻孔灌注桩做成悬臂式挡墙，需要时亦可设一道拉锚或锚杆 方式 3：土层适于打桩，同时环境又允许打桩时，可打设钢板桩

续表3-3

开挖深度/m	我国沿海软土地区软弱土层,地下水位较高情况	我国西北、西南、华南、华北、东北地区地质条件较好,地下水位较低情况
6~11	方式1:灌注桩后加搅拌桩或旋喷桩止水,设一至二道支撑 方式2:对于要求围护结构作永久结构的,可采用设支撑的地下连续墙 方式3:环境条件允许时,可打设钢板桩,设二至三道支撑 方式4:可应用SMW工法	方式1:挖孔灌注桩或钻孔灌注桩加锚杆或内支撑 方式2:钢板桩支护并设数道拉锚 方式3:较陡的放坡开挖,坡面用喷锚混凝土及锚杆支护,亦有用土钉墙
11~14	方式1:对于环境要求高的,或要求围护结构兼作永久结构的,采用设支撑的地下连续墙,可逆筑法、半逆筑法施工 方式2:灌注桩后加搅拌桩或旋喷桩止水,设三至四道支撑 方式3:应用SMW工法桩 方式4:对于特种地下构筑物,在一定条件下可采用沉井(箱)	方式1:挖孔灌注桩加锚杆或支撑 方式2:局部地区地质条件差,环境要求高的可采用地下连续墙作临时围护结构,亦可兼作永久结构,采用顺筑法或逆筑法、半逆筑法施工
>14	一般均采用有支撑的地下连续墙作临时围护结构;亦可兼作主体结构,采用顺筑法或逆筑法、半逆筑法施工	方式1:采用挖孔灌注桩或钻孔灌注桩加锚杆或内支撑 方式2:采用地下连续墙作临时围护结构,亦可兼作永久结构,采用顺筑法或逆筑法、半逆筑法施工

地铁工程围护结构的多样化解决了城市施工的多样性和复杂性,选用何种类型围护结构施工,还要根据其场地的地质情况、周围环境要求、工程功能、施工工期、当地的常用施工工艺设备以及经济技术条件综合考量。

3.3.3 施工工法选择研究

1.地铁车站施工工法

(1)明挖法

明挖法是我国地铁车站施工的首选方法,在地面交通和环境允许的地方采用明挖法施工。明挖法具有施工作业面多、速度快、工期短、易保证工程质量和工程造价低等优点,但因对城市生活干扰大,应用受到各种因素的限制,尤其是当地面交通和环境不允许时，只能采用盖挖法或新奥法。明挖法适用于浅埋车站、有宽阔的施工场地、可修建的空间比较大。

明挖法施工主要分为围护结构施工、站内土方开挖、车站主体结构施作、回填上覆土和恢复管线 5 个部分。根据不同的地质条件和车站结构的大小以及基坑深度，明挖法的围护结构可采用地下连续墙、锚杆、钻孔桩加旋喷桩止水、SMW 水泥土加型钢等。

（2）盖挖法

盖挖法是利用围护结构和支撑体系，在较繁忙交通路段利用结构顶板或临时结构设施维持路面交通，在其下进行车站施工的方法。按结构施工的顺序，盖挖法可分盖挖逆作法和盖挖顺作法两种。盖挖逆作法一般对交通进行短暂封锁，等结构顶板施工结束后恢复道路交通，利用竖井作为出入口进行内部暗挖逆筑。盖挖逆作法具有占用场地时间短、对地面干扰小和施工安全等优点，适用于车站上面有高层建筑、埋深较大的地铁车站。

盖挖法施工期间只占用相当于基坑一半宽度的路面交通，通过道路改造和临时路面系统，基本保证原有通行能力。临时路面系统可以作为交通道路和施工场地使用，并可以在临时路面下方悬吊管线以减少管线搬迁。

（3）浅埋暗挖法

浅埋暗挖法即松散地层的新奥法施工，新奥法是充分利用围岩的自承能力和开挖面的空间约束作用的松弛和变形，采用锚杆和喷射混凝土作为主要支护手段，对围岩进行加固，约束围岩并通过对围岩和支护的量测、监控，指导地下工程的设计施工。浅埋暗挖法是针对埋置深度较浅、松散不稳定的上层和软弱破碎岩层施工而提出来的。

选用浅埋暗挖法应考虑的基本适用条件有：不允许带水作业和要求开挖面具有一定的自立性和稳定性，而且是浅埋地铁车站。其缺点是地下作业风险大、机械化程度低。

地铁是在城市区域内施工，对地表沉降的控制要求比较严格，因此更加强调地层的预支护和预加固，所采用的施工方法有超前小导管预注浆、开挖面深孔注浆、管棚超前支护。浅埋暗挖法的施工工艺可以概括为"管超前、严注浆、短开挖、强支护、快封闭、勤量测"18 个字。

浅埋暗挖法包含有很多开挖方法，有常见的全断面法、台阶法、单侧壁导坑法、中隔壁法（CD 法）、交叉隔壁法（CRD 法）、双侧壁导坑法（眼镜工法），以及适用于修建特大断面隧道的中洞法、侧洞法、柱洞法、洞桩法（PBA 法）等。对于城市暗挖地铁车站，常用的施工方法是中隔壁法、交叉隔壁法、双侧壁导坑法、中洞法、侧洞法、柱洞法、桩柱法和洞桩法。

（4）盾构法

盾构法施工技术自 1806 年由英国工程师布鲁诺原创，并应用于英国伦敦泰晤士河水隧道，至今已有 200 余年历史，该技术由于无须占用大量隧道沿线的施工场地，对城市的商业、交通、居住等影响很小，很快受到各国的推崇，经过数代技术人员的不懈努力，盾构法隧道施工技术由最初只能在极少数欧美发达国家应用，发展成为目前大部分国家在城市市政建设中逐步应用的施工技术。

盾构的基本原理是基于一圆柱形的钢组件沿隧洞轴线被向前推进的同时开挖土壤。该钢组件一直在防护着开挖出的空间，直到初步或最终隧洞衬砌建成。盾构必须承受周围地层的压力，而且要防止地下水的侵入。

一般来讲，盾构掘进隧道不应也不能取代其他方法，但在不良的地层条件下做长距离掘进，对进尺有较高的要求和对地面沉陷有严格的要求时，它相对其他方法在技术上更合理、更经济。

2. 车站施工工法比选

以上几种地铁车站施工工法的适用条件优、缺点比较如表 3-4 所示。

从表 3-4 的比较中，可得出如下结论：

①地铁车站施工的原则上应首选明挖法，其次是盖挖法，最后才是浅埋暗挖法，该工法适用在交通要道、管线太多、不易采用明挖法和盖挖法的繁华城区。

表 3-4　车站施工工法的适用条件、优、缺点比较

施工工法	适用条件	优点	缺点
明挖法	适合多种不同类别的地质条件，周边环境具备明挖施工条件	工艺简单，技术成熟，施工安全质量易保证，便于大型机械化施工	长时间中断地面交通，对周围环境影响大
盖挖法	在路面交通不能长期中断的道路下修建地铁车站	占用场地时间短，对地面干扰小，安全	施工工序复杂，交叉作业，施工条件差
浅埋暗挖法	在城市中心地区，由于地面交通不允许中断，地面建筑物众多，或者管线错综复杂，不易改移，不易采用明挖法和盖挖法施工的地铁车站	避免大量拆改移工作，该法工艺简单、灵活，无须大型设备，在变截面地段尤为适用，施工对道路交通基本无干扰	施工风险大，机械化程度低

续表3-4

施工工法	适用条件	优点	缺点
盾构法	在松软含水地层，或地下线路等设施埋深达到10 m 或更深时	安全开挖和衬砌，掘进速度快；不影响地面交通和设施，也不影响地下管线等设施，施工不受气候条件影响，施工中没有噪声和扰动	断面尺寸多变的区段适应能力差；新型盾构购置费昂贵，对施工区段短的工程不太经济

②采用暗挖法施工车站大断面时应遵循变大洞为小洞的施工原则，开挖方法应按以下次序选择：正台阶开挖、CD 法开挖、CRD 法开挖、双侧壁导坑法开挖，这样可以节约投资并加快施工进度。

地铁车站的施工工法很多，在施工方法的选定上，要综合考虑工程地质和水文地质条件、周围环境条件、地铁的功能要求、线路平面位置、隧道埋深及开挖宽度等多种因素的制约，同时还要考虑到施工期间对地面交通和城市居民的正常生活、施工工期、工程的难易程度、城市规划的实施、地下空间的开发利用和运营效果等的影响。因此，合理选用施工方法对于安全、优质、按期完成地铁项目施工具有非常重要的意义。

3.3.4　岩溶处理方案研究

地基处理的目的是提高软弱地基的强度、保证地基的稳定性；降低软弱地基的压缩性、减少基础的沉降；防止地震时地基土的振动液化；消除特殊土的湿陷性、胀缩性和冻胀性。地基加固的常用方法包括水泥土搅拌桩、高压旋喷桩、注浆等。

(1)水泥土搅拌桩

深层搅拌机定位启动后，叶片旋转切削土壤，下沉至设计深度后缓慢提升搅拌机，同时喷射水泥浆与软黏土强制拌和，待搅拌机提升至地面时再原位下沉提升搅拌一次，使浆土均匀混合形成水泥土桩。水泥土搅拌桩的施工工艺分为浆液搅拌法(简称湿法)和粉体搅拌法(简称干法)。

(2)高压旋喷桩

利用高压泵将水泥浆通过钻杆端头的特质喷头，以高速水平喷入土体，借助液体的冲击力切削土层，同时钻杆一边以一定的速度(20 r/min)旋转，一边以低速(15~30 cm/min)缓慢提升，使土体与水泥浆充分搅拌凝固，形成具有一定强度(0.5~0.8 MPa)的圆柱结合体(即旋喷桩)，从而使地基得到加固。高压旋喷桩施工根据工程需要和土质条件,可分别采用单管法、双管法和三管法。

（3）注浆

注浆就是让水泥浆液或其他浆液在土体中通过充填、渗透、扩展形成网络,一方面钻孔对周围土体进行挤压以提高土体的整体密度;另一方面钻孔内的灌注浆液形成柱状,增加了土体的强度,钻孔、浆液和土体经过压密使地基土体形成复合地基,相互共同作用达到控制沉降、提高承载力的目的。根据加固的目的可分别选用水泥浆液、硅化浆液、碱液等固化剂。

3.4 广州地铁 9 号线典型车站设计实例

3.4.1 常规岛式明挖车站——花都汽车城站

1. 站址环境

广州市轨道交通 9 号线花都汽车城站位于风神大道风神汽车厂附近,主要为双向三车道国道线。来往车流量大,交通较顺畅。拟建场地地处广花盆地,地面标高为 9.03 ~ 10.08 m,地貌属于河流冲积平原;场地地貌景观如图 3-6 所示。

（a）   （b）

图 3-6 花都汽车城站地貌

2. 地质条件

花都汽车城站的地层自上而下主要为人工填土层、冲积-洪积粉细砂层、冲积-洪积中粗砂层、冲积-洪积砾砂层、冲积-洪积土层、软塑—可塑状残积土层、硬塑状残积土层、石灰岩微风化带。

3. 车站埋深设计

从车站地质构造图(如图 3-7 所示)可以看出车站底板主要坐落在第四系土层<4N-2>和微风化石灰岩层<9C-2>上,局部位于为<3-1>、<3-2>、<4N-1>、<4N-3>、<5C-1B>上,由于中、微风化岩层岩溶发育,且砂层直接覆盖在基岩上,车站施工时极易引起地面塌陷和沉降,为尽量避免地铁施工对地质环境的影响,同时考虑微风化岩面埋深为 13.60~35.63 m,平均埋深为 19.66 m,车站埋深在满足功能要求下尽量浅埋,建议埋深为 13 m。

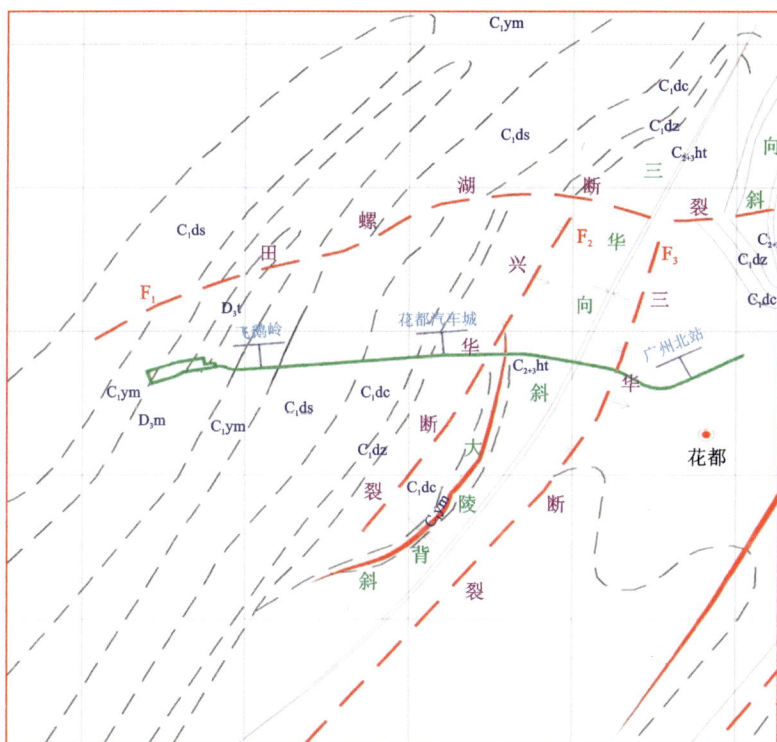

图 3-7　花都汽车城站地质构造图

4. 车站围护结构设计

车站主体结构采用明挖法施工,基坑深度为 16.86 m,采用连续墙加内支撑支护形式,如图 3-8 所示。基坑设置三道撑,第一道撑为 800 mm×1000 mm混凝土撑,第二道撑为 1000 mm×1000 mm 混凝土撑,第三道撑为 800 mm×800 mm 混凝土撑。连续墙厚度为 0.8 m,采用 H 型接头,槽段宽度一般为6 m。花都汽车城站围护结构施工设计剖面图如图 3-8 所示。

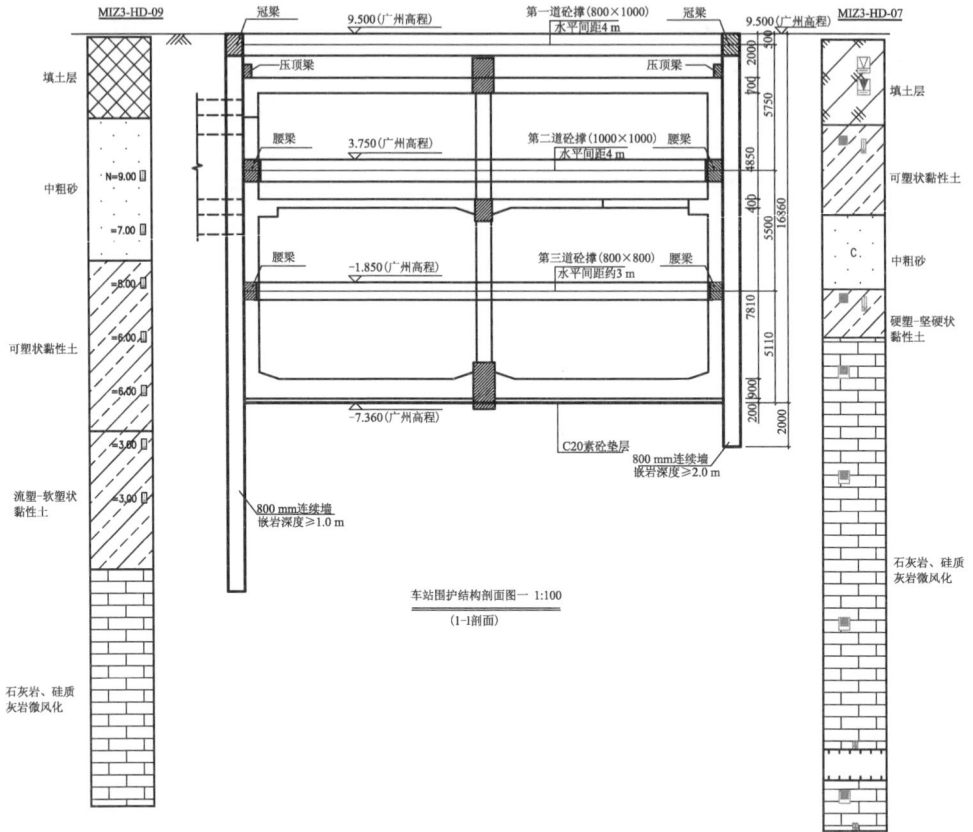

图 3-8　花都汽车城站围护结构施工设计剖面图(单位：标高 m，尺寸 mm)

5.车站主体基底处理设计

该车站基底主要为可塑状黏性土,局部存在粉细砂、中粗砂、流塑-软塑状黏性土、硬塑-坚硬状黏性土及微风化灰岩。因底板持力层差异较大,可能造成车站结构较大的不均匀沉降。故在底板进入岩层时,基坑超挖 150 mm,然后回填级配碎石土;同时,在持力层为岩土交界附近范围布置直径 ϕ600 mm、间距 1.8 m×1.8 m 的旋喷桩作为过渡加强段,以减少不均匀沉降。

该车站溶(土)洞发育强烈,为减少施工风险及预防溶(土)洞在地下水作用下迅速发展,减小后期运营的风险,在溶(土)洞发育有突水危险的地段采用格栅式布置的旋喷桩进行基底处理。格栅状旋喷桩的作用包括：对岩面附近发育的土洞或软弱土层进行固结,能够防止土体被侵蚀;对局部软土分布地段可达到提高承载力的目的,加固围护结构的被动区;在施工过程中若基坑局部发生突水,格栅状的土墩可以控制基底岩溶突水的范围。旋喷桩采用的参数如下:

①直径:φ600 mm(双管)。

②材料:42.5R 普通硅酸盐水泥,水灰比为 1.0~1.5,水灰比可根据进浆状态适当调整。

③间距:φ600 mm@ 500 mm。

④压力:浆液压力 20 MPa,气流压力 0.7 MPa。

⑤转速:转速控制在 8~12 r/min,提升速度 6~12 cm/min。

⑥深度:要求达到岩面(灰岩的中风化或微风化带),桩长为 18~24 m。

⑦旋喷桩检测:对总桩数的 1%进行抽芯检查,开展抗压强度试验,抗压强度应达到 0.6 MPa。旋喷桩加固范围做 200 mm 厚级配碎石褥垫层,褥垫层上做素混凝土垫层。

6. 溶(土)洞处理

石炭系石灰岩地层由于溶蚀作用造成岩面起伏变化大,岩土层交界面附近发育土洞,岩层表层和上部的溶沟、溶槽、溶隙及溶洞等发育强烈,岩溶及土洞发育规律性差,呈无序状态,难以确定其形态特征、规模和分布范围。由于岩溶和土洞共同作用和不断发展可造成地面塌陷,在外部条件和人为活动作用下能加剧地面塌陷的发生,具有长期性、不可预见性、随机性和突发性等特点,其危害性极大。岩溶(土)洞塌陷影响工程稳定性,若隧道下存在溶(土)洞且顶板厚度不满足要求,则在隧道建设或运营过程中可能因溶(土)洞顶板坍塌而造成隧道下沉。另外,溶(土)洞的存在对盾构隧道的设计及盾构掘进影响很大,施工时可能造成地面沉陷等事故,对工程的设计及施工不利,应充分考虑溶(土)洞对本工程的影响,设计施工时应采取有效措施消除溶(土)洞带来的不利影响。

根据钻探揭露,大部分溶洞发育于岩面附近,灰岩面上覆盖层多为黏性土及砂层,且溶洞顶板较薄,填充性差;局部地段存在土洞,填充性差。在外力作用下,有可能造成溶洞顶板塌落及土洞坍塌,发生塌陷事故。在上述地段进行基坑施工时,对可能危及施工及运营安全的溶(土)洞进行加固处理,以保证施工安全、降低溶(土)洞给运营带来的安全风险。

解决岩溶对场地稳定性影响的主要工程措施是对其洞体和裂隙进行充填和封堵,可采用压力灌浆和高压旋喷法进行处理,对于土洞的处理可采用回填后注浆进行处理。

花都汽车城站溶(土)洞处理施工图设计如图 3-9、图 3-10 所示。溶(土)

洞充填注浆的方法如下：

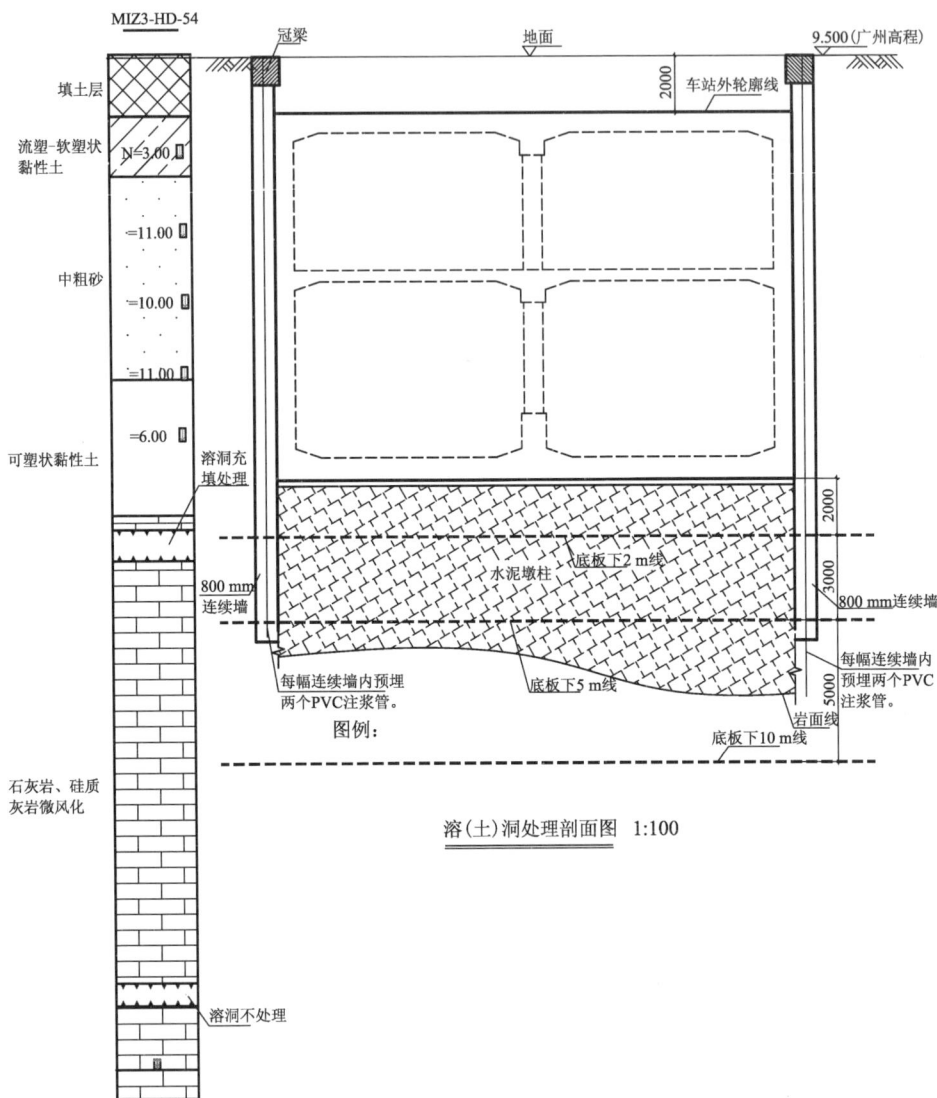

图3-9 溶(土)洞处理剖面图(单位：标高 m，尺寸 mm)

①充填压力必须根据溶(土)洞的充填情况进行调整；未填充溶(土)洞采用水泥砂浆进行注浆充填；对于全填充溶(土)洞，若填充物为软塑或流塑状，应进行处理。

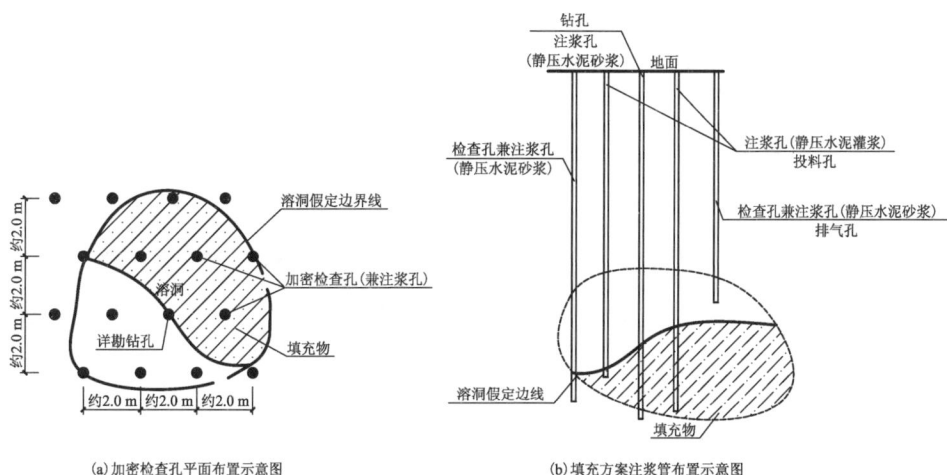

(a) 加密检查孔平面布置示意图　　　　(b) 填充方案注浆管布置示意图

图 3-10　花都汽车城站溶 (土) 洞处理施工图设计

②充填注浆必须边注浆边摸查溶 (土) 洞的规模及处理后的状态：通过检查孔，除需注意检查溶洞的延展状况外，还需检查注浆充填状况，发现注浆不饱满时必须利用检查孔继续注浆。检查孔间距一般可取 2.0 m，呈梅花形布设。

③对规模较大的溶洞，其范围已超出地铁结构设定的安全限界时，可在安全限界钻孔，采用速凝浆控制边界，减少注浆的范围及注浆量。

④充填注浆必须根据溶 (土) 洞所处的深度、地层条件分别采用振动沉管及钻孔埋管进行注浆。埋深较浅、围岩为砂土层的土洞可采用振动沉管方式进行充填注浆；溶洞必须先成孔、后埋入注浆管，并注意封闭溶洞顶板及注浆管与孔壁间的间隙后才能注浆。大于 3 m 的无填充溶 (土) 洞和半填充溶 (土) 洞采用 $\phi200$ mm 的 PVC 套管注水泥砂浆。非填充或半填充的较大溶洞可采用泵送混凝土进行填充。

施工前应进行现场注浆试验，注浆参数根据试验情况进行调整。通过现场试验确定注浆量和注浆有效范围。

3.4.2　换乘车站——广州北站

1. 站址环境

广州北站位于广州市花都区西侧，距新白云国际机场 9 km，距花都中心城区约 1 km，距离广州市中心区 30 km。该地区目前规划控制较好，车站周边无大型建筑设施，如图 3-11 所示。

图3-11　广州北站址环境

2. 地质条件

通过收集地铁9号线沿线一带已有工程地质资料、近场区的区域地质构造图和现场踏勘等，并进行地质调查工作，结合业主提供的本工程可研勘察、第一次初步勘察成果，在花都区内完成的工程实例地质资料以及初步勘察钻孔资料，对本车站详勘钻孔资料和上述资料进行了认真分析研究后，认为地铁9号线工程建设场地的区域地质构造背景有如下特征：从区域地构造上看，地铁9号线位于华南褶皱系(一级单元)粤中拗陷(三级单元)中部的广花凹褶断群(四级单元)内，受控于广花复向斜的构造骨架，表现为由上古生界构造组成的一系列NNE向褶皱及其伴生断裂控制了本区的地质构造格局。本车站场地位于三华向斜东翼，田美背斜的西翼。

本车站基底地层为中风化岩带<8C-2>和微风化岩带<9C-2>，砂层、粉质黏土且分布有较多溶洞，地基条件复杂；车站基坑开挖深度内多为第四系地层，其中砂层厚度较大，地下水丰富，开挖稳定性差。勘察钻孔发现有较多溶(土)洞，岩溶较发育。基坑支护设计与施工应考虑富水砂层、基岩局部节理裂隙发育、溶(土)洞的存在以及岩层倾向、倾角等的影响。

3. 水文条件

本车站场地为冲洪积平原地貌，揭露第四系地层为人工填土、冲洪积砂层和黏性土层及残积层，基岩为石炭系岩层，地下水位的变化受地形地貌、地层岩性、地下水补给来源及排泄等因素控制。勘察期间揭露本场地地下水稳定水位埋深为 1.50~6.50 m(标高为 3.49~8.50 m)，初见地下水水位埋深为 0.80~3.70 m(标高为 6.14~9.40 m)。

本工程地处广花盆地，地势相对平坦，起伏较小。岩面也相对平缓，上面覆盖有透水砂层，渗透、流通性较好。因此，虽然地下水略有承压，但压力应该不大。挖穿底板时，虽有水流突冒，但缺乏补给动力，因此，形成坝闸式的冒水危害可能性较小，不会严重威胁人身及机具安全。另外，砂层较厚，溶洞众多，因此，一般的地下工程冒水、漏水以及局部短暂的强突水的可能性仍然存在，应做好防突水准备，随时安排好突水时撤离人员及机具的通路，以防万一。

4. 车站方案比选

从车站建筑、控制性条件、客流吸引、工程造价以及对地块的影响，分别对三层方案、双层方案进行比较，如表 3-5 所示。

表 3-5　方案比选

项目		方案	
		三层方案	双层方案
有效站台中心里程		YCK5+250.000	YCK5+250.000
车站建筑	车站总长/m	145.50	216.4
	标准段宽度/m	24.90	24.90
	标准段总高/m	20.70	14.20
	有效站台中心里程顶板覆土厚度/m	2.920	2.820
	有效站台中心里程轨面标高/m	−12.000	−5.000
	有效站台中心里程轨面埋深/m	22.000	15.000
	车站总建筑面积/m²	14084	14112
	车站主体建筑面积/m²	13028	12300
	车站附属建筑面积/m²	1056	1812
	永久用地面积/m²	2867	2976
	拆迁面积/m²	13736	18157

续表 3-5

项目		方案	
		三层方案	双层方案
站内客流组织		进出站客流上下站台高差大，客流组织较差	进出站客流上下站台高差较小，客流组织较好
运营管理		车站设备和管理用房分散在站厅以及地下二层设备层，管理不方便，后期运营成本高	车站设备和管理用房集中，管理较方便
车站施工	施工难易程度	因车站深度较两层车站深7 m，车站明挖施工难度大	因车站深度较小，车站明挖施工难度较小
	施工安全性	基坑深度大，在施工过程中可能直接揭露岩溶水，引发突涌水灾害。岩溶水管道径流较畅通，水量较充沛，且往往夹带泥沙，可淹没基坑造成施工困难，且因水位的迅速下降，在其下降漏斗范围内产生地面塌陷或沉陷，造成房屋开裂倒塌，道路管线错裂破损	较三层车站风险较小
	施工对交通影响	对秀全西路交通影响较大	对秀全西路交通影响较大
	施工对建筑(构)物影响	秀全西路两侧建筑密集，且均为年代较早的浅基础建筑，对地层沉降十分敏感，车站开挖过程中对基坑变形控制要求高	对基坑变形控制要求相对较高
	施工对地下管线影响	基坑变形易造成管线错裂破	基坑变形较易造成管线错裂破
	施工对周围环境影响	对周围居民的出行有一定影响	对周围居民的出行有一定影响
	施工工期	24个月	20个月

续表3-5

项目		方案	
		三层方案	双层方案
区间施工	区间埋深	区间下穿京广、武广客运专线埋深增大 7 m，为 17 m	区间下穿京广、武广客运专线埋深为 10 m
	区间地质	区间隧道完全进入 9C-2 地层，且顶板之上有一定岩层厚度	区间隧道基本在 9C-2 地层，顶板之上岩层较薄
工程造价/万元		17751.18	16771.65
技术经济指标/(万元·m^{-2})		1.2479	1.1767

综合比选，根据广州北站所处路段周边环境特点，从车站建筑形式、车站站位、工法选择等因素考虑，采用双层方案作为推荐方案。

5. 车站的围护结构设计

广州北站为广州市轨道交通地铁 9 号线第三座车站，地下两层，岛式站台。车站外包尺寸为 569 m×24.9 m×13.96 m，顶板埋深为 2.520~2.901 m。基坑开挖深度为 17.4~17.97 m。采用地下连续墙+内支撑，明挖法施工。

①基坑采用地下连续墙+ϕ800 mm 双管旋喷桩接头止水+3 道内支撑支护体系(标准段为 2 道混凝土撑/间距 9 m+1 道钢支撑/间距 3 m，两端头为 3 道混凝土支撑)，围护结构标准断面如图 3-12 所示，双管旋喷桩的端头断面如图 3-13 所示。

②广州北站主体结构基坑围护结构采用 800 mm 厚的地下连续墙，标准槽段宽度为 6.0 m，设计槽段深度为 18.00~30.83 m，采用 C30 水下混凝土。

③连续墙间采用 ϕ800 mm 双管旋喷桩止水，旋喷桩应与地下连续墙搭接 150 mm 以上，尽量填充满墙幅间空隙，深度按进入相对不透水层 1 m 考虑。

6. 溶(土)洞处理

(1)溶(土)洞发育情况

根据广州北站详细勘察成果分析，本车站场地岩溶强烈发育，岩溶发育的形态有溶(土)洞、溶沟、溶槽及溶隙等，岩溶发育规律性差，呈无序状态，难以确定其形态特征、规模和分布范围，揭露的洞体最大高度见于钻孔 MIZ3-GZB-7，高达 10.3 m。同时在岩面附近由于溶蚀作用，造成岩面起伏变化很大。岩溶的分布在纵横向上变化很大，规律性差，呈单一或多层状。

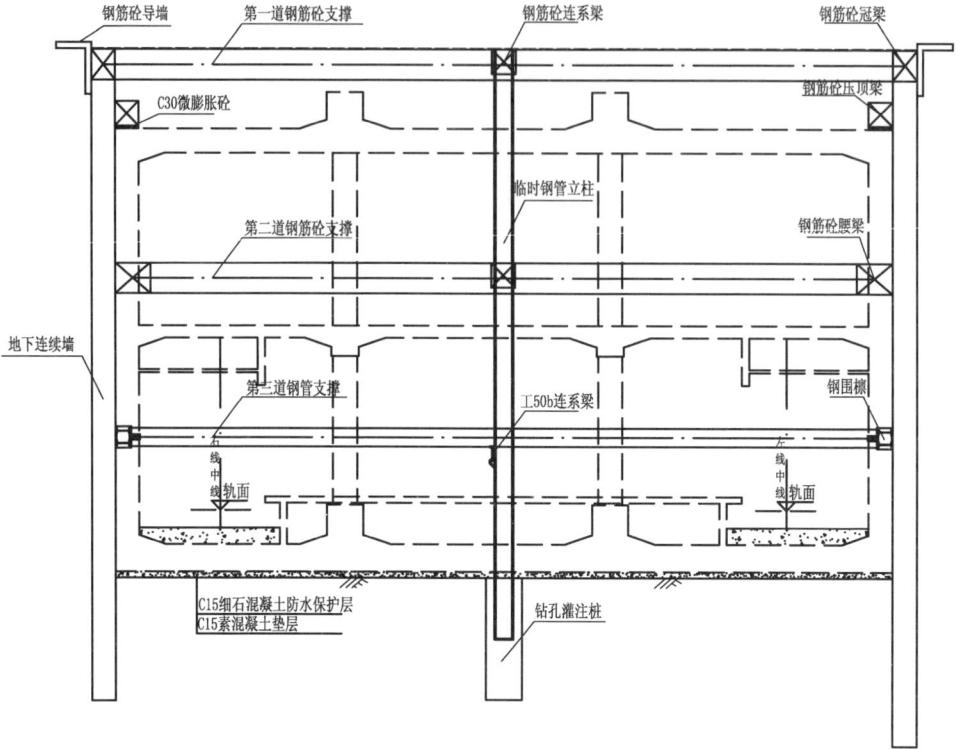

图 3-12　车站围护结构标准断面

1）溶洞发育情况。

广州北站参与统计钻孔数共计 146 个，其中广州北站详细勘察阶段钻孔
107 个，广州北站详细勘察补充勘察阶段钻孔 12 个，花广区间详细勘察阶段钻
孔 13 个，利用钻孔 14 个，揭露发育溶洞的钻孔 85 个，见洞率为 58.2%，有
35 个钻孔揭露两层溶洞以上，占揭露溶洞钻孔的 41.2%。以上统计结果表明，
广州北站的溶洞在石炭系石磴子组灰岩分布很广泛，且发育强烈，溶洞主要分
布在岩面附近，发育深度主要分布在 12.9~35.1 m，局部呈串珠状分布。单个
溶洞洞高一般为 0.9~3.1 m，最大洞高为 10.3 m(MIZ3-GZB-7 孔)。

广州北站勘察揭露岩溶洞穴 144 个，溶洞连通性较好，多为无充填或半充
填状态，部分为全充填状态。溶洞空隙中充满地下水，局部与上部砂层连通，
补给充足，水量很大。揭露充填物多为流塑和软塑状黏性土、粉细砂及中粗
砂，易被水流冲蚀。

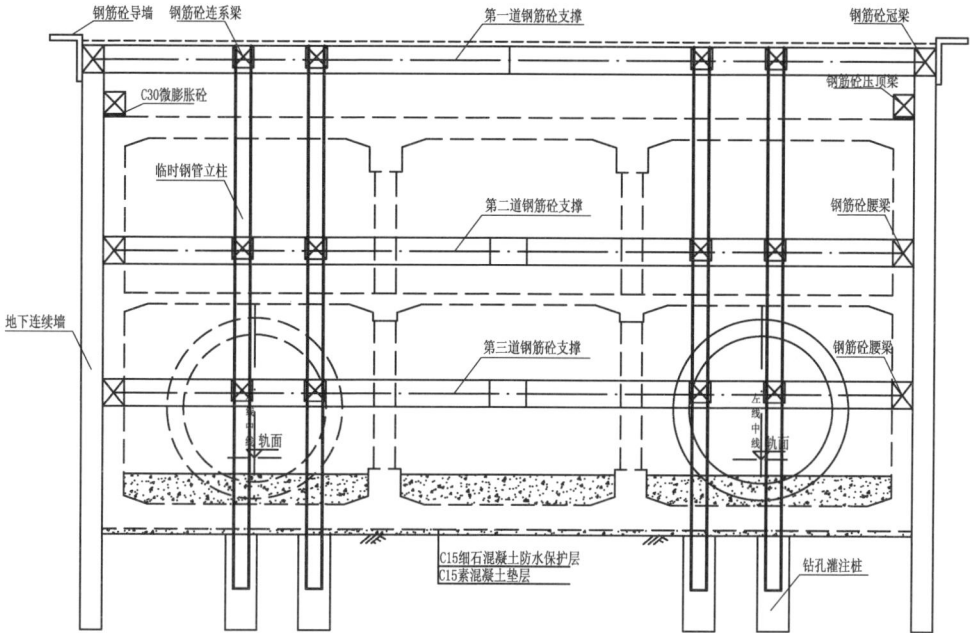

图 3-13　双管旋喷桩的端头断面

在揭露的 144 个岩溶洞体中有 61 个洞体顶板厚度小于洞体高度，比率为 42.4%，溶洞顶板最小厚度仅为 0.10 m。由于顶板厚度小，岩溶洞体高度大，且充填不好，在受到外力作用情况下，可造成溶洞顶板塌落，地面发生塌陷，对于结构稳定性和连续墙施工影响较大。

2）土洞发育情况。

土洞是指埋藏在岩溶地区可溶性岩层上覆土层内的空洞。当上覆有适宜被冲蚀的土体，其下有排泄、储存冲蚀物的通道和空间，地表水向下渗透或地下水位在岩土交界附近做频繁升降运动，由于水对土层的潜蚀作用，产生土洞，土洞继续发展，即形成地表塌陷。土洞主要形成于岩溶发育地区，多位于黏性土层中，砂土及碎石土中则少见，是岩溶作用的产物。本次勘察有 2 个钻孔揭露土洞，埋藏深度为 13.1~17.0 m，最大洞体高度为 2.0 m。土洞呈无充填状态。虽然场地揭露土洞发育数量不多，但场地具备土洞形成条件，同时人为活动影响还会加快土洞发展速度，对地基的稳定性和均匀性不利，可能造成地面沉陷等工程事故。

（2）岩溶处理设计

1）岩溶处理的目的。

①满足永久隧道结构的承载力、变形。溶（土）洞填充物性质软弱，随着时间的推移，并受周边环境的变化以及地下水活动的影响，很可能出现洞体坍塌现象。通过对洞体填充物的加固处理，提高其自身强度，从而提高洞体的稳定性，降低洞体坍塌而引起地层塌陷的风险，进而减小变形缝处的差异沉降。

②降低施工期间突水事件发生的概率。岩溶水属承压水系，随着施工期间基坑的开挖，水头上方土重的不断减小，岩溶承压水可能造成基坑突水事件的发生。通过对浅层、薄板溶洞的填充加固处理，相当于增加溶洞顶板厚度，从而降低出现基坑突水事件的概率。

③降低新生土洞对隧道稳定性的不利影响。现在普遍认为溶洞的发育周期较长，通常以百年计，在地铁运营期间出现新生溶洞的可能性很低，故对溶洞的处理主要针对目前勘察发现的顶板较薄、有漏洞、可能促成新生土洞发展的浅层溶洞；而土洞的发展速度较快，当土层具备一定条件时土洞将很快产生，这将对使用中的区间隧道产生不利影响。通过对隧道下地层的加固处理，将隧道地层划分为若干单元，防止土洞大规模发展，并利用隧道本身的纵向刚度，使隧道变形不至于发展过快，即使发生土洞，也给运营期间的抢险工作赢得了充分的时间。

2）岩溶处理的原则。

①当车站底板处于岩层时，位于车站底板下 2 m 范围内的已揭示溶洞，全部自地面进行填充加固处理。

②当车站底板处于土层时，车站底板下的土层采用"水泥土墩柱"进行分段加固，对墩柱间已揭示的顶板厚度小于 2 m 的溶洞全部自地面进行填充加固处理。

③在围护结构外 3.0 m 以内的溶（土）洞，全部自地面进行填充加固处理。

④车站底板下的土层进行旋喷桩加固时，旋喷桩与土形成水泥土墩柱。旋喷桩施作位置若遇到新发现的土洞（一般不会也不应该发现溶洞），分两种情况办理：土洞为全充填的，利用旋喷桩加固即可；土洞为无充填或半充填的，先进行地面填充加固处理。

⑤连续墙每幅墙施作 2 个钻孔，超前预测墙底持力层范围内的溶（土）洞，钻孔深度按钻至连续墙底 3 m 考虑。处于连续墙段的溶（土）洞与位于连续墙底以下 2 m 范围内的已钻探出的溶（土）洞，全部自地面进行填充加固处理。

⑥连续墙每幅墙预埋 2 根注浆管，对墙底持力层中遇到新发现的溶（土）洞进行填充加固处理，并对影响围护结构安全的已填充加固溶（土）洞进行二次

注浆。

⑦处理"串珠状"溶洞时,当洞体之间的岩层厚度小于 0.5 m 时,下层溶洞也应进行相应的处理。

⑧施工期间发现的溶(土)洞按照以上原则办理,遇到特大型溶(土)洞时,需召开专题会议研究决定处理方案。

⑨上述原则有交叉范围时,按照较深的处理深度确定。

⑩非以上情况地段不进行处理。

(3)溶(土)洞处理的方法

根据以上原则,本设计对详勘揭示的溶(土)洞进行如下加固处理:

1)溶(土)洞充填加固处理的原则。

①无填充溶(土)洞和半填充溶(土)洞。

对洞径大于 3 m 且无填充溶(土)洞和半填充溶(土)洞,先采用 ϕ200 mm 的 PVC 套管注水泥砂浆,后采用 PVC 花管压密注浆。套管注浆时在原钻孔附近(约 0.6 m)补钻两个 ϕ200 mm 的注浆孔,两注浆孔中心与原钻孔中心需在同一连线上,两注浆孔可相互作为出气孔。注浆后,PVC 花管注浆压密的方法见后面的全充填处理方法。注浆孔的大小也可由施工单位根据现场施工情况进行调整。对洞径特大且无填充溶(土)洞和半填充溶(土)洞,可采用泵送混凝土进行填充。对小于 3 m 的无填充溶(土)洞和半填充溶(土)洞,可直接采用 PVC 花管注浆填充。

②全充填溶(土)洞。

采用 PVC 花管压密注浆的方法进行填充加固,注浆压力从低到高,间歇、反复压浆。注浆孔平面布置图如图 3-14(a)所示。溶洞处理剖面图如图 3-14(b)所示。

2)注浆工艺。

所有钻孔采用 PVC 花管注浆,钻孔孔径为 70~110 mm。

3)注浆材料。

周边孔:纯水泥浆+水玻璃。双液浆现场配合比试验时,应以初凝时间为指标进行控制,但应综合考虑浆液的可泵性时间。双液浆配比为水泥浆:水玻璃=1:1(体积比),其中水泥浆的水灰比为 1:1(质量比),水玻璃模数 m = 2.4~3.4(浓度 Be=30~40),但应进行现场配合比试验确定。

中央孔:纯水泥浆,水灰比为 1:1(质量比),具体应根据现场试验确定。

水泥浆拌制采用 42.5 级普通硅酸盐水泥。

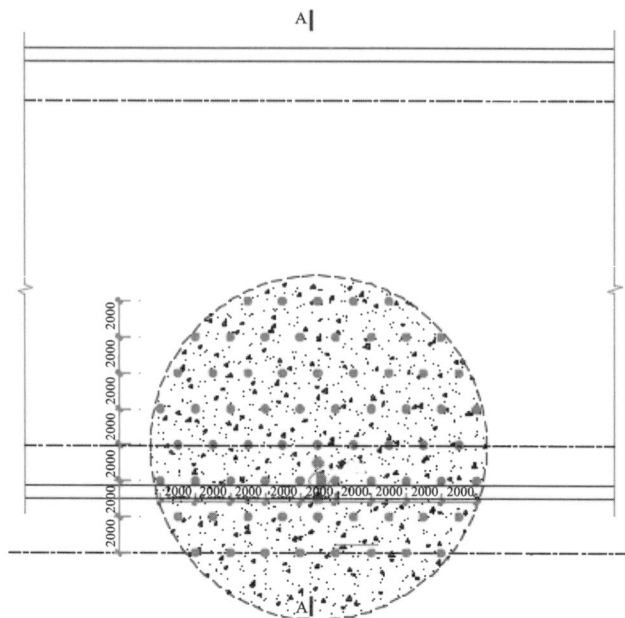

（a）注浆孔平面布置图

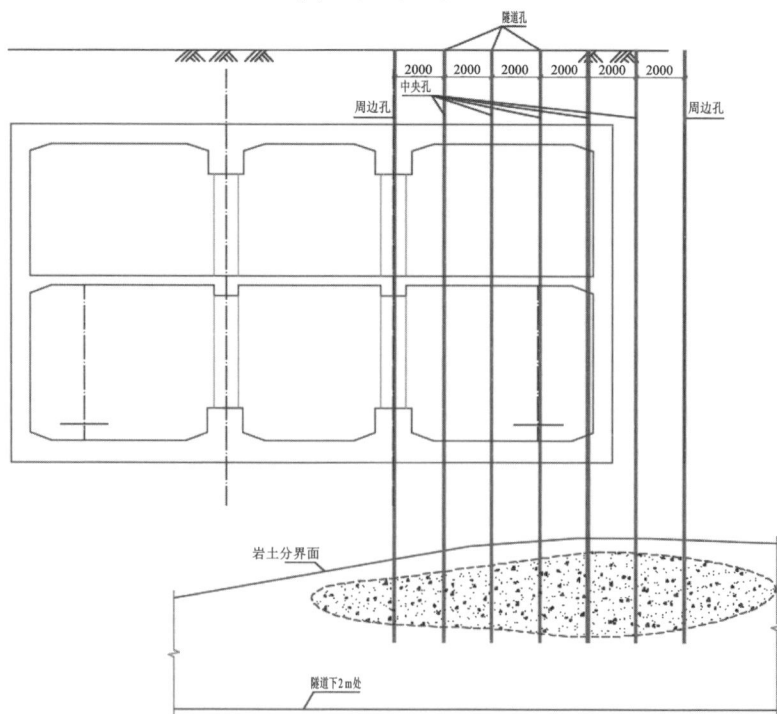

（b）溶洞处理剖面图

图 3-14　注浆孔平面布置图和溶洞处理剖面图（单位：mm）

4）注浆压力和注浆量。

周边孔：以相对小压力、多次数、较大量控制；压力为 0.4~0.8 MPa，注浆速度为 30~70 L/min，3~4 次，每次持续 10~20 min。

中央孔：压力按 0.6~1.0 MPa 控制，注浆速度为 30~70 L/min，3 次，每次持续 10~20 min。

注浆扩散半径按照 1.5 m 设计。

5）注浆间歇时间。

每次间隔 6~10 h。

6）溶（土）洞处理注浆孔平面布置。

充填处理前，先进行溶（土）洞平面范围的试探测：以揭示到溶（土）洞的钻孔为基准点，沿垂直隧道方向间隔 2.0 m 施作一排注浆钻孔，以探测到围护结构外 3.0 m 为止；沿隧道方向施作一排注浆钻孔，间隔 2.0 m，以基本找到洞体边界为止；从中心向其他方向探孔，沿垂直隧道方向以探测到围护结构外 3.0 m 为止，在 3.0 m 处施作止浆墙；沿隧道方向以基本找到洞体边界为止。若洞体为有限边界，最外排孔未见洞，则该孔不需要注浆，应向内收缩一孔作为边孔，注双液浆。如果围护结构外 3 m 处止浆墙无法施作时，需要与业主、监理、设计人员共同开会讨论决定处理方法。

7）溶（土）洞处理的范围的确定。

按照上述第 6 条执行所揭示的溶（土）洞平面范围内均需进行处理；岩溶处理的原则规定范围内溶（土）洞均需进行处理。另外，当溶洞洞体之间的岩层厚度无法满足"钻孔进入溶洞底板下 0.5 m"的条件时，下层溶洞也应进行相应的处理。

8）止水、止浆帷幕。

为了控制注浆量，加强注浆效果，防止浆液窜出流失，保护环境，在注浆区域外围设一道封闭的止浆、止水帷幕。

9）溶（土）洞处理施工顺序要点。

①在溶（土）洞处理施工前应先探明需要处理的溶（土）洞内的实际充填情况，再根据相应的加固处理原则判断如何进行加固处理。

②溶（土）洞处理的施工顺序为探边界—套管注浆—花管注浆充填—注浆效果监测。

③注浆施工时，应先施作止水、止浆帷幕，将处理范围内溶洞与外界洞体隔离，再处理中间区域。若在周边孔注第一次浆时，注浆量已较多，压力达不到设计要求时，周边孔与中央孔可交替注浆。

④发现浆液流失严重时添加水玻璃速凝剂，以确保注浆效果。

⑤中央区域注浆孔应跳跃施工，以防止跑浆、窜浆现象。

10）灌浆加固效果检查。

①检测方法。

采用钻孔取芯，以抗压试验为主，抽水试验为辅；对加固地层做原位标贯试验。

②检测标准。

无地基承载力要求的溶（土）洞，即车站底板下 2 m 范围外的已充填加固处理溶（土）洞：主要检查填充率及密实程度，可采用二次压浆方法检查填充率，采用随机原位标贯试验检查密实程度，标贯值达到"坚硬"状土为优，"硬塑"状土为合格。

有地基承载力要求的溶（土）洞，车站底板下 2 m 范围内的已充填加固处理溶（土）洞：采用随机钻孔取芯，做抗压试验，要求 28 d 无侧限抗压强度不小于 0.2 MPa，并结合随机原位标贯试验，标贯击数应不小于 10 击。

③检测原则和数量。

检测钻孔数量不应小于注浆钻孔数量的 1%，每个钻孔标贯点不小于 3 个，要求每个溶（土）洞均要检测一次。

质量检测孔的压水检查工作应在单元工程灌浆结束 7 d 后进行。

采用抽芯钻孔和标贯钻孔检查溶（土）洞的充盈程度，要求洞内全填充，达不到要求应补充注浆。

7. 水泥墩柱加固处理

（1）作用机理及处理原则

使用旋喷桩将车站下的土体进行分段加固，阻止新生土洞以及未得到处理的土洞大规模发展。此方法利用了车站本身的纵向刚度，即车站本身箱体结构可以抵抗其下方出现一定尺寸的洞体（最大跨度为 10 m）。水泥土墩柱（旋喷桩与土的组合体系）按照纵向 10 m 长（沿线路方向）、20 m 间距（墩与墩的中心距）的基本布置原则。

（2）旋喷桩的终桩标准

水泥土墩柱的竖向长（即旋喷桩深度）原则上要求达到岩面，要求旋喷桩深度首先要保证穿过地层<3>、<4>、<5C-1A>、<5C-1B>，具体情况按照以下原则执行：

①<6C>、<7C>、<8C>、<9C>地层可作为旋喷桩的终桩条件；

②遇到<5C-2>地层时，要求旋喷桩进入<5C-2>地层不小于 2 m；

③当左、右线岩面高度不同时，以车站底以下 10 m 作为终桩条件。

（3）旋喷桩设计参数

旋喷桩桩径 $\phi600$ mm，采用单管，旋喷桩浆液宜采用 42.5 级的普通硅酸盐水泥拌制，水灰比为 1:1，注浆压力为 15~20 MPa，注浆量为 40~70 L/min，旋转速度为 16~20 r/min，提升速度为 15~25 cm/min，旋喷桩水泥掺量为 0.25 t/m，具体施工参数可根据现场实际情况适当调整。旋喷桩布置形式详见相关设计图纸，旋喷桩布置形式详见图 3-15、图 3-16。

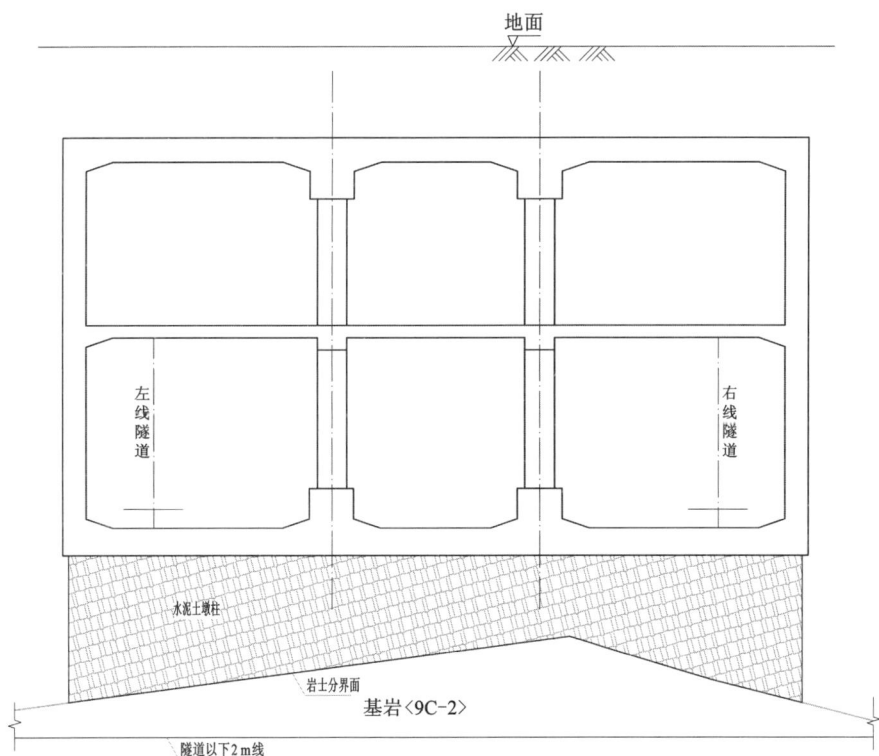

图 3-15　墩柱加固横断面图

（4）检测标准

采用随机钻孔取芯，做抗压试验，要求 28 d 无侧限抗压强度不小于以下设计值。

淤泥：0.25 MPa；淤泥质土：0.35 MPa；黏性土：0.5 MPa；粉土：0.6 MPa；砂土：1.0 MPa。

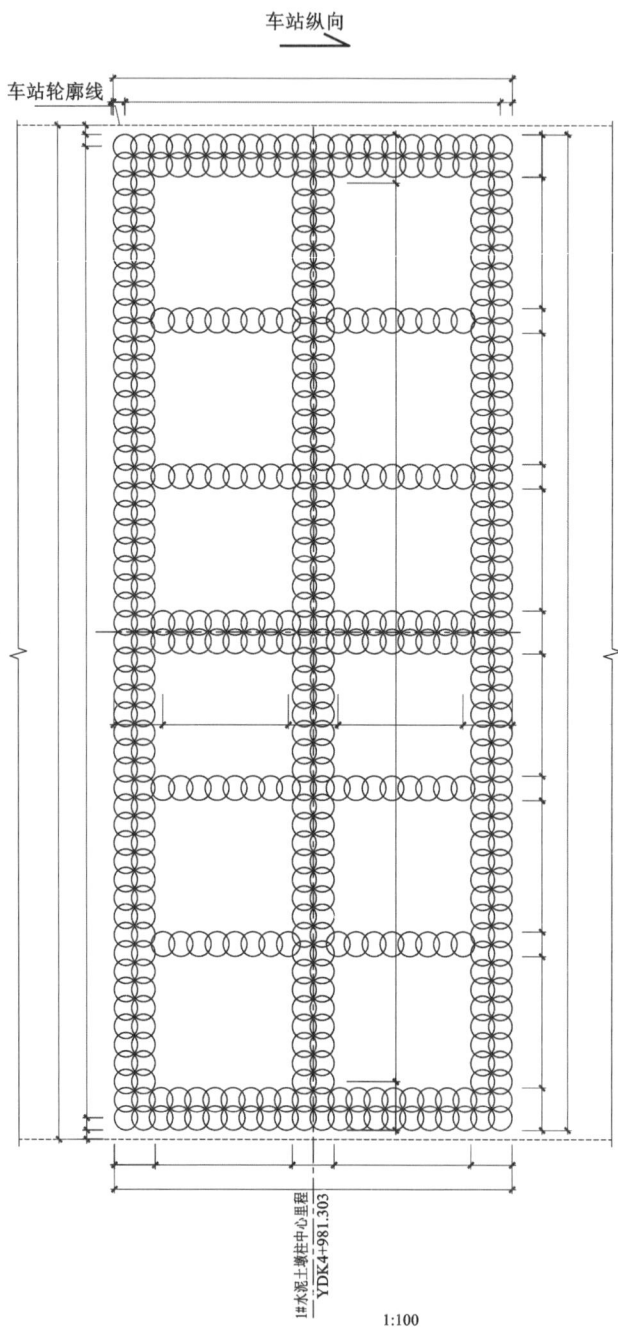

图3-16 旋喷桩墩柱平面图

（5）检测原则和数量

抽芯试验桩的数量不应小于桩总数量的 1%，且不应少于 3 根，要求每个水泥土墩柱均要检测。

3.4.3　地面车站——高增站

1. 站址环境

高增站为 3 号线北延段和 9 号线的换乘站，位于机场二期控制用地南侧、机场高速公路东侧地块内。线路在该段的走向基本为南北向。本站为地下车站，与 3 号线高增站平行布置，为双岛车站。周边主要为农地及池塘，3 号线高增站正在建设中，与 9 号线接口的前后道岔位均已实施，因此 9 号线车站的车站站位基本固定。车站有效站台中心里程为 YAK19+600.521。

本站周边主要为农地及池塘，3 号线高增站正在建设中。车站北侧为机场二期控制用地，周边规划为机场生活区，同时远期预留枢纽。站址如图 3-17 所示。

2. 地质情况

广州市轨道交通 9 号线高增站位于人和镇积阴庄凤和村红一队东侧的花圃园地，场地开阔；

图 3-17　高增站址环境

站后折返线走向基本顺着机场高速公路旁侧向北推进，途经盆景种植园和两处鱼塘，场地开阔。高增站地处广花冲积盆地，地面标高为 13.97～15.60 m，平均地面标高为 15.22 m，地面较平坦。

车站地貌上属于丘陵地貌，车站穿越地层主要为第四系，包括全新统（Q_4）和上更新统（Q_3），其下缺失中更新统和下更新统。由人工填土（Q_4^{ml}）、冲积-洪积砂层（Q_{3+4}^{al+pl}）、冲积-洪积土层（Q_{3+4}^{al+pl}）、河湖相沉积土层（Q_{3+4}^{al}）、坡积土层（Q^{dl}）及残积土层（Q^{el}）组成。车站范围未有断裂通过，勘察也未有断裂揭露。地质情况如图 3-18 所示。

3. 水文地质条件

本次勘察揭露的地下水水位埋藏变化较大，初见水位埋深为 0.00～3.90 m，平均埋深为 1.39 m，标高为 11.24～16.86 m，平均标高为 13.71 m；稳定水位埋深为 0.00～6.75 m，平均埋深为 1.81 m，标高为 8.39～16.86 m，平均标高为 13.30 m。地下水位的变化与地下水的赋存、补给及排泄关系密切，每年 5—10

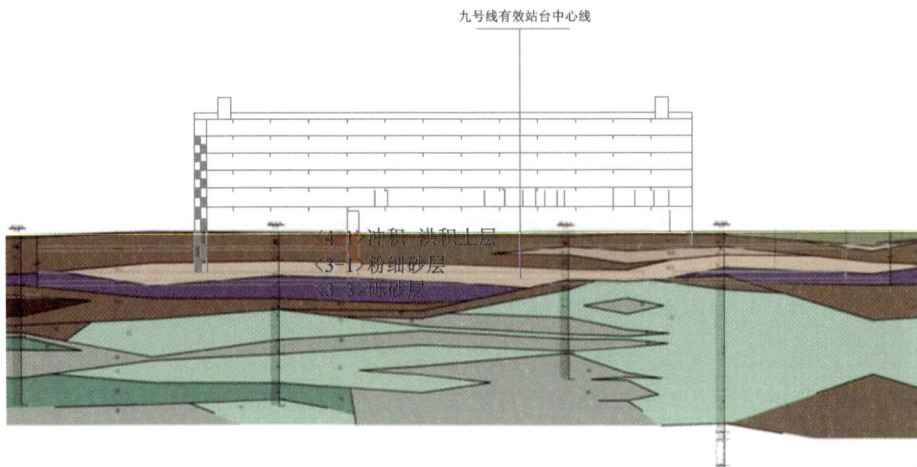

图 3-18 地质纵剖面

月为雨季,大气降水充沛,水位会明显上升,而在冬季因降水减少,地下水位随之下降。

本次勘察在抽水试验孔 MCZ3-AG-S29、MCZ3-AG-S37 取地下水样共 3 组进行水质分析试验,按国家标准《岩土工程勘察规范》(GB 50021—2001)第 12.2 条判别,结果表明砂层水对混凝土结构具弱腐蚀性,对钢筋混凝土结构中的钢筋无腐蚀性,地下水对钢结构具弱腐蚀性;基岩水对混凝土结构无腐蚀性,对钢筋混凝土结构中的钢筋无腐蚀性,地下水对钢结构具弱腐蚀性。

4. 车站方案比选

3 号线高增站已正在建设中,与 9 号线接口的前后道岔位均已实施,因此 9 号线车站的车站站位已固定。建筑方案设计时,受站位、既有 3 号线高增站预留条件影响,并考虑周边地块开发及区域建筑风格进行设计。

本站为地下车站,与 3 号线高增站平行布置,为双岛车站,地面一层站厅,二层设备房,以上预留物业开发。具体方案比选如表 3-6 所示。

表 3-6 车站方案比选

方案内容	推荐方案	比较方案
设计客流/(人·时$^{-1}$)	12268×1.3	
有效站台中心里程	YCK19+600.521	YCK19+600.521

续表3-6

方案内容	推荐方案	比较方案
站台宽/m	10	10
站台形式	岛式	岛式
总建筑面积/m²	12951	12011
轨面高程/m	9.33	9.33
车站功能	为 3 号线与 9 号线的换乘站,采用地面站厅地下双岛车站形式,设备用房在公共区两侧分开设置,地面建筑上部预留远期物业开发,公共区两层通高,空间通透开敞,换乘流线清晰,满足车站功能。设置 4 个出入口	与推荐方案相同的车站形式,公共区和设备区分别布置,车站规模小,具有紧凑良好的功能布置。换乘流线清晰,满足车站功能。设置 4 个出入口
客流组织	可吸引不同方向的客流,公共区流线清晰明确	可吸引不同方向的客流,公共区流线清晰明确
与地面规划协调性	采用明挖施工,对既有 3 号线无影响	采用明挖施工,需对既有 3 号线结构进行改造
与各专业的协调性	设备用房布置紧凑、合理,相互干扰少	设备用房布置紧凑、合理,相互干扰少
运营管理	管理用房较集中,通视条件好,管理方便	管理用房较集中,通视条件好,管理方便
投资估算/万元	13125	12702

5. 车站围护结构

经地下连续墙和钻孔桩两方案的处理比较,决定采用厚 800 mm 的地下连续墙,两道内支撑,第二道为钢支撑。车站围护结构剖面布置图如图 3-19 所示。

6. 围护结构施工对既有 3 号线结构的影响

通过对隧道周围地层变形有限元分析(如图 3-20 所示),结果如下:

①变形最大处为拆除第 2 道钢支撑后的施工结构底板。

②隧道周围地层变形为 11.3 mm。

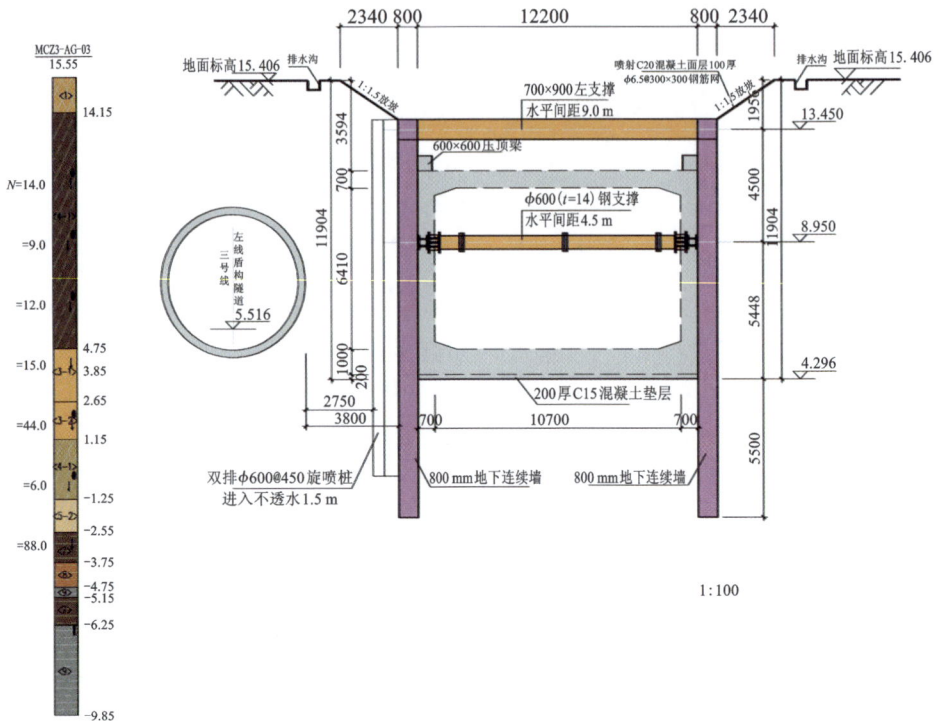

图 3-19　车站围护结构剖面布置图(单位：标高 m，尺寸 mm)

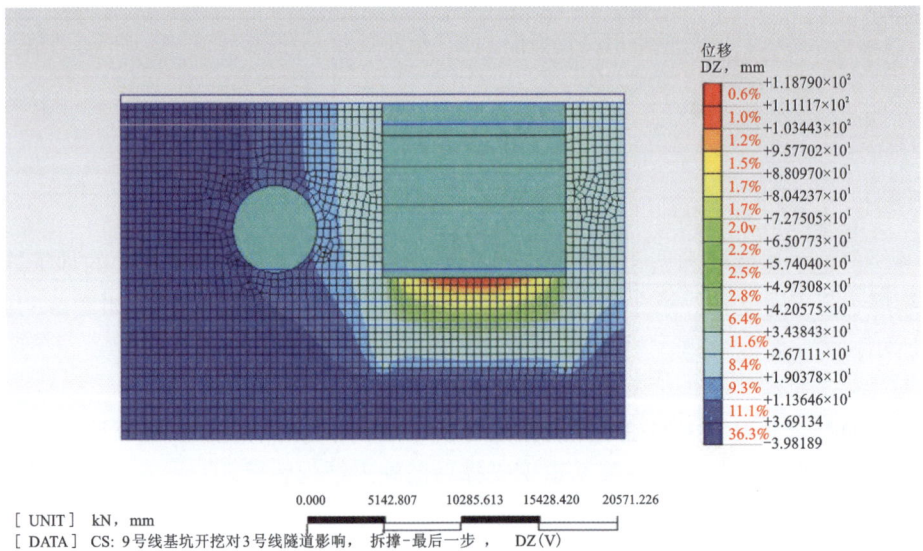

[UNIT]　kN，mm
[DATA]　CS: 9号线基坑开挖对3号线隧道影响，拆撑-最后一步，　DZ(V)

图 3-20　隧道周围地层变形有限元分析

7. 溶(土)洞处理

(1)溶岩处理措施[已探明溶(土)洞处理方案]

①采用周边孔、中央孔探测方式确定溶(土)洞范围,如图 3-21 所示。

②采用花管注浆进行填充。

(2)溶岩处理措施(预防方案)

采用单管旋喷咬合布设形成土墩柱,有效抵御未探明溶(土)洞或未来发育溶(土)洞对结构造成的影响。

(3)防水措施

①侧墙、底板采用 PVC 外包防水,如图 3-22 所示。

②接近地面处采用双组分聚硫密封胶收口。

8. 车站抗拔桩

地铁车站施工,尤其是南方地铁施工,车站处于地下,由于地下水位普遍位于车站底板面以上,地下地铁车站的抗浮是目前地铁工程建设中一个经常面临的问题,针对车站抗浮不满足规范要求的情况,提出了设置压顶梁及抗拔桩同时参与抗浮的设计方案,该方案的采用可满足车站的抗浮要求。

(1)车站抗浮措施

车站抗浮措施为抗拔桩(如图 3-23 所示)和压顶梁,在 13~18 轴和 24~34 轴采用压顶梁,对后期站厅露出地面的 18~24 轴采用抗拔桩措施。抗拔桩直径为 1.20 m,桩沿车站轴线布置,桩间距为 4.5 m,桩长根据地质情况为 8.3~16.8 m。抗拔桩桩底必须嵌入持力层,桩基抗拔力根据部位分别为 3100 kN 和 6200 kN。根据设计要求,需抽取一根抗拔桩进行抗拔承载力检测。在该桩施工过程中,必须按要求埋设抗拔承载力检测压力盒。同时留置同体试件,待试件强度达到设计强度的 70% 后,且龄期超过 15 d,即可进行抗拔承载力检测,检测结果必须满足设计承载力要求。

(2)抗拔桩检测

本站抗拔桩施工采用了桩底加载实验方法(即自平衡测试法),自平衡测试法既解决了静压试验无法完成承载力检测的难题,也解决了要求承载力高的难题;桩基自平衡测试法通过桩自身阻力作反力,避免使用庞大的反力装置,其装置简单,准备工作省时省力,并且可以节省大量试验费用。

1)自平衡测试技术。

桩基抗拔静载试验自平衡测试技术是在混凝土浇筑前将一种特制的加载装置——荷载箱,和钢筋笼焊接在一起并埋入桩内,再将荷载箱的高压油管和位移棒引到地面,然后浇筑成桩。由高压油泵在地面向荷载箱充油加载,荷载箱将力传递到桩身,其上部桩身的摩擦力与下部桩身的摩擦力及端阻力相平

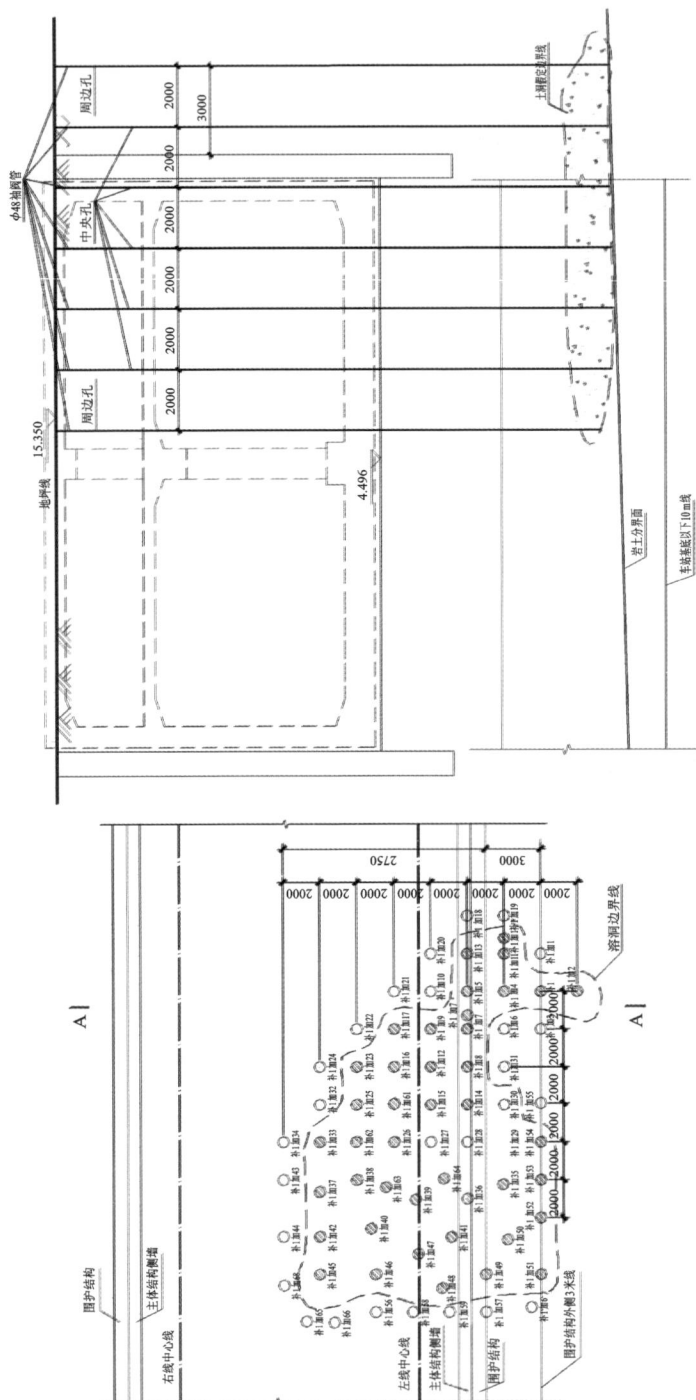

图3-21 溶岩处理（单位：标高 m，尺寸 mm）

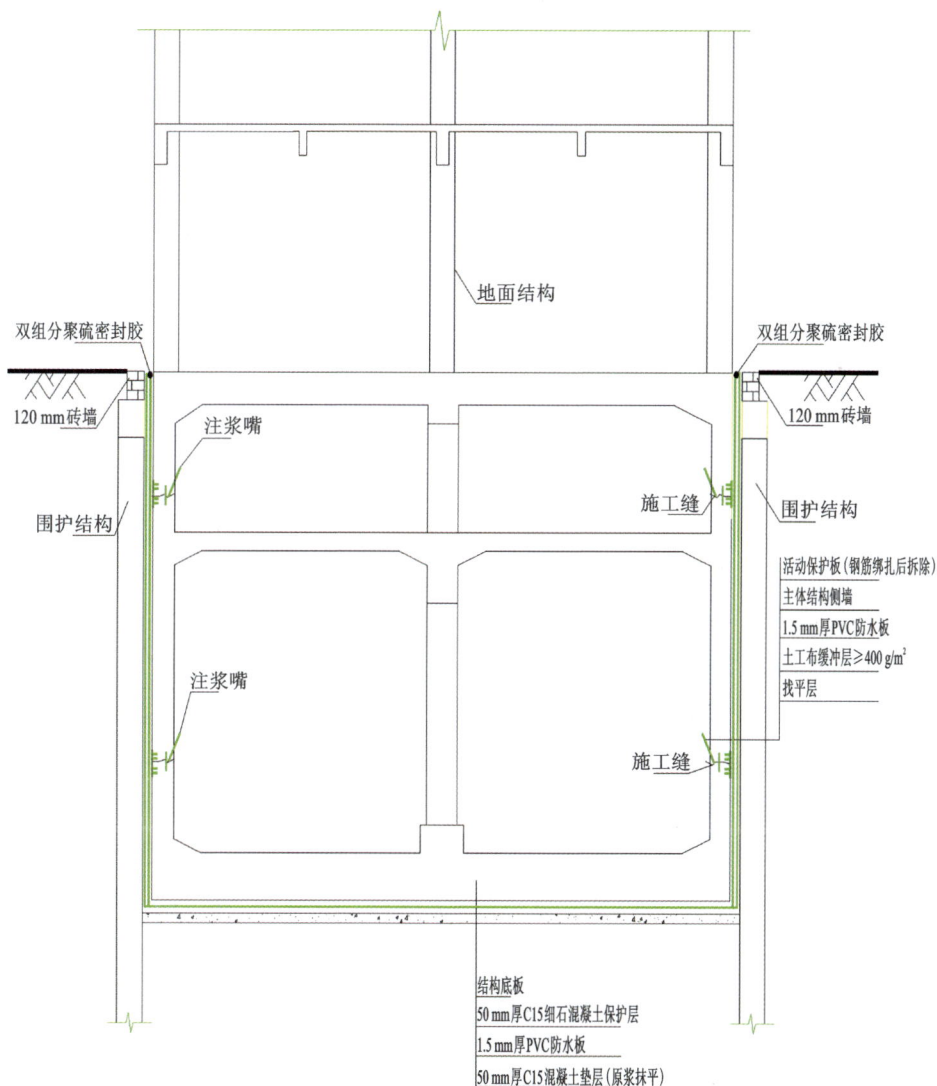

图 3-22　防水处理

衡——自平衡，从而维持加载。基桩自平衡测试技术示意图如图 3-24 所示。

2) 适用范围。

自平衡测试技术适用于淤泥质土、黏性土、粉土、砂土、黄土、冻土、岩溶特殊土中的钻孔灌注桩、人工挖孔桩、沉管灌注桩、管桩，包括摩擦桩和端承

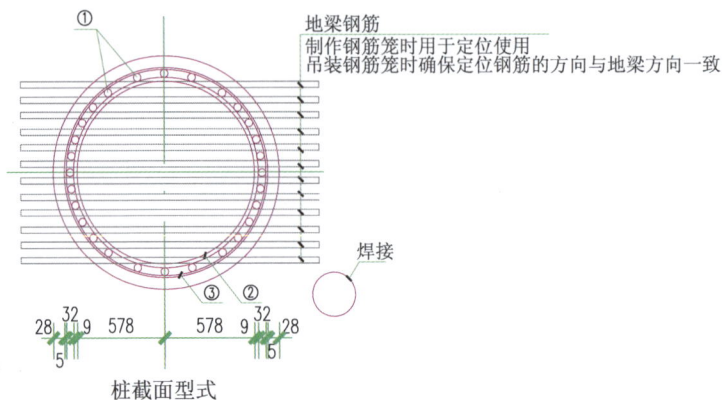

图 3-23　抗拔桩的截面形式（单位：mm）

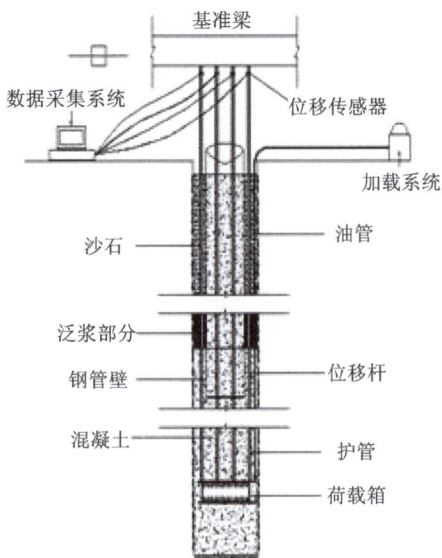

图 3-24　基桩自平衡测试技术示意图

桩。该技术特别适用于传统静载试桩相当困难的大吨位试桩、水上试桩、坡地试桩、基坑底试桩、狭窄场地试桩等情况。对直径 $D \geqslant 1.5$ m 试桩检测可采用小直径桩模拟测试以确定单位面积的摩阻力、端阻力极限值，模拟桩的直径不应小于 800 mm，最后根据实际尺寸进行换算确定单桩极限承载力。当埋设有桩身应力、应变测量元件时,可直接测定桩周各土层的极限侧阻力。

3)荷载箱放置方法及技术。

自平衡试验法的主要装置是经过特别设计的液压千斤顶式的荷载箱,如图 3-25 所示,也称为压力单元。荷载箱是一次性的,形状为空心圆柱式。试验装置直径稍小于桩径(相差 20 cm 左右),在其上下分别布置两块钢板(或橡胶板)使试验装置不会被混凝土所凝固。当试验装置在灌注桩的底部以上时,可以将几个试验装置布置在钢筋笼之间的四周,以便中间通过导管灌注混凝土。连接试验装置和油泵的油管和位移棒事先沿着钢筋笼布置固定,并引到地面,然后浇筑成桩。由高压泵在地面向荷载箱充油加载,荷载箱将力传递到桩身,其桩身的摩擦力与桩端阻力相平衡——自平衡,从而维持加载。

本次试验荷载箱焊接于钢筋笼底部,如图 3-26 所示。首先,在孔底清孔、注浆、找平,使试验装置受力均匀。其次,做好输压竖管与顶盖、芯棒与活塞之间的连接工作,然后下放至孔底。最后,灌注混凝土,待混凝土强度等级达到设计要求后进行试验。

图 3-25　荷载箱示意图　　　　图 3-26　荷载箱与钢筋笼的连接

4)测试情况。

本次检测的桩号为 Z21,试验最终加载-位移情况如表 3-7 所示。每级加载为预估极限荷载的 1/10,第一级可按 2 倍分级荷载加荷;测试采用慢速维持荷载法,即逐级加载。该桩成桩日期及试验日期如表 3-8 所示。

此次试桩所得的曲线为缓变形,试验加载到 3100 kN 时,上拔量为 3.03 mm,上拔量不大,而且 $U\text{-}\delta$ 曲线平缓,无明显陡升段,$\delta\text{-lg}t$ 曲线呈平缓规则排列。所测得各桩 $U\text{-}\delta$、$\delta\text{-lg}t$ 曲线如图 3-27、图 3-28 所示。

岩溶地区地铁工程设计关键技术研究与应用

表 3-7　试验最终加载—位移情况一览表

测试桩编号	设计要求承载力值/kN	最终加载值/kN	最大上拔量/mm	残余上拔量/mm	抗拔承载力特征值对应上拔/mm
Z21	3100	3100	3.03	1.95	3.03

表 3-8　抗拔桩基本特征表

测试桩编号	桩径/mm	有效桩长/m	成桩日期	试验日期	混凝土等级	最大试验荷载/kN
Z21	1200	8	2008-7-3	2008-9-1	C30	3100

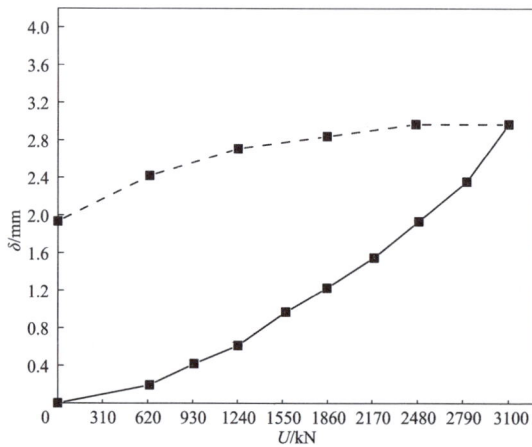

图 3-27　Z21 桩 U-δ 曲线图

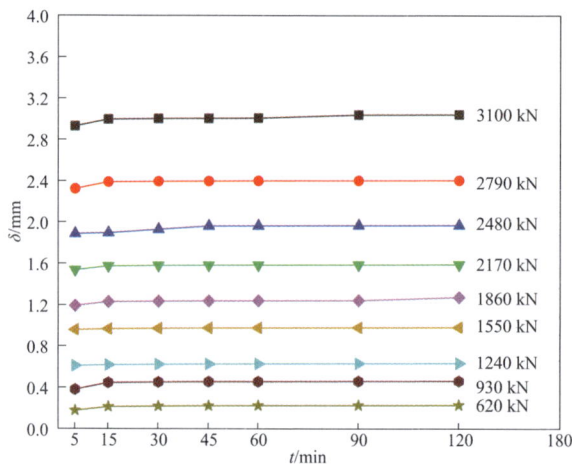

图 3-28　Z21 桩 δ-lgt 曲线图

由自平衡测试数据分析表明，依据规范求得本次承载力自平衡测试的桩实测单桩竖向抗压极限承载力为 3100 kN，符合设计承载力不小于 3100 kN 的要求，检测结果合格。

3.4.4　先隧后站——清塘站

1. 站址环境

车站位于迎宾大道与清塘路交叉路口，迎宾大道南侧清塘路为已建成道路，迎宾大道北侧清塘路为规划道路，车站跨路口设置。两边现为空地，场地较为开阔，施工条件较好，站址环境如图 3-29 所示。

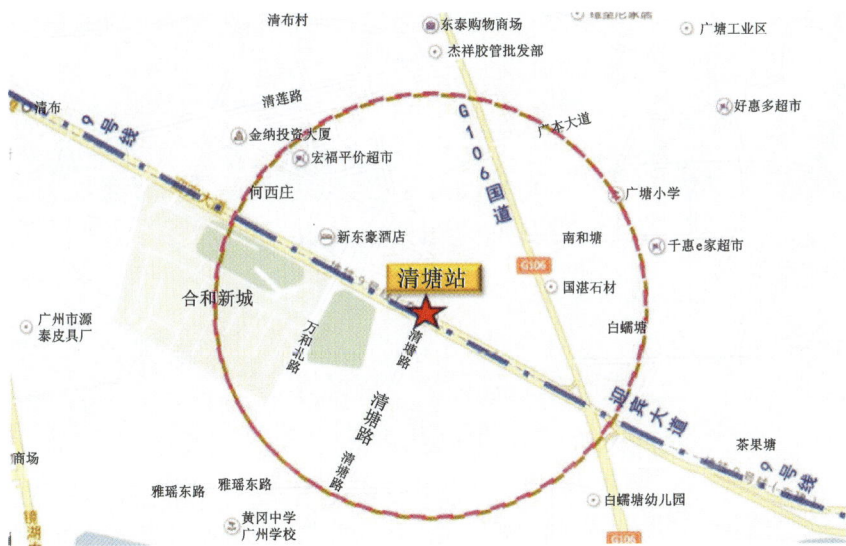

图 3-29　清塘站址环境

2. 地质条件

根据本次地质钻孔揭示，本场地岩土分层自上而下为填土层、粉质土层、中粗砂层、砾砂层、黏土层、淤泥质土层、中风化碳质灰岩层、微风化碳质灰岩层等地层。

沿线场地岩溶主要发育在石炭系灰岩层中，见洞率为 27.0%。揭露两层岩溶以上的钻孔，占揭露岩溶钻孔的 7.6%。

第四系含水地层以冲洪积粉细砂层<3-1>、中粗砂层<3-2>、砾砂层<3-3>为主，其含水性能与砂的形状、大小、颗粒级配及黏粒含量等有密切关系。层状基岩裂隙水主要赋存在强风化带及中等风化带中，水力特点为承压水，地下水的赋存不均一。由于岩石裂隙大部分被泥质充填，其富水性不大，岩体大部分完整，地下水赋存条件较差；在裂隙发育地段，水量较丰富。碳酸盐类裂隙溶洞水主要赋存在石炭系石灰岩中，溶蚀裂隙和溶洞发育，水量中等—丰富，具承压性。左、右线地质纵剖面分别如图 3-30、图 3-31 所示。

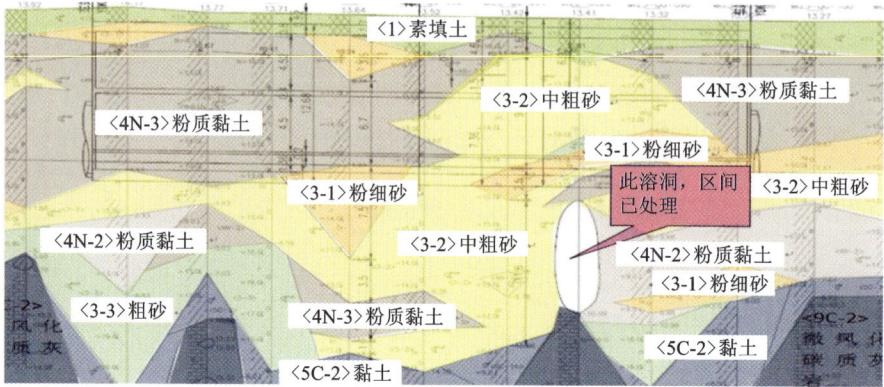

图 3-30　左线地质纵剖面

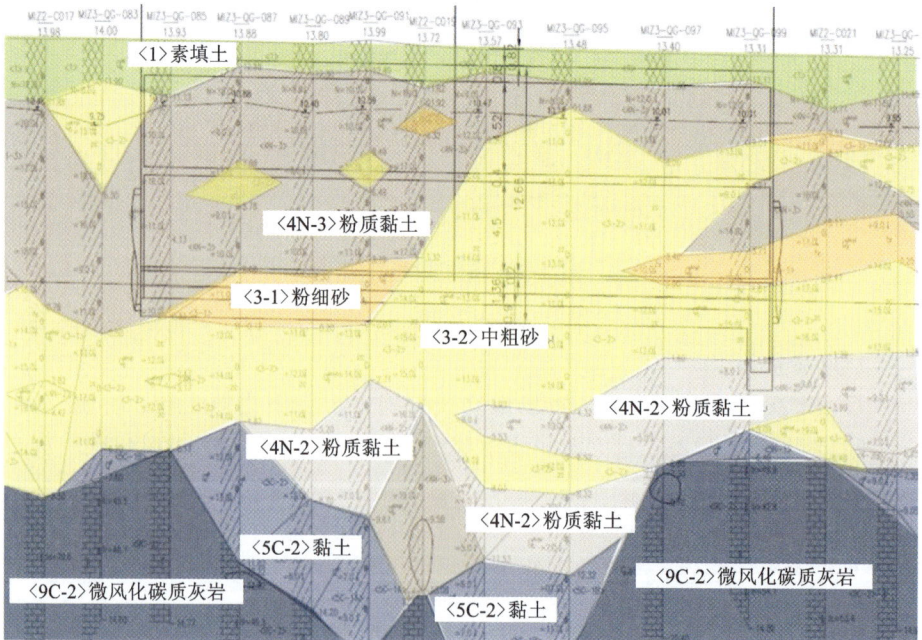

图 3-31　右线地质纵剖面

3. 车站方案比选

从车站功能、控制性条件、客流吸引、站间距以及对地块的影响，分别对岛式站台跨路口方案、侧式站台清塘路东侧方案进行站址比较，如表 3-9 所示。

表 3-9　清塘车站方案比选

内容		推荐方案（岛式）	比较方案（侧式）
线间距/m		13	13
有效站台宽度/m		10	3.5+3.5
工法		明挖	明挖
层数		2 层	1 层（夹层）
里程	中心里程	YDK15+490.000	YDK15+585.000
规模	总面积（不含围护）/m²	14736.3	12079.2
	主体面积（不含围护）/m²	10002.9	9085.6
	附属面积（不含围护）/m²	4733.5	2993.6
	车站外包总长/m	160	160
	车站外包总宽/m	29.25	81.36
有效站台中心线轨面埋深/m		1.468	1.170
出入口/安全出口/风亭数量		4 个/2 个/2 组 8 个低风亭	4 个/1 个/2 组 8 个高风亭
优越性	过街功能	较好的行人过街功能	较差的过街功能
	客流吸引	较好的客流吸引	较差的客流吸引
	规划立交实施难易程度	可分步实施，影响小	需同步实施，影响较大

方案一：岛式站台跨路口方案。地下二层岛式站台跨路口方案能有效照顾十字路口各象限客流，车站功能较好，且上跨规划立交可分期实施；但车站顶

板覆土较少，对管线及道路有一定影响。

方案二：侧式站台清塘路西侧方案。由于侧式站台方案车站宽度较宽，为避免对规划高架桥的影响，站位设于清塘路西侧。地下一层侧式车站方案，车站功能稍弱，客流吸引较差，车站埋深与方案一致，且上跨规划立交及隧道与车站必须同步实施；但车站顶板覆土 2 m，对管线及道路影响相对较小。

综合比选，根据清塘站所处路段周边环境特点，从车站形式、车站站位、工法选择等因素考虑，侧式站台清塘路西侧方案虽然规模较少，但岛式站台跨路口方案在车站功能以及客流吸引方面的优越性较为突出，因此采用方案一作为推荐方案。

4. 车站及基坑总平面设计

基坑总长为 160 m，标准段宽为 29.25 m，基坑标准段深度约为 13.7 m，两端深度为 14.8 m。主体基坑距皇冠假日酒店 52.4 m，距西侧排水渠 75 m，如图 3-32 所示。

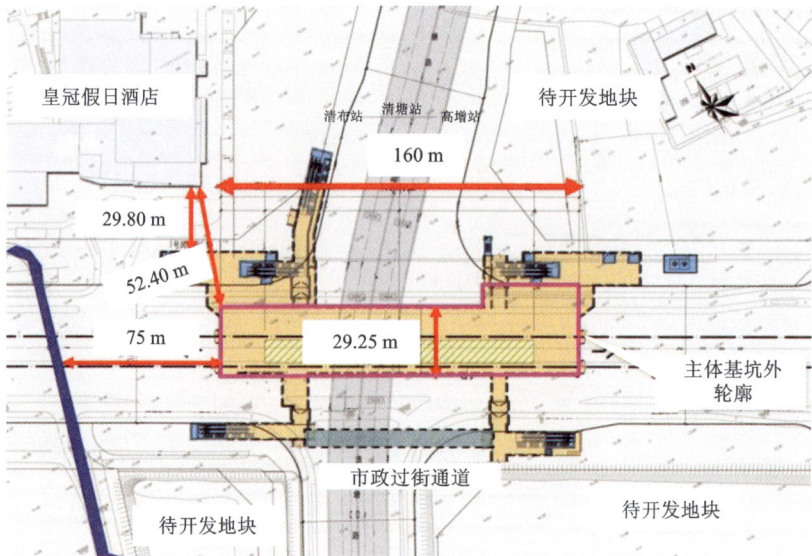

图 3-32　车站及基坑总平面设计图

5. 车站的围护结构设计

车站基本结构采用地下两柱三跨箱型结构，车站标准段结构宽度为 29.25 m，长度为 160 m，底板埋深为 14.0 m，车站顶板厚度为 0.8 m，中板厚度为 0.4 m，底板厚度为 0.9 m，侧墙厚度为 0.7 m，顶板覆土 0.8 m（按照现状地面），柱下

设 ϕ1400 mm 抗拔桩抗浮。

围护结构采用 800 mm 厚 C35 地下连续墙(兼抗浮作用)。设三道支撑,第一道采用 700 mm×1000 mm 混凝土八字撑,肋撑 600 mm×1000 mm,主撑间距为 9 m;第二道采用 800 mm×1000 mm 混凝土八字撑,肋撑 700 mm×1000 mm,主撑间距为 9 m;第三道端部采用 800 mm×1000 mm 斜撑,标准段采用 ϕ600 mm,t=16 mm 钢支撑,间距为 3 m。支撑中间设置 550 mm×550 mm 钢立柱。

3.5　本章小结

本章首先分析了岩溶区地铁车站修建过程中存在的风险及设计的重难点,在岩溶区修建地铁车站可能出现地面塌陷、支护结构坍塌、渗漏水及基底突涌水等风险,站位、埋深、车站建筑形式、围护结构形式、防水、基底处理、溶(土)洞处理等则是岩溶区地铁车站设计的重难点。然后对地铁车站设计的总体技术要求进行了系统总结,包括地铁车站及岩溶区地铁车站的设计原则、明挖基坑溶(土)洞处理原则、地铁车站设计标准等。最后以典型设计案例的形式给出了广州地铁 9 号线车站设计成果,以供同类工程参考。

第4章

岩溶区地铁区间设计关键技术

地铁区间建设是地铁土建工程中的重要环节，由于岩溶区存在溶(土)洞、地下水等影响工程质量的不良地质因素，为保障地铁施工运营安全，设计阶段必须充分考虑以上不良地质因素对地铁区间施工引起的风险问题，提出合理的设计方案及预防措施。本章以广州地铁9号线地铁区间设计为背景，从9号线区间施工工法出发，全面分析岩溶区地铁区间隧道风险及设计重难点，提出区间设计总体技术要求，并结合9号线工程实际研究区间隧道设计方案，为岩溶区地铁区间设计提供实践支撑。

4.1 岩溶区地铁区间风险分析及设计重难点

4.1.1 岩溶区地铁区间面临的地质风险

(1)地下水渗漏突涌

岩溶区地下水丰富，施工等扰动作业易打破岩溶区的水力平衡，并为地下水提供汇集通道，引发地铁隧道渗漏涌水，如图4-1和图4-2所示。同时，地下水的大量流失也可能进一步引发地面沉降。

图4-1 开挖面顶部地下水涌入

图4-2 岩溶区大量地下水涌入开挖面

（2）溶（土）洞坍塌

顶板地层平衡被打破是溶（土）洞坍塌的主要原因。施工引起的地下水变化，预处理阶段注浆压力、地面作业荷载，盾构掘进阶段振动、超挖等扰动，均有可能破坏溶（土）洞原有的平衡状态，导致坍塌。

（3）结构腐蚀

地下水及土体具有腐蚀性时，施工引起的地下水渗漏将引起混凝土结构、钢结构等发生化学腐蚀，腐蚀程度的强弱受地下水成分的影响，可根据《岩土工程勘察规范》（GB 50021—2001）进行评价。

4.1.2　岩溶区地铁区间盾构法施工风险

1. 岩溶区盾构机选型配置风险

在复杂的岩溶发育地层中，若盾构机选型及其设备配置不当，将给施工带来极大的风险。

（1）盾构选型失误

当刀具破下伏岩层过程中振动较大时，上覆松散地层易受扰动，即使未出现超挖，也易因稳定性差引起地面较大沉降甚至塌陷；此外，松散地层透水性大，在富水地层中易受地下水影响，根据理论选型，宜选择泥水盾构。若此类地层中选择土压盾构，则易造成掘进困难、地表沉陷。

另外，在实际工程中，多数线路并非单一的复合地层，很可能由多种复合地层构成，例如沿隧道方向一段为松散砂层/岩溶复合地层、一段为全断面砂层、一段为黏土/岩溶复合地层，工程实施过程中会根据地层占比、经济性等综合因素选择某一种盾构类型，但传统土压盾构不太适合富水松散砂层/岩溶复合地层中掘进，泥水盾构不太适合黏土/岩溶复合地层中掘进，必须对盾构机进行创新设计，如双模甚至多模式盾构，以解决其与某段地层适应性不匹配问题。

（2）盾构设备配置不当

即使盾构机选型正确，但在盾构机设计制造过程中，若未针对岩溶发育的地质条件进行盾构机的配置，仍将造成施工风险。

①选取泥水盾构时配置不当造成滞排风险：岩溶区岩块导致渣土的和易性差，一些大块岩块无法被泥水循环带出，有些岩块尺寸甚至大于泥水排浆管道，造成搅拌棒及刀具损坏严重，如图 4-3 和图 4-4 所示。因此，滞排是泥水盾构在此类地层中的突出问题。泥水盾构施工过程中需频繁停止泥浆循环并打开采石箱取出无法排除的岩块，影响盾构正常掘进，盾构机设备制造过程中应考虑这一问题。

图4-3　刀盘搅拌棒开裂　　　　　　　图4-4　掉落的搅拌棒

②选取土压盾构时配置不当造成喷涌风险：采用土压平衡盾构施工时，若遇溶洞突水或洞身处于富水砂层，极易造成盾构机喷涌，使盾构机无法正常掘进，还可能导致工程范围以外不可预知的位置因水土流失发生地面沉降及塌陷。

2. 岩溶区刀盘刀具配置风险

(1) 刀盘配置不当的风险

岩溶发育复合地层刀盘受冲击大、易磨损，同时存在岩渣易堆积等问题，若刀盘的开口率、刀盘的结构形式及刀盘的耐磨性不足，极易造成刀盘受损甚至开裂，修复困难。

(2) 刀具配置不当的风险

①岩溶发育区溶槽、溶沟和溶洞密集，掘进开挖面通常凹凸不平，如图4-5所示。盾构刀在凹凸不平的岩面上掘进时无法形成完整的轨迹线，且中、微风化灰岩强度高，盾构施工破岩难度大，破岩效果差，将产生大块岩块发生滞排，造成盾构机刀具、搅拌棒等部件损坏，如图4-6所示。

②针对软硬不均的地层以及凹凸不平的灰岩面，镶齿滚刀转动效果更好，不易发生偏磨，但对于强度大于90 MPa的坚硬岩地层，滚刀合金齿受冲击后易发生崩损，如图4-7所示。

③岩溶地层因其岩面凹凸不平的特性，双刃滚刀破岩时，无法保证两个刃均接触岩面，而单个刃接触岩面时受到的冲击更大，且单个刃损坏时滚刀也必须更换；另外，因岩面凹凸不平，刀刃还会受到侧向冲击力，导致刀具受力并

非理论上从刀刃垂直传到刀轴，加剧刀具的不正常损坏，常常无法达到理论的破岩效果，如图 4-8 所示。

图 4-5　开挖面凹凸不平

图 4-6　滚刀大量损坏

图 4-7　岩溶地层中滚刀刀圈断裂

图 4-8　岩溶地层中双刃滚刀损坏

3. 岩溶区盾构始发和到达作业风险

盾构始发与到达是盾构隧道施工风险极大的环节，其主要风险如下所述。

(1)端头加固效果欠佳

端头加固目的在于提高土体强度、稳定性、承载力，降低土体渗透性及满足土体变形特征的要求。盾构始发、到达常规的加固方法有注浆加固、冷冻法加固、素混凝土连续墙+旋喷桩+搅拌桩加固等，但由于地下水丰富、砂层较厚，且岩溶区灰岩岩面起伏大、岩土交界面复杂，加固效果往往欠佳，需采取多种加固手段或反复处理。若端头土体加固效果不良，在盾构始发破除洞门过程中或盾构到达出洞时，易发生大量水土从洞门流入工作井，并造成地面塌陷、盾构机"栽头"等问题。

（2）洞门密封装置失效

洞门密封是在盾构机或管片与洞门的间隙采取的防渗措施，防止水土、盾尾注浆外泄，确保盾构始发、到达施工安全可靠。洞门密封装置强度低或安装质量不理想，易在盾构进、出洞时发生损坏，无法承受较高的水土压力或注浆压力，引起水土流失或漏浆，影响正常施工或施工安全。

（3）反力架位移及变形

盾构出洞过程中，由于盾构推力过大、推进油缸不平衡、反力架的强度和刚度不足、盾构后混凝土充填不密实或混凝土强度不足等因素，可能会造成反力架发生局部位移及变形，影响盾构掘进。

（4）盾构始发轴线偏离设计轴线

盾构机到达掌子面及脱离加固区时，掌子面强度不均匀，同步注浆不及时引发的管片上浮，负环约束力小等易造成盾构轴线偏离设计轴线，严重时会发生超限。

4. 岩溶区盾构掘进施工风险

（1）盾构姿态控制风险

盾构在灰岩地区上软下硬的地层掘进时，盾构姿态容易发生上漂，纠偏难度大。同时，当隧道范围底部存在未发现或者未有效处理的溶（土）洞时，盾构机掘进过程中将发生盾构机栽头、下陷和管片报废等风险（如图4-9所示）。

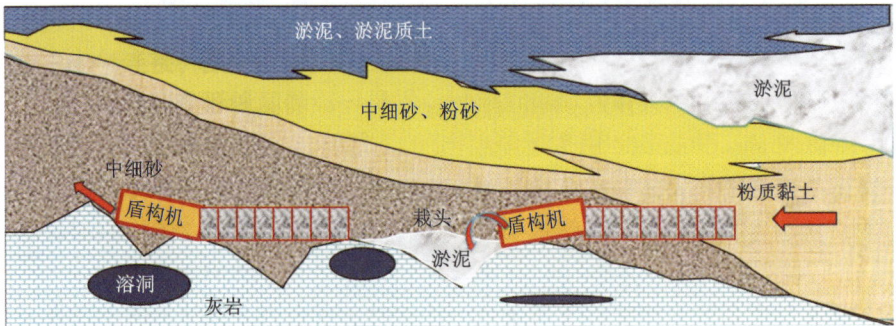

图4-9 盾构掘进姿态控制风险示意图

（2）地面沉降控制风险

在岩溶发育地层中掘进，通常会发生较大的沉降，甚至出现地面塌陷的险情，主要包括以下几个方面。

①盾构机周边存在未探明或超出处理范围的溶（土）洞，岩面上部砂层可能

与溶(土)洞存在联系，盾构机掘进至溶(土)洞或振动破坏了溶(土)洞的临界平衡状态，砂层流入溶(土)洞内，从而引起地层下陷。

②当隧道埋深较浅，土仓(泥水仓)压力设置不当、泥水盾构环流系统堵塞引起泥水压力波动或盾尾注浆压力过大时，易引起地面隆起、冒浆或地面塌陷。

③若隧道上覆松散地层，包括淤泥、砂土、砂砾石(卵石)等，与下伏岩层性质相差悬殊，松散地层稳定性差，盾构掘进破碎下伏岩层时产生的振动对上覆松散地层扰动大，易引发超挖、开挖面失稳、冒浆、地面塌陷等问题，如图4-10和图4-11所示。

地铁隧道区间建设过程遇到溶(土)洞时，平衡隧道开挖面的介质易流失引发开挖面失稳。隧道掘进过程中还易发生超挖，造成上部土体流失，引起地面坍塌沉陷，若洞穴处于隧道底部，盾构机还可能产生栽头风险。

图4-10　开挖面失稳示意图

图4-11　隧道顶面冒浆示意图

(3)上软下硬地层掘进风险

当盾构在上软下硬的地层掘进时，由于开挖断面围岩整体性差，刀盘滚刀在岩面上进行碾压，破裂面会在岩层裂隙处产生，不均匀的岩块崩落进土仓，体积较大的岩石块常在土仓堆积，易造成刀具受损，以及泥水盾构的排泥管及排泥泵堵塞，影响环流系统稳定。另外，岩面的软硬不均会让盾构机刀具在转动切削过程中不断与突出的岩面发生碰撞，使得刀具承受较大冲击造成损坏，包括滚刀快速磨损、滚刀刀圈破裂、中心双刃滚刀的轴承损坏、刀具与刀箱卡死、刮刀和边缘铲刀脱落，如图4-12所示。同时，刀具从砂土转向硬岩时，由于软硬岩层强度相差较大，对刀具会产生瞬间的强大冲击力，造成刀具脱落或破损，还可能进一步引起盾构机自转风险。

由于刀具易受损，换刀频繁，且开仓换刀难度大、时间长，易导致盾构掘

(a)

(b)

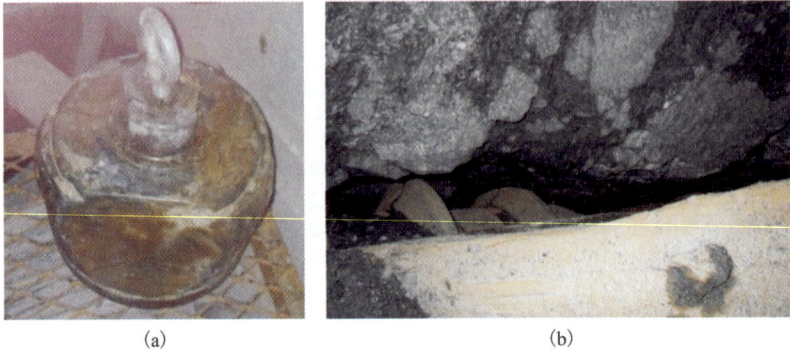

图 4-12　滚刀磨损实物图

进效率极低。以某地铁线路盾构区间施工为例，左线共有 230 环处于上软下硬地层，约占开挖面 50%，灰岩强度为 40~83.6 MPa，掘进期间开仓 16 次，平均每 10.6 环开仓一次，月平均掘进 32 环；右线共有 118 环处于上软下硬地层，期间开仓 16 次，平均每 7.4 环开仓一次，月平均掘进 22 环。

(4)盾构刀盘结泥饼风险

盾构在粉砂岩、泥岩中掘进，经刀盘碾压后，刀盘表面极易被附着泥团和岩块，且泥浆黏度上升较快，易加速刀盘泥饼的形成，引起滚刀偏磨等情况，如图 4-13 所示。通常，最快掘进 10 余环开仓就可使刀盘形成严重泥饼。

(a)

(b)

图 4-13　盾构区间施工结泥饼

（5）盾构开仓作业风险

在岩溶区盾构掘进过程中，不规则岩面对刀具的磨损较大，需经常开仓检修及更换刀具。由于岩溶区地下水丰富，尤其是上软下硬地层掘进困难、开仓频繁，且拱顶有软弱地层，开仓难度和风险更大，开仓过程中极易出现坍塌事故。主要原因如下：一是在砂层中无法常压开仓；二是当隧道埋深较浅时，带压开仓容易漏气；三是若灰岩上方为砂层，地层加固效果难保证。

（6）岩溶区盾构穿越重要建（构）筑物风险

重要建（构）筑物的界定为铁路、公路、桥梁、重点保护文物、高压线塔、地铁车站、民宅（天然基础的房子不能遗漏）、区间等特殊需保护结构。地铁线路多下穿市区中心地带，上方为市政道路及建（构）筑物，沉降敏感。在岩溶地层尤其是上软下硬的岩溶复合地层中，盾构下穿密集建筑群的施工难度和风险非常大，极易造成建（构）筑物沉降过大，严重时甚至倾斜、倒塌，如图 4-14 所示。

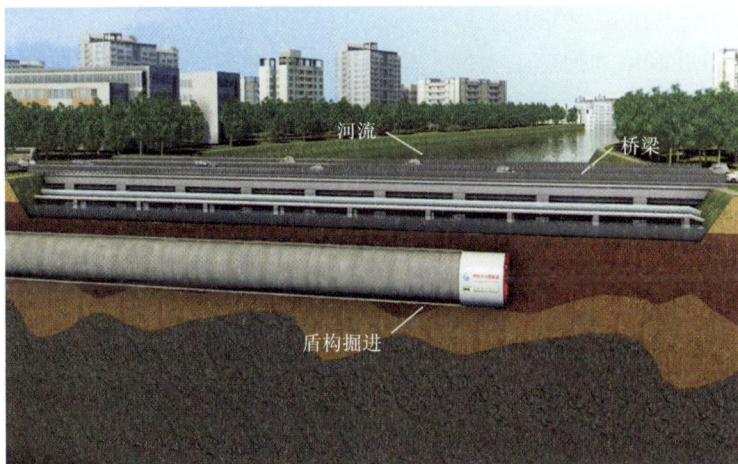

图 4-14　盾构掘进下穿桥梁和河流示意图

5. 岩溶区联络通道施工风险

联络通道施工不仅要考虑自身结构和地面建筑物的安全，而且要确保主隧道的稳定，联络通道施工一直被认为是风险最高的辅助工况。为避免或减少事故的发生，需对各个施工工序可能发生的风险事件进行识别、评估，并及早采取相应的防范措施，保障工程的顺利进行。

岩溶区由于地下水丰富，溶（土）洞分布密集，联络通道施工极易发生涌水风险。另外，不同的施工方法也会对应不同的施工风险，根据广州地铁 9 号线的施工经验，联络通道风险总结如下。

（1）地面竖井明挖法

该工法适合用于周边环境较简单的工程，施工风险较低，出现险情易于处置，施工质量相对可控，可与盾构掘进同步施工，有利于工期控制。该工法风险主要如下：

①支护结构渗漏。支护结构包括连续墙、钻孔桩组合旋喷桩、竖向格栅支护等。支护结构在富水砂层中施工质量控制难度较高，开挖时可能发生涌水涌砂，严重时对周边地层、建（构）筑物产生不良影响。

②基底涌水涌砂。当联络通道基底处于灰岩或灰岩上隔水层较薄时，开挖竖井时可能发生地下水从灰岩中未探明或未处理的溶洞、裂隙突涌至基坑的风险。当岩溶水承压水头差不大时，施工中不会造成毁灭性灾害，但岩溶水管道径流较通畅，水量较充沛且往往夹带泥沙时，易淹没基坑造成施工困难。同时，水位下降漏斗范围内可能会进一步引发地面塌陷或沉降，造成周边房屋开裂，道路和管线的破损等灾害。

以 9 号线联络通道施工为例，埋深 6 m，详勘显示联络通道处地层从上到下依次为人工填土层、可塑性黏土层、中粗砂层、可塑性黏土层，底部处于中粗砂层。施工图采用地层加固（素混凝土连续墙+ϕ600 mm 旋喷桩）后矿山法施工。考虑到地质情况较差，地层加固效果较难保证，且灰岩中水头压力高，在矿山法开挖过程中很可能出现涌水涌砂情况，施工单位在地层加固完成后提出变更为竖井明挖法施工。施工过程中，当开挖接近基底时，地下水不断涌出，无法进行结构施工。施工单位采取了在管片背后、地面注浆的方法，经过较长时间封堵地下水后才得以继续进行结构施工。

（2）水泥土加固洞内暗挖法

水泥土加固方法主要利用水泥等固化剂与土体搅拌形成具有黏结性的桩体或墙体加固地基，其加固效果受固化剂含量、搅拌成桩均匀性和土体组成等因素影响，施工质量不易控制。但该方法施工技术成熟，工程造价相对便宜，被广泛应用于地质较好、隧道埋深浅、地面有施工条件的情况，主要风险为加固体质量不良，在开挖过程中可能发生掌子面坍塌、地面沉陷等事故。

4.1.3 岩溶区地铁区间明挖法施工风险

明挖法施工工艺简单，施工速度快，一般适用于地面交通和环境限制要求较低的浅埋隧道工程。岩溶区采用明挖法施工作业可能会产生以下风险。

(1)地面塌陷或不均匀沉降

引起地面塌陷或不均匀沉降因素较复杂,如当开挖范围内存在未探明的溶(土)洞时,可能影响隧道开挖面稳定并导致地面塌陷;当岩溶区隧道支护结构产生过大变形时,隧道受力影响范围内可能会产生不均匀沉降变形;围护结构在成槽过程中可能会因溶(土)洞承载力不够,引起地面塌陷。

发生地面塌陷及不均匀沉降后,还可能进一步导致渗漏水、地下管线破坏等次生灾害风险,影响邻近建筑物安全。

(2)隧道突涌水

当溶(土)洞上覆土层自重不足以平衡承压水头差时,地下水将通过砂土层造成突涌事件。当岩溶水承压水头差不大时,施工中不会造成突涌事件,但岩溶水管道径流较通畅,水量较充沛且往往夹带泥沙,极易造成施工困难。

在开挖过程中,坑内降水,地下水会沿着砂层,并通过未有效填充的溶(土)洞流入基坑,或直接产生突涌水事故,增加开挖风险,同时周边水位的下降,将直接导致沿线建(构)筑物沉降、倾斜。

(3)其他风险

①当开挖区域砂层与岩面直接接触地段较多时,砂层处理费用过高,投资风险较大。

②明挖施工需破坏已有道路或建(构)筑物,后期完成后再重新建设,造成投资浪费。

③由于采用浅埋,没有条件考虑节能坡的设计,运营能耗损失较大。

4.1.4　岩溶区地铁区间设计重难点

(1)灰岩区岩溶预处理

岩溶区地下水丰富且溶(土)洞分布密集,设计施工中常常无法全部事先探明和处理溶(土)洞,盾构掘进遇到未能探明的溶(土)洞时会发生地陷、突水、栽头等风险。针对以上不良地质风险,需采取相应的措施进行提前处理,保证盾构施工期间的安全及运营期的结构稳定性。

以广州地铁 9 号线为例,作为国内第一条在灰岩地区地下敷设的地铁线路,各个标段均遇溶(土)洞,全线平均见洞率 43.4%,探明的溶(土)洞需进行预处理后方可掘进施工。

(2)线路穿越既有铁路或高速公路路基

既有铁路或高速公路路基位移控制严格,地铁施工期间需严格控制路基沉降及隆起,技术要求远高于盾构掘进沉降控制标准,必须对该工程进行专项设计以保证沉降满足要求,而此外工程设计施工涉及的多个部门,协调工作量大且难度高。当铁路路基所在地层为灰岩、砂层,灰岩中溶土洞发育强烈,岩面变化较大时,下穿难度显著增加。

以广州北站—花城路站区间在广州北站下穿武广高铁和京广铁路为例,其是国内乃至国际上首条在灰岩、砂层地层中以浅埋方式穿越铁路路基的地铁线路,如图4-15所示。区间盾构下穿铁路段的地面建(构)筑物包括京广铁路6条股道、武广高铁4条股道及站台雨棚等。其中,武广高铁设计时速为350 km,京广铁路设计时速为160 km的国家Ⅰ级干线铁路。本区间盾构穿越铁路下方隧道长度约100 m,隧顶距路基顶面9.4~9.8 m,下穿京广铁路段隧顶距路基顶面7.9~8.9 m。另外,盾构隧道外轮廓距离武广高铁站台雨棚柱桩

基础为1.2~2.5 m。隧道区间穿越地层主要为砂层,武广高速铁路在花都站的建设施工中,曾对路基下方进行了单轴旋喷桩地基处理,对下方基岩岩溶进行了压力注浆处理,武广高速铁路段隧道穿越地层主要为地基处理后的砂层。由于灰岩面起伏不定且线路深度逐步增加,石灰岩侵入了隧道范围内,形成"上软下硬"地层组合,盾构在该类地层施工沉降控制难度极大,根据9号线盾构机在同类地层施工经验,地面沉降一般超过15 mm,甚至出现沉降达到100 mm和地面下陷的事故。

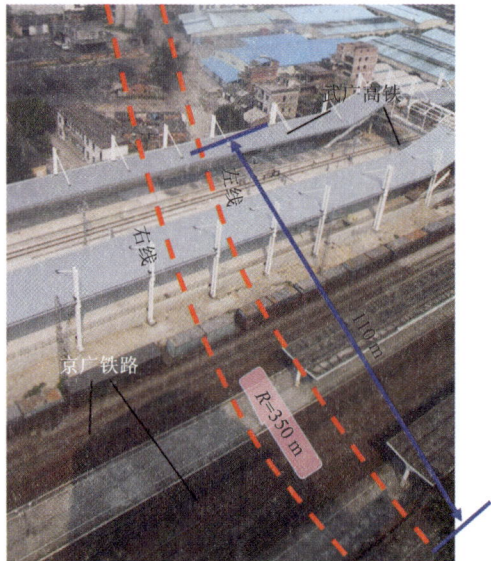

图4-15 广花区间下穿铁路段

(3)线路穿越重要建(构)筑物

地铁线路在城市闹市区施工,不可避免地下穿或侧穿大量建(构)筑物。建(构)筑物地基基础,如条形基础、独立基础等薄弱基础,其承力特性受施工扰动因素影响明显,为防止盾构施工中普遍存在的地基变位问题对沿线建筑物产生危害,必须提出切实有效的保护性措施。

以广州9号线花城路站—花果山公园站—花都广场站区间盾构下穿建(构)筑物为例,盾构整体下穿或侧穿如砖混结构的秀全中学、框架结构的狮城

新村等，如图 4-16 所示。实际施工时，如何保证建(构)筑物整体受力及变形安全是急需解决的重要难题。

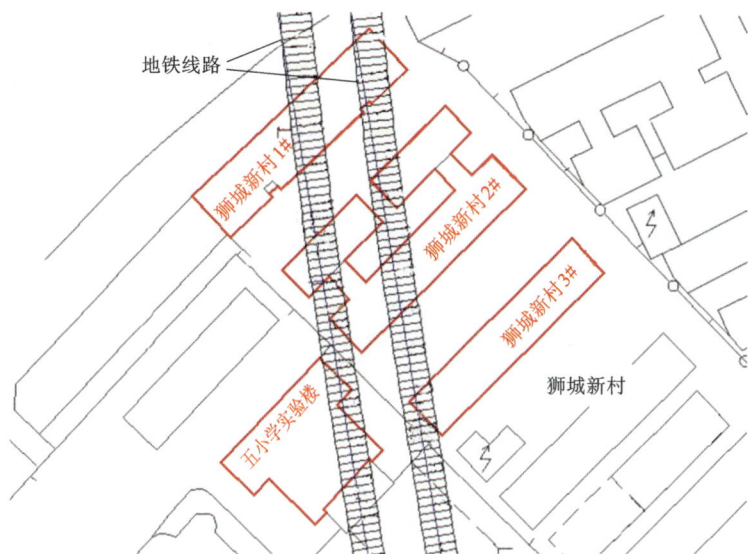

图 4-16　盾构区间下穿重要建构筑物平面图

(4)线路穿越河流

盾构穿越河流时，因其沉降与变形控制严格、地下水丰富，盾构掘进时风险较大，施工时需达到泥水平衡，以防出现盾尾漏浆、河底冒浆、河底土层沉降、吸口堵塞、隧道上浮等风险。在盾构施工中，若存在上软下硬开挖面，还可能进一步造成河床底塌陷，河底抛填石在水力联系下进入盾构开挖面的可能性较大。一旦有抛填石进入盾构开挖面，将会给盾构施工带来一系列的风险。如何确保盾构在下穿过程中正常掘进是施工设计的重难点。

例如飞鹅岭站花都汽车城站区间盾构穿越三座桥梁，隧道所在主要地层为砂层、残积土层等软弱地层，且在过河前后均需经过河堤段，河堤的沉降与变形控制严格。但河床与隧道顶间距离较短，最小距离为 3.4 m，其间充满淤泥和中、细砂层，且该砂层水与地表水联系较为密切，地下水丰富，盾构掘进时风险极大。

花广区间下穿天马河，平面示意图如图 4-17 所示。天马河为花都区的景观河，而距离盾构隧道左线 14.5 m 处即为农新大桥桥桩，桥上车流量大，施工中的地面保护非常重要。但天马河段为溶洞发育区，且该区段河底散落分布较多抛填石,致使盾构穿过天马河存在较大的施工隐患。

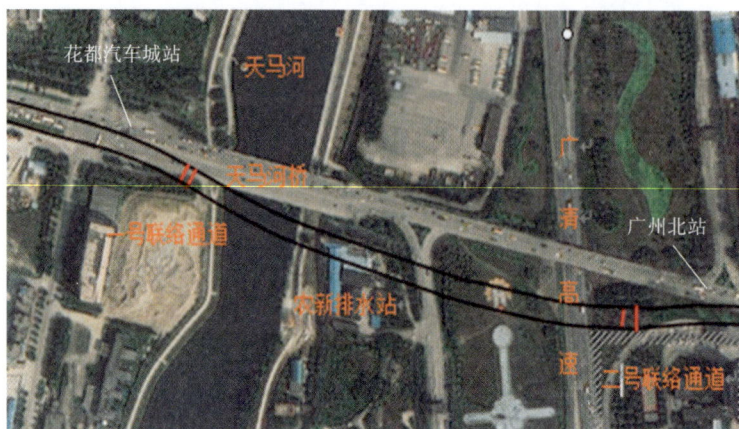

图 4-17　花广区间盾构隧道下穿天马河平面图

(5)盾构区间穿越上软下硬地层

在上软下硬地层中掘进,上部土体容易流失,易造成超挖,进而导致地面坍塌。在推进过程中,千斤顶的受力不均匀,盾构的姿态控制较为困难。在刀盘旋转过程中,贯入度不易控制,软土和硬岩强度差较大,刀具转到临界面时,会产生瞬间的强反冲击力,从而造成刀具磕坏、脱落。

4.2　岩溶区地铁区间设计总体技术要求

4.2.1　岩溶区地铁区间设计总则

岩溶区地铁区间设计总则如下:

1)隧道设计应满足施工、运营、城市规划、防排水等要求;主体结构工程使用年限为100年,结构设计应保证具有足够的强度和耐久性。

2)结构设计应符合强度、刚度、稳定性、抗浮和裂缝开展宽度的要求,并满足施工工艺的要求。

3)隧道衬砌的设计应根据沿线不同地段的工程地质、水文地质条件及城市总体规划要求,结合周围地面既有建筑物、地下构筑物、管线及道路交通状况,通过对技术、经济、环保及使用功能等方面的综合比较,合理选择施工方法和结构形式。在造价相近的情况下,应优先选用综合社会效益好的方案。

4)区间结构设计,尽量减少施工中和建成后对环境造成的不利影响,并尽可能考虑城市规划引起周围环境的改变对地铁结构的影响。

5)结构的净空尺寸应满足建筑限界的要求,并考虑适当的富余量,以满足测量误差、施工误差、结构变形和沉降的要求。

6)隧道施工引起的地面沉降应控制在环境条件允许的范围以内,并依据周围环境、建筑物基础和地下管线对变形的敏感程度,采取稳妥可靠的措施。采用暗挖法施工时,地面沉降量一般宜控制在 30 mm 以下;当穿越重要建筑物或地下管线时,上述数值应按允许的条件确定,对于空旷地区可考虑适当放宽条件。

7)隧道内横断面净空尺寸设计应在建筑限界的基础上,再考虑适当的富裕量,以满足施工误差、测量误差、不均匀沉降、结构变形的需要。

8)结构计算模式的确定,除符合结构的实际工作条件外,还应反映结构与周围地层的相互作用。隧道衬砌结构通常只进行横断面方向的受力计算,遇下列情况时,也应对其纵向强度和变形进行分析。

①覆土荷载沿隧道纵向有较大变化。

②隧道直接承受地面建筑物等较大局部荷载。

③基底地层或基础有显著差异。

9)结构防水应满足国家现行的《地下工程防水技术规范》(GB 50108—2008)的有关规定,结构不得有漏水,结构表面可有少量、偶见的湿渍,结构防水设计应满足最不利地下水位要求。同时,应充分考虑广州地表潜水丰富和潮湿多雨气候条件对施工操作的影响,遵照防水优先于结构设计原则。

10)隧道在结构、地基、基础或荷载发生显著变化的部位,或因抗震要求必须设置变形缝时,应采取可靠的工程技术措施,确保变形缝两侧的结构不产生影响正常行车的差异沉降和轨道的曲率变化。为减少混凝土收缩及水化热所产生的裂缝,应采取有效的工程措施。

11)区间隧道所选择的盾构机,必须对地层有较好的适应性,以满足地层变化大、岩性软硬不均等复杂的地质条件。

12)区间隧道穿越建筑物基础需进行基础托换和截桩时,采用可靠的技术方案和确保建筑物正常使用不受影响的施工方法。

13)当隧道位于有地下水侵蚀性地段时,应根据地下水腐蚀类型及腐蚀等级采取相应的抗侵蚀措施,混凝土抗侵蚀系数不得低于 0.8。

14)跨越河流的隧道结构设计水位按 1/200 的洪水频率进行防洪防淹设计,并按最高水位进行验算,施工期按 10 年内涝最高水位计。

15)盾构隧道岩溶处理以"地面、机(盾构机)内预处理相结合为主,洞内预留措施处理为辅"的原则,防止盾构施工的栽头、陷落、地表沉降过大或塌陷等事故的发生，降低工后差异沉降，保证运营安全。

16)采用信息化设计，根据现场地质条件，施工量测反馈信息，及时调整修整相关设计参数，确保工程安全。

4.2.2 地铁区间岩溶预处理技术要求

1. 处理目的
①确保隧道掘进期间盾构机的安全。
②满足区间隧道结构的承载力、变形要求。
③预防溶(土)洞进一步发展，减小后期运营风险。

2. 处理原则
根据地质详勘、补勘资料，地层夹有灰岩、泥灰岩地段为岩溶处理段，必须在盾构掘进前加固预处理，具体措施如下所述。

①凡是区间隧道范围内揭示的溶(土)洞，全部自地面进行充填加固，并完成岩面注浆施工。

②隧道底板以下 5 m 内揭示溶(土)洞，在隧道范围内自地面进行充填加固，并完成岩面注浆施工。

③除已揭示溶(土)洞加固的地段外，其余岩溶处理段均需进行补充探测溶(土)洞分布及充填情况，对揭示的溶(土)洞按上述措施处理。

④盾构施工前必须完成岩溶预处理，掘进前拟定岩溶处理段的措施及应急预案。

⑤所有岩溶处理段，盾构隧道道床上需预留注浆管，确保运营阶段有条件对下方地层进行注浆填充。

⑥结合工程所处地层的岩面埋深、溶洞发育以及岩面以上土层性质等情况综合判断，采取针对性的处理措施。

4.2.3 岩溶区隧道盾构法设计技术要求

1. 刀盘刀具选型设计
(1)刀盘选型设计
岩溶发育复合地层刀盘受冲击大、易磨损，同时存在岩渣易堆积等问题，根据广州地铁《富水岩溶发育地层地铁盾构关键技术》科研报告，从刀盘的开口、结构形式及耐磨三方面进行选型配置设计。

①刀盘开口。针对岩溶发育复合地层地质特点给出刀盘开口率建议取值范围如下：对于富水松散地层+岩溶地层，由于地层稳定性差、上覆松散地层易受扰动，为减少刀盘开挖对土体稳定性影响，该地层中刀盘开口不宜过大，建议

开口率为 28%~32%；对于可塑硬塑黏土+岩溶地层，由于土层透水性较低，整体掌子面稳定性较好，考虑出渣效率及刀盘结泥饼风险等因素，刀盘开口可适当增大，建议开口率为 38%~42%；对于岩石复合地层，由于不含土质地层，围岩自稳性好，地层渗透性弱，地面沉降风险小，该类地层刀盘开口率选取对沉降控制影响较小，可选范围相对较宽，建议开口率为 30%~40%；对于特殊岩溶复合地层，该类地层主要为母岩与溶洞内的填充物组成，填充物通常为松散土、黏土等软土类地质，为保证刀盘出渣效率和较好的支护能力，建议开口率为 33%~38%。岩溶发育复合地层刀盘开口率建议选取范围如表 4-1 所示。

表 4-1　岩溶发育复合地层刀盘开口率建议取值范围

地层类型			开口率/%
A 类	土岩复合地层	富水松散地层+岩溶地层	28~32
		可塑硬塑黏土层+岩溶地层	38~42
B 类	岩石复合地层		30~40
C 类	特殊岩溶复合地层		33~38

②刀盘结构形式。岩溶发育复合地层盾构掘进过程中刀盘受冲击荷载大，需采用高强度结构设计。对于 6 m 级盾构来说，可选四支腿四主辐条和六支腿六主辐条刀盘主结构。考虑到灰岩强度较大，且软硬不均地层刀盘受冲击荷载大，选择六支腿六主辐条刀盘结构。

③刀盘耐磨设计。根据刀盘选型理论，岩溶发育复合地层刀盘易磨损，建议采用高耐磨防护设计，刀盘外周采用 50 mm 厚镶嵌合金耐磨板，刀盘正面布置 12.8 mm 厚复合耐磨板，刀盘其他无耐磨板覆盖处堆焊耐磨网格。

（2）岩溶发育地层刀具选型技术

盾构刀具主要分为三类：滚压类刀具、切削类刀具、挠取类刀具。各类刀具适应的地层及具体用途如表 4-2 所示。

表 4-2　各类刀具适应的地层及用途

刀具类型	对应刀具		地层类型及用途
滚压类刀具	单刃滚刀	光面	主要针对岩层；滚压岩层使得刀刃间的岩块剥落
		镶齿	
	双刃滚刀	单轴	
		双轴	

续表4-2

刀具类型	对应刀具	地层类型及用途
切削类刀具	切刀	主要针对土层及软岩层;以切割力和挤压力来开挖掌子面
	刮刀	
	齿刀	
挠取类刀具	鱼尾刀	适用于软土地层
	先行刀	适用于松散体地层,疏松地层
	仿形刀	布置在刀盘边缘,用于曲线纠偏和转弯时超挖

1)滚刀选型。

盾构机在岩层中掘进,滚刀是破岩的主力,因此在岩溶发育复合地层中滚刀的选取至关重要。

①单刃整体刀圈滚刀。整体刀圈滚刀能够承受较大的冲击荷载,且具有较好的耐磨性能,在所有滚刀类型中破岩能力最强,适用于硬岩条件破岩作业。整体刀圈滚刀可分为标准滚刀和重型滚刀,重型滚刀通过增加刀圈材料硬度来提高刀圈对硬岩地层的适应性,耐磨性能高,适合在大于 120 MPa 的岩层中掘进;标准滚刀韧性、抗冲击性能较好,适合在冲击较大的地层中掘进,可增加其刀刃宽度使之成为宽刃滚刀,提高其耐磨性能。

②单刃镶齿刀圈滚刀。单刃镶齿刀圈滚刀硬质合金及刀体刃部一般设计为尖角,与岩石为点接触,接触面积小,针对一定强度的岩体,其破岩效果好,且抗冲击能力更强。针对软硬不均的地层以及凹凸不平的灰岩面,单刃镶齿滚刀转动效果更好,不易发生偏磨;但对于强度超过 90 MPa 的硬岩地层,滚刀合金齿受冲击后易发生崩损,不建议采用镶齿滚刀。

③双刃滚刀。岩溶发育复合地层滚刀设计建议:由于刀盘中心刀具转动半径较小,需增加刃数,建议采用双刃滚刀;当岩体强度较大时,尽量采用双轴双刃滚刀。

2)土岩复合地层切削刀具选型设计。

①淤泥、黏土、砂土+岩溶地层。在淤泥、黏土、砂土+岩溶地层中,根据刀具选型理论及地质条件选择主切削刀具,由于在淤泥、黏土、砂土软土地层中整体刀圈滚刀可能会因摩擦力较小出现转不动现象。镶齿刀圈滚刀可有效提高滚刀与掌子面摩擦力,避免转不动现象,因此,在该地层中一般可选镶齿滚刀作为主切削刀具,当掘进过程中遇到部分区间岩石强度较小(低于 30 MPa)

时，还可采用齿刀跟滚刀互换，将齿刀+切刀组合作为主切削刀具破岩。

为保证能顺利排出地层中的淤泥、黏土、砂土，还需配置辅助刀具，通过配置贝壳刀对开挖面土体进行扰动，切刀、刮刀等进行高效刮渣，保径刀保证开挖直径。这种组合刀具配置能保证刀盘在该地质条件下的掘进效率。

综上，对于淤泥、黏土、砂土+岩溶地层，一般可配置镶齿刀圈滚刀+切刀刮刀+若干贝壳刀、保径刀刀具组合，如掘进区间岩石强度低于 30 MPa，还可考虑采用齿刀与滚刀互换，配置中心齿刀(或鱼尾刀)+正面边缘齿刀+切刀刮刀+若干贝壳刀、保径刀刀具组合。

②砂砾石(卵石)+岩溶地层。对于砂砾石(卵石)+岩溶地层，尽管砂砾石特别是卵石粒径较小，但其单轴抗压强度普遍大于 100 MPa，硬度较高者甚至大于 200 MPa，且卵石中的二氧化硅含量通常大于 50%，砂砾石地层的物理特性决定了其对刀盘刀具的高磨耗性。因此，主切削刀具的选择不仅要考虑下伏基岩岩石强度，而且要考虑砂砾石(卵石)对刀具的强冲击与高磨耗作用，此时若采用镶齿滚刀在该地层掘进，刀圈母体磨损较大，易造成硬质合金脱落，导致刀具快速损坏。此类地层刀具选型主要考虑因素是刀具的抗冲击性和耐磨性，因此考虑配置整体式宽刃刀圈滚刀作为主切削刀具，加厚刀圈可有效提升刀圈的耐磨性能和抗冲击性能，保证滚刀在砂砾石(卵石)+岩溶地层既有较高的开挖效率，又有较长的使用寿命，同时配置切刀刮刀+若干贝壳刀、保径刀等刀具辅助开挖，

故对于砂砾石(卵石)+岩溶地层，一般可配置整体式宽刃刀圈滚刀+切刀刮刀+若干贝壳刀、保径刀刀具组合。

2. 盾构始发和到达设计

(1)端头加固设计

为防止拆除盾构开挖面范围支护结构后前方土体出现变形失稳、渗水及地层沉降等问题，需对地层进行加固处理，以保障开挖时端头附近地层的稳定。常用的地层加固方法有高压旋喷注浆法、冷冻法、化学注浆法等。端头土体加固不仅需具备足够的强度和抗渗透性，还需考虑加固技术的适用性及经济性，具体加固方案需根据实际工程地质条件、隧道埋深及施工环境等因素确定。

端头土体加固效果不良风险的预控措施如下：盾构始发前，选择合理的工法加固土体，同时加强施工过程控制，对于加固区与工作井之间的间隙必须采取其他方式进行补充加固处理。当端头井为砂性土层时，加固长度应大于盾构主机长度，并严格控制加固施工质量。采用水平探孔检测加固效果。在洞口钢环预留应急注浆孔注双液浆或聚氨酯快速封堵洞门。

（2）洞门密封设计

为防止盾构始发掘进时，泥土、水以及盾尾注浆从盾壳与洞门的间隙处流失，需进行洞门密封。洞门密封施工一般分两步进行：首先，在结构施工过程中预埋洞门钢环，并与结构钢筋连接；其次，在盾构始发前进行洞门密封装置的安装。洞门密封装置由帘布橡胶、扇形压板、防翻板、垫片和螺栓等组成。盾构始发时在帘布橡胶板外侧涂抹一定量的油脂可防止盾构进入洞门时刀盘损坏帘布橡胶，同时可随盾构推进对洞门密封压板进行调整以确保密封效果。

针对盾体与加固体以及加固体外的土体间隙，为防止漏水、漏砂现象，可在盾构进入加固体后在管片壁后注双液浆进行封堵，如图4-18所示。

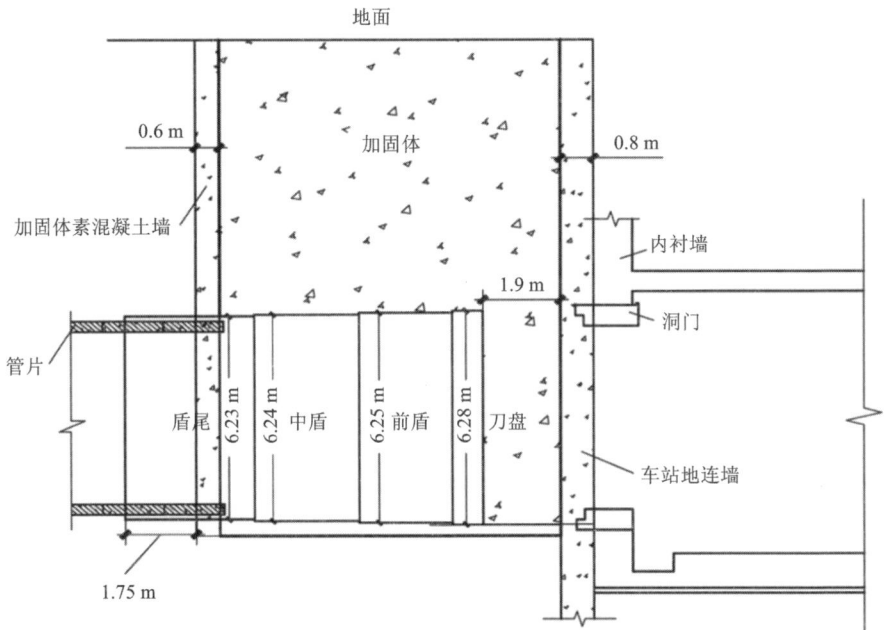

图4-18　盾构机穿越加固体示意图

（3）始发和到达阶段其他风险应对设计措施

①盾构始发和到达施工前对洞门做水平探孔检查，进一步检查加固体的质量。

②盾构始发和到达前，如果怀疑素混凝土连续墙接头质量不达标，应立即在连续墙外围进行旋喷桩施工加固，防止地下水涌入。

③若地面环境允许降水，可以在端头加固体内施作两个降水井，分布于左

右线隧道中部、靠近车站围护结构和加固体端部位置，降水井深度一般为隧道底以下 2 m 位置。

④严格控制盾构始发和到达施工盾构姿态，加强人工复测，防止盾构与洞门间隙不良，压坏或拉扯洞门帘布板；并根据盾构姿态情况，及时调整洞门压板和橡胶帘布板。

⑤盾构机刀盘完全进入围护结构连续墙时，应进行止水帘布的试压试验，压力控制在 100~150 kPa。对于泥水盾构，为保护洞门止水装置、防止切口水压过大破坏帘布板，盾构始发期间切口压力控制为 80 kPa，并应控制切口压力的稳定、减少波动。

⑥盾构到达前及碰壁后应实施降压试水试验，检查加固体的质量和地下水情况，检验是否存在渗漏通道。

⑦高度重视盾构始发时盾尾完全进入洞门、盾构到达时盾尾脱出洞门期间的风险控制。必须及时做好洞门处和端头加固体盾构通过区域的管片注浆止水施工，上述搭接位置应保证不少于两环管片实施全环二次注浆施工，采用压力和注浆量双控的原则。

3. 区间隧道掘进设计

(1)盾构隧道地表沉降标准

采用盾构法进行隧道施工时，应根据周围环境、建筑物基础和地下管线对变形的敏感程度，采取稳妥可靠的措施将地表沉降和隆起控制在环境允许的范围内。一般情况下，地表沉降值不应超过 30 mm，地表隆起值不应超过 10 mm，对于空旷地段可以考虑适当放宽。

盾构通过房屋等建筑物时，应根据沉降的允许值制定建筑物的地面变形的警界值，房屋倾斜不超过 3‰。盾构推进中实行信息化施工，加强跟踪量测工作。盾构机掘进时，会产生地表纵横向沉降槽，判断对建筑的影响除有地表最大沉降值外，还需注意沉降槽坡率及沉降的速率。由于房屋位于沉降槽不同部位，除产生最大沉降外，还会产生不均匀沉降。对于砖混结构房屋来说，不均匀沉降将是对房屋危害明显，根据《建筑地基基础设计规范》(GB 50007—2011)的规定最大沉降允许值如下：

①砖混结构、条形基础：基础倾斜方向两端点的沉降差与其距离的比值为 0.004。

②框架结构及桩基础：0.002 倍相邻桩基的中心距离(mm)。

盾构推进过程中引起地面沉降原因较多，主要可归为土体损失和土体固结两方面。引起土体损失的原因有盾构工作面的土体损失，盾尾空隙，盾构纠偏，盾构圆曲线推进等因素。需对地面建筑物设置沉降观测点，跟踪观察。测点范围为隧道轴线两侧 35 m 左右。

盾构正面对土体的推应力大于原始侧向地应力时会引起地表隆起，此时需根据地表隆起情况，实时监测，调整推力。

盾构通过时会不可避免产生地表沉降，如果超限可以采取调整掘进速度，实施即时注浆，使盾尾后隧道周边的土体及时处于三向应力状态，减缓应力释放速度，从而控制地层弹塑性变形的目的。

盾构通过后，由于应力松弛的影响，地层会发生固结沉降，此时可根据监测情况，是否在管片衬砌背后实施跟踪回填与固结注浆，尤其是隧道顶部。

盾构在曲线推进、纠偏、抬头或叩头推进过程中，因实际开挖断面为椭圆形会引起附加变形，此时可调整掘进速度与正面土压，达到减少地层扰动和超挖的目的，从而减少地层变形。盾构暂停时，可能会引起盾构后退，使开挖面松弛造成地表沉陷，此时应做好防止盾构后退措施，并对开挖面及盾尾采取封闭措施。

①保持盾构开挖面的稳定。

盾构开挖面的稳定可以通过优化掘进参数来控制。掘进参数主要有刀盘和土舱压力、排土量和推进速度、螺旋机转速、千斤顶总推力、注浆压力与时间、注浆量、浆体性能、盾构坡度、盾构姿态和管片拼装偏差等。为优化施工参数，必须熟练掌握盾构机的操作，根据地面变形曲线进行实测反馈，以验证所选择施工的合理性或据此再调整优化施工参数。通过设定推进速度调整排土量或设定排土量调整推进速度，以求得土舱压力与地层压力的平衡。

②同步注浆与二次注浆。为了减小和防止地面沉降，在盾构掘进中，要尽快在脱出盾构后的衬砌背面环形建筑空隙中充填足量的结硬性浆液材料。根据地质条件，确定浆液配比，注浆压力、注浆量及注浆起讫时间对同步注浆能否达到预期效果起关键作用。

在盾构过粉砂层地层后约 10 环处再向衬砌背面进行二次注浆，二次（或多次）压浆是弥补同步注浆不足，减少地表沉降的有效辅助手段，可使盾构在穿越建筑物、铁路股道、地下管线时，大大降低地面沉降。

③注意盾构在曲线上推进及盾构纠偏。盾构在曲线上推进时，土体对盾构和隧道的约束力差，盾构轴线较难控制，因此推进速度要放缓、纠偏幅度不要过大、加大注浆量、加强纠偏测量工作等，以减小地层损失，减少地面沉降量。

（2）地表沉降控制措施

①按先加固及护顶后开挖的原则进行设计和施工。根据隧道各段具体情况，分别采用洞内注浆小导管加固前方围岩和砂浆锚杆预支护。

②采用合理的开挖方式，变大跨为中跨或小跨，边开挖边支护，步步为营。

③施工中尽量减少对围岩的扰动，应采用光面、预裂、微振爆破等控制技术，采取短进尺弱爆破施工。

④严格控制开挖循环进尺，一般不宜超过 1 m；严格控制台阶长度，当台阶较长时应做临时仰拱封底。钢架拱脚需认真处理，安设锁脚注浆锚管加固，锁脚锚管必须用 1∶1 水泥砂浆灌密实。

⑤开挖后应及时进行初期支护或临时支护，工序紧扣、衔接，尽早施作仰拱，尽早封闭成环。掌子面稳定性差时，应及时喷射混凝土封闭工作面。

⑥对于洞室净距小地段隧道应加强初期支护，并加大局部的锚杆长度；初期支护形成后，对其背后进行回填注浆加固，必要时加大注浆范围，以改善支护受力条件。当在加强初支和施作仰拱后，围岩仍不能趋于稳定，或地表下沉较大时，提前施作二次衬砌，并加强二次衬砌结构。

⑦施工期间加强施工排水，在掌子面下设超前钻孔局部排水，以保证开挖面处于无水状态，提高地层自稳能力。

⑧施工过程中(包括竣工初期)对围岩及支护结构、地面建筑物进行监控量测，以便及时获取信息并采取措施控制地表下沉。

⑨施工中加强管理，严格按有关标准、施工工艺、细则进行施工，保证施工质量。

4.隧道防水及防腐蚀设计

(1)隧道防水设计

1)防水原则。

遵循"以防为主，以排为辅，防排结合，综合治理"的原则，具体可按《地下工程防水技术规范》(GB 50108—2008)及《地铁设计规范》(GB 50157—2013)标准进行。

在采用高精度钢筋混凝土管片的前提下，可根据管片的形状，采用能适应大变形，具有较高耐久性、耐应力松弛的性能优良的材料，设计制作特定结构形式的框形橡胶圈，以满足衬砌接缝防水要求。

以管片混凝土自身防水，管片接缝防水，区间隧道与车站竖井接头、联络通道接头防水为重点，确保区间隧道整体防水性能。

2)防水标准与要求。

防水等级标准与防水技术要求，除满足国家防水规范外，还应满足以下的要求：

①区间隧道结构防水应达到技术要求所规定的二级标准，即隧道上半部不允许渗漏水，结构表面可有少量湿渍，总湿渍面积不应大于总防水面积的 1/1000，任意 100 m² 防水面积上的湿渍不超过 2 处，单个湿渍的最大面积不大

于 0.1 m²。

②管片采用 C50 高强度混凝土制成的高精度管片,抗渗等级采用 P12。

③盾构法施工的隧道结构混凝土渗透系数不宜大于 $5×10^{-13}$ m/s,氯离子扩散系数不宜大于 $8×10^{-9}$ cm²/s。当隧道处于侵蚀性介质中时,应采用相应的耐侵蚀混凝土或在衬砌结构外表面涂刷耐侵蚀的防水涂层,其混凝土渗透系数不宜大于 $8×10^{-14}$ m/s,氯离子扩散系数不宜大于 $2×10^{-9}$ cm²/s。

④盾构隧道衬砌结构防水措施如表 4-3 所示。

表 4-3　盾构法施工的隧道防水措施

防水措施	衬砌结构自防水	接缝防水		
		弹性密封垫	注入密封剂	螺孔密封圈

⑤管片接缝必须设置一道密封垫沟槽。防水材料的规格、技术性能和螺孔、嵌缝槽等部位的防水措施除满足设计要求外,还应符合现行国家标准《地下工程防水技术规范》(GB 50108—2008)的有关规定。

管片接缝密封垫应满足在设计水压和接缝最大张开错位值下不渗漏的要求。

(2)隧道防迷流及腐蚀

对于盾构隧道,由于管片与地层的空隙采用同步注浆,在空隙间易形成一层水泥浆保护层,可大大加强结构对腐蚀性地下水的隔离作用。

盾构区间结构可采用隔离法对盾构管片结构钢筋进行保护,在盾构区间相邻的车站,两车站的结构钢筋用电缆相连接,使得整个区间成为等电势的法拉第笼,从而达到防迷流的目的。

5.盾构管片选型设计

(1)管片构造形式

①管片内径。隧道内径的确定应综合考虑限界、施工误差、测量误差、线路拟合误差、不均匀沉降等因素。

②管片形式及厚度。根据国内各大城市地铁盾构法区间隧道和国内外类似工程的成功经验表明,采用具有一定刚度的单层柔性衬砌是合理的,其衬砌变形、接缝张开及混凝土裂缝开展等性能均能控制在预期要求内,完全能满足地铁隧道的设计要求。而且使用单层衬砌,施工工艺简单、工程实施周期短、经济可靠。因此,盾构隧道可采用单层装配式衬砌,管片形式选择平板型钢筋混凝土管片。

③管片宽度及分块。管片宽度越宽,衬砌环节缝越少,漏水环节、螺栓数量越少,施工速度越快,费用越经济。但盾构机千斤顶的行程越大,施工难度亦有一定提高,在小半径曲线上,环宽 1.5 m 的管片比环宽 1.2 m、1.0 m 的管片的设计拟合误差大。管片宽度选取需综合考虑管片的制作、运输、拼装及曲线施工的需要。

以广州地铁 9 号线区间工程为例,盾构隧道最小曲线半径为 350 m,考虑管片制作、运输、拼装等情况,可采用环宽 1.5 m 的管片进行设计施工。与环宽 1.2 m 的管片相比,环宽 1.5 m 的管片可减少 20% 的环向接缝数量,降低了接缝漏水的概率,提高隧道防水质量,同时,可减少接缝止水材料和连接螺栓的使用量,还减少 20% 的拼装时间,提高施工速度。

衬砌环的分块主要由管片制作、防水、运输、拼装、结构受力性能等因素确定。地铁隧道管片常用分块数为六块(3A+B+C+K)和七块(4A+B+C+K)两种(A 为标准块,B、C 为邻接块,K 为封顶块)。它们在制作、运输、施工方面无较大差别,在国内部分城市盾构区间隧道采用六块方案,如图 4-19 所示。

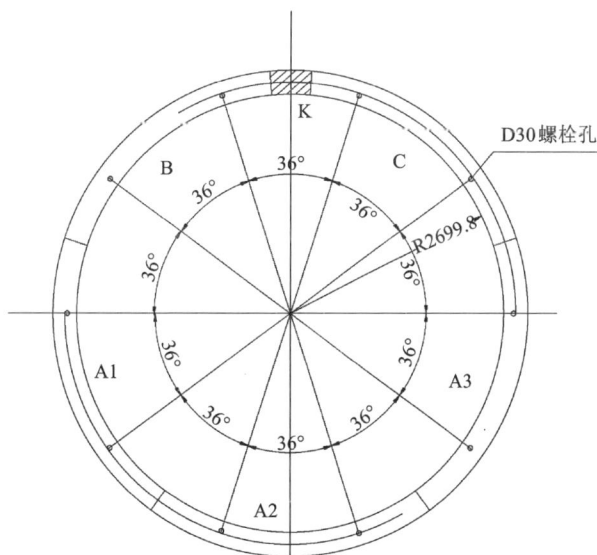

图 4-19 圆形隧道衬砌环分块及示意图

根据隧道的实践经验,考虑到施工方便以及结构受力需要,目前封顶块一般趋向于采用小封顶块形式。封顶块的拼装形式有径向楔入、纵向插入等几种。采用径向楔入形式的封顶块其半径方向的两边边线必须呈内八字形或者平行，受荷后有向下滑动的趋势，受力不利。采用纵向插入形式的封顶块受力情况较好，受荷后不易向内滑动，但需加长盾构千斤顶的行程。因此，应结合实际需求选择封顶块形式。

④环、纵缝及连接构造。管片接缝构造包括密封垫槽、嵌缝槽及凹凸榫，其中密封垫槽和嵌缝槽为通用的构造方式，而凹凸榫的设置与否在不同时期、不同区域的工程实践中有着不同的理解。凹凸榫的设置有助于提高接缝刚度、控制不均匀沉降、改善接缝防水性能，也有利于管片拼装就位，但增加了管片制作、拼装的难度，是拼装和后期沉降过程中管片开裂的因素之一，客观上又削弱了管片防水性能。

管片环面外侧应设弹性密封垫槽，内侧设嵌缝槽，整个环面不设凹凸榫。环与环之间以 16 根 M24 的纵向螺栓连接，既能适应一定的变形，又能将隧道纵向变形控制在满足防水要求的范围内。管片的块与块之间以 12 根 M24 的环向螺栓相连，可有效减小纵缝张开及结构变形。

管片之间及衬砌环间的连接方式，从力学特性来看，可分为柔性连接及刚性连接。实践证明，刚性连接不仅拼装麻烦、造价高，而且在衬砌环中产生较大的次应力，带来不良后果。因此，目前管片之间及衬砌环间多采用柔性连接。

按螺栓连接形状又可分为弯螺栓连接、直螺栓连接、斜螺栓连接和榫槽加销轴等方式。弯螺栓连接的接头具有一定的自由度，安装十分方便。弯螺栓在德国、法国、英国、新加坡、丹麦等国家的地铁交通项目及国内地铁中广泛应用。直螺栓和斜螺栓是近年来发展起来的管片连接形式，其手孔体积小，管片强度损失小，且易实现机械快速安装，但安装难度较高，施工误差要求较小。

⑤肋、端肋的构造。手孔形式设计时，为减少更多的手孔处削弱，考虑到环肋、端肋的设计需要，环肋、端肋的长度约为 180 mm。

(2)衬砌环形式及拼装设计

1)衬砌环形式。

为了满足盾构隧道在曲线上偏转及蛇行纠偏的需要，应设计楔形衬砌环。目前国际上通常采用的衬砌环类型有三种：

①楔形衬砌环与直线衬砌环的组合。对于曲线盾构区间，通常以若干段折线(最短折线长度为一环衬砌环宽)拟合设计的光滑曲线。设计和施工中采用楔形衬砌环与直线衬砌环的优选及组合进行线路拟合。通常，根据线路转弯方向及施工纠偏的需要，设计左转弯、右转弯楔形衬砌环及直线衬砌环。而且设计时应根据线路条件进行全线衬砌环的排列，将隧道设计拟合误差控制在允许范围之内。盾构推进时，可依据排列图及当前施工误差，确定下一环衬砌类

型。因为采用的衬砌环类型不完全确定，所以给管片供应带来一定难度。

②通用型管片。目前欧洲较为流行通用管片，其采用一种类型的楔形衬砌环。盾构掘进时，通过盾构机内环千斤顶传感器信息确定下环转动角度，以使楔形量最大位置处于千斤顶行程最长处。由于其只需一种管片类型，可降低管模成本，且不会因管片类型供应短缺造成工程质量问题。但是通用管片拼装难度较高，需具备经验成熟的盾构机操作人员。

③楔形衬砌环之间相互组合。国内城市地铁施工中使用楔形衬砌管片组合形式较少，设计和施工中采用多种不同类型的楔形衬砌环优选或组合进行线路拟合。根据线路偏转方向及施工纠偏的需要，设计左转弯、右转弯楔形衬砌环，在直线段通过左转弯和右转弯衬砌环一一对应组合形成直线。设计时根据线路条件进行全线衬砌环的排列，将隧道设计拟合误差控制在允许范围之内。盾构推进时，依据排列图及当前施工误差，确定下一环衬砌类型。由于采用的衬砌环类型不完全确定，给管片供应带来一定难度。

2）管片拼装形式。

衬砌环的拼装形式有错缝、通缝两种拼装形式。错缝拼装使圆环接缝刚度分布趋于均匀，减少结构变形，可取得较好的空间刚度，但衬砌环较通缝拼装内力大，且管片制作精度不够时易在推进过程中被顶裂，甚至顶碎。

通缝拼装施工难度小，衬砌环内力较错缝衬砌环小，可减少管片配筋量，但衬砌空间刚度稍差。施工过程中应充分考虑土体地质条件、地铁区间建设的成功经验及现有管片制作精度水平，合理选择管片拼装形式。

（3）允许误差

盾构推进时，衬砌构件上将受到临时荷载千斤顶推力作用，其是施工荷载中给予衬砌影响最大的荷载。尽管为缓冲管片传递推力，在管片背面对应千斤顶的位置处，设置了橡胶传力垫，但由于管片与传力垫之间间隙的存在，即使只有 0.5 mm 或 1.0 mm，也会使得管片内力分布及大小出现很大的变化。在一定条件下，考虑管片制作误差的施工状态是决定管片厚度及配筋的控制因素。因此，在管片配筋设计时必须充分考虑施工状态时管片的力学行为。提高管片宽度方向的制作精度，减少拼装后环缝面的间隙，减少施工状态时管片所需的配筋，当施工状态和使用状态所需的配筋相似时是比较合理的。为了保证装配式结构良好的受力性能，衬砌制作和拼装必须达到规范要求的精度。

（4）管片标示

管片标示分为永久标示和临时标示。永久标示在钢模制造时就镜像铸于钢模上，主要反映管片环类型（标准环、左转弯环、右转弯环）、块类型（标准块、邻接块、封顶块）、管片端面对接标志及螺栓孔对接标志。临时标示为管片脱模后喷涂的，主要标示管片流水号码、生产日期。

（5）特殊管片设计

紧急疏散联络通道、废水泵房通道与正线隧道相接处的管片，应设计为在正线隧道内部拆除局部管片的特殊管片环。

钢管片是特殊管片的一种类型。区间隧道联络通道处采用两环钢管片，环宽和普通衬砌环相同均为 1500 mm，两环特殊钢管片采用通缝拼装。通道施工时，只需拆除部分钢管片，向外施工通道即可。通道施工结束后，在钢管片的隔腔内填充素混凝土。特殊管片的另一种类型为钢筋混凝土管片。为便于洞口处钢筋混凝土的凿除，并满足施工和使用中受力的需要，应对其采用特殊的配筋设计。国内部分城市区间线路的联络通道成功采用了钢筋混凝土特殊管片，虽然施工中需要切割和植筋技术且仅适用于洞口宽度较小的情况，但其成本低、制作简单。

同时，为适应盾构进出洞门的防水构造要求，在盾构区间隧道与盾构始发井、吊出井及车站连接处，需设置专门的出洞环、进洞环，衬砌环在靠近进出洞端墙环面上应预埋钢板。

6.区间荷载结构设计

区间隧道结构设计主要内容如下：圆形区间隧道衬砌通常设计成具有一定刚度的柔性结构，且严格限制荷载作用下的结构变形和接头张开量；接头设计应满足受力、防水和耐久性要求；荷载或基底地层沿隧道纵向有较大变化时，应对结构纵向强度和变形进行分析；在结构空间受力作用明显的通道区段，应进行空间分析。

（1）计算原则

①水土压力计算：砂性土中采用水土分算，黏性土中采用水土合算。

②竖直荷载必须考虑上覆土重，地层反力必须同竖向水土压力、衬砌自重和地面超载相平衡。

③结构采用以概率理论为基础的极限状态设计法，以可靠度指标度量结构构件的可靠度，并采用分项系数的设计表达进行结构计算分析。

④结构构件应根据承载力极限状态和正常使用极限状态的要求，分别进行承载力及稳定计算、抗裂及裂缝宽度验算。

⑤侧向荷载根据地层的侧压力系数或内摩擦角计算。

⑥地面超载取 25 kPa。

⑦地震作用与主要荷载组合进行结构验算。

⑧衬砌计算中必须考虑接头刚度的影响以及拼装应力、盾构千斤顶力等施工荷载的影响。

⑨结构抗浮安全系数取值：不考虑侧壁摩阻力时不小于 1.05，考虑侧壁摩阻力时不小于 1.15。

⑩钢筋混凝土管片最大裂缝宽度允许值为在荷载短期效应组合并考虑长期效应组合影响下求得的裂缝宽度，管片最大裂缝允许宽度为 0.2 mm。

（2）工程材料

钢筋混凝土管片混凝土强度等级为 C50，钢筋采用 HPB235 级、HRB335 级。管片连接螺栓采用 5.8 级强度钢材，所有外露铁件均需进行防腐蚀处理。

（3）正常使用状态的结构计算

衬砌内力分布会受接头分布的影响。衬砌环计算中，可采用均质圆环计算法，即将衬砌环视作刚度均匀的结构，通过结构刚度折减考虑到接头的影响，也可采用考虑接头位置与刚度的精确计算法，即将接头看作可以承受轴力和一定弯矩的弹性钗。

①均质圆环计算法。将衬砌圆环考虑为弹性匀质圆环，用小于 1 的刚度折减系数体现环向接头的影响，不具体考虑接头的位置，即仅降低衬砌圆环的整体抗弯刚度。用曲梁单元模拟刚度折减后的衬砌圆。同时，在计算中用大于 1.0 的系数 ξ 表达错缝拼装引起的附加内力值。根据国内外经验，初步确定盾构隧道管片参数时，ξ 取 1.2~1.3。

②考虑接头位置与刚度的精确计算法。通常，采用有限元法考虑衬砌圆环内环向接头位置和接头刚度影响。利用曲梁单元模拟管片的实际受力工况，通过接头抗弯刚度实现环向接头实际抗弯刚度模拟。错缝式拼装时，因纵向接头会引起衬砌圆环间的相互咬合作用，此时根据错缝拼装方式，除考虑计算对象的衬砌圆环外，还应考虑对其有影响的前后衬砌圆环，将其视为空间结构进行计算，并用圆环径向抗剪刚度 K_r 和切向抗剪刚度 K_t 模拟纵向接头的环间传力效果。

均质圆环计算模型原理简单，且基本上能反映管片环内力最不利情况，一般可在初步确定设计参数时采用。采用均质圆环法计算管片内力时，盾构隧道结构设计计算荷载及组合主要包括：地面超载；结构自重；垂直和水平土压力、水压力；侧向地层抗力；地基反力；施工荷载（盾构千斤顶力、不均匀压浆压力、相邻隧道施工影响等）；内部荷载和特殊荷载（地震荷载、人防荷载）。计算时主要考虑管片圆环自重、竖向地层压力、侧向水平地层压力、静水压力、地基反力因素的影响。

结构设计时，分别就施工阶段、正常运行阶段可能出现的最不利荷载组合进行结构强度、刚度和裂缝宽度验算。但特殊荷载阶段每次仅对一种特殊荷载进行组合，并考虑材料强度综合调整系数，不需验算裂缝宽度。

7. 联络通道结构设计

1）根据区间隧道消防要求，为满足区间隧道疏散的需要，原则上按隧道纵向每隔 600 m 在隧道的左右线之间设置一处联络通道，在发生灾难或事故时，以便乘客通过联络通道疏散至隔壁安全隧道内。

2）根据区间线路纵断面设计及区间隧道防排水要求，盾构法隧道应采用 V 字坡，在区间线路最低点处应设置废水泵站，并与联络通道合建，即联络通道内设废水泵房及废水抽排和人员检修的管道与管道井。明挖法采用人字坡，只需设置 2 个联络通道。

3）区间设置联络通道尽量和区间废水泵房合设。联络通道和废水泵房断面应考虑人员疏散，结合废水泵房容积及检修条件进行设计。废水泵房的集水池按不小于 10 min 的渗水量与消防水量之和确定。管道井仅考虑废水抽排管的安设。

4）盾构隧道联络通道采用矿山法开挖，采用复合式衬砌，初期支护采用钢筋网、喷混凝土、格栅钢架联合支护。

5）联络通道施工时应坚持短进尺、强支护、尽早封闭成环，以控制围岩的变形。必须对洞内拱顶下沉、水平收敛、地表沉降、地表建筑物及其地下室的变形进行监控量测，采用信息化施工。

①隧道施工时，在通道部位应按图拼装特殊衬砌环，隧道施工至该部位时，应严格控制轴线偏差，轴线允差：下行线只可向上行线侧或向下偏 50～80 mm，上行线只可向下行线侧或向下偏 50～80 mm。

②横通道将施工时，按设计要求，应在开口环中不开口部位均匀设置不少于 7 个支撑点，予以均匀支撑，以控制施工时衬砌环变形。

③通过压浆孔对通道部位进行补压浆。

6）联络通道辅助施工措施

联络通道辅助施工措施应根据工程地质情况及各个联络通道地质水文条件，考虑安全性、经济性、进度等因素决定。通常，联络通道的辅助施工措施分为以下两大类。

①砂层位置的联络通道（泵房）。

位于砂层中的联络通道自稳定性差，必须采用有效措施防止开挖过程中围岩坍塌并控制地面沉降，确保施工安全，减少对周围环境的影响。通常，采用注浆、旋喷、冻结及搅拌桩超前加固及地面开挖施工等辅助措施方法加固。根据已有地铁建设经验，推荐采用地面加固竖井开挖法进行全隧道施工方案，具体施工步骤如下：

a. 在联络通道及左右线隧道外围施工一圈 600 mm 厚素混凝土地下连续墙

作为止水帷幕。

b. 对连续墙范围内的土层进行旋喷桩加固，加固范围包括需要地面开挖的竖井及左右线盾构隧道的全断面。

c. 从地面开挖竖井，边开挖边喷锚支护，开挖过程中加强地面沉降观测，及时反馈测量数据指导竖井施工。

d. 开挖至设计标高时，从竖井向两边隧道采用矿山法施工，直至与两边盾构隧道连接，完成联络通道的施工。

2) 非砂土层位置的联络通道。

位于黏土层或岩层的联络通道，围岩自稳性较好，按围岩级别采用超前锚杆或小导管注浆预支护均可维持围岩稳定。联络通道施工时，应贯彻以下原则。

① 杆(管)超前：指采用超前锚杆或导管注浆防护，即采用超前支护的各种手段提高掌子面的稳定性，防止围岩松弛和坍塌。

② 严注浆：在导管超前支护后，立即压注水泥砂浆或化学浆液，填充围岩孔隙，使隧道周围形成一个具有一定强度的壳体，以增强围岩的自稳能力。

③ 短开挖：一次注浆，多次开挖，即限制一次进尺的长度，防止围岩松弛；

④ 强支护：在浅埋的松弛地层中施工，初期施工必须十分牢固，具有较大的刚度，以控制开挖初期的变形。

⑤ 快封闭：在台阶法施工中，当台阶过长时，变形增加较快，为及时控制围岩松弛，必须采取临时仰拱封闭，开挖一环、封闭一环，提高初期支护的承载能力。

⑥ 勤量测：对隧道施工过程进行经常性的量测，掌握施工动态，及时反馈，是暗挖施工成功的关键。

同时，初支完成后，应及时在初期支护背后进行回填注浆。

3) 联络通道辅助加固措施工法比选。

联络通道常见辅助加固措施工法比较如表 4-4 所示。

表 4-4　联络通道辅助加固措施工法比较

比较内容 加固方法	地层加固施工措施		
	地层冻结法开挖法	地面加固洞内开挖法	地面加固竖井开挖法
地层加固效果	冻土强度高，冻土均匀，能够自立	两层界面处的土体加固不均匀，闭水性较差	加固效果均匀性，闭水性较好
适用的地层	粉细砂层、黏质粉土	圆砾层、微风化、全风化地层	粉细砂层、黏质粉土

续表4-4

比较内容 加固方法	地层加固施工措施		
	地层冻结法开挖法	地面加固洞内开挖法	地面加固竖井开挖法
施工精度	易保证	不易保证	易保证
风险预防	抗风险能力一般	抗风险能力一般	抗风险能力较好
工程实施难易程	设备复杂，实施较难	工艺繁杂，实施最难	工艺简单，易实施
成功工程实例	有	有	有
加固范围	最小	较大	最大
施工设备	最复杂	较复杂	单一
可靠性	较可靠	较可靠	最可靠
费用	较高	较低	较低

8. 区间洞门设计

（1）洞门结构设计

①隧道洞门设计是指盾构区间隧道与车站、端头井或矿山法隧道的接头设计。

②洞门设计首先考虑施工时避免破除已做管片及洞门突出车站端墙。为此，通过设置合适的反力架和后盾管片，并结合区间管片排布情况，控制第一环管片的位置，调节洞门厚度为40~80 cm。

③圆形隧道与车站接口一般不需特殊的管片类型，隧道与车站端墙的连接采用进、出洞环的方式。进出洞环采用C40现浇防水混凝土，抗渗等级为P10。

④施工洞门时，应保证车站结构钢筋与盾构管片结构钢筋的有效连接，以满足防迷流的要求，完成后的连接结构视为刚性结构。为避免隧道与车站间产生不均匀沉降，亦可在实施连接结构前，对车站外围进行注浆。

⑤盾构推进前和进行车站端头墙设计、施工时，应在洞门处预埋环形钢板及连接钢筋，其中预埋环形钢板用于安装和固定进出洞时所需的临时防水设备，连接钢筋用于连接车站与洞门结构，以增加洞门结构的整体性。

⑥整个区间隧道施工完毕后，可进行洞门与隧道的连接结构施工。预埋的连接钢筋在施工洞口时需扳直，延伸到洞口结构内，保持洞口结构与车站端墙的有效连接。

⑦由于车站结构与盾构区间隧道结构在刚度上存在较大的差异，需在洞口

周围进行土体加固以尽可能避免产生不均匀沉降,同时由密到疏设置变形缝以最大限度地消除不均匀沉降对结构和防水造成的不良影响。

(2)洞门防水设计

①盾构进洞时,应采用特殊的帘布橡胶圈以及可靠的固定装置,减少漏泥、漏水。

②应改善井圈灌浆材料,使之适应变形,并用聚合物混凝土合成纤维混凝土浇筑井圈,使用特殊止水带与遇水膨胀止水条、密封胶加强抗裂与防水。

③盾尾空隙回填灌浆材料,不仅有利于控制地面沉降,而且是构成隧道外围防水圈的重要材料。灌浆材料采用由水泥-黏土-粉煤灰-水玻璃组成的双液浆。

9.盾构法监测设计

(1)区间地表沉降监测

①监测目的及监测项目。

盾构法施工监测目的主要是保证盾构隧道的稳定和安全、保护周围环境。盾构施工过程中应根据监测数据进行信息化施工,及时对掘进参数进行调整。主要监测项目为重要道路的地表监测。

地表监测宜布设在隧道中轴线上方,盾构掘进前后 10 m,布点间距以刀盘为基准点,分别设置为-10 m、-5 m、0 m、5 m、10 m。

②监测方法及精度要求。

采用经纬仪、水准仪进行监测,监测最小精度不得大于 1 mm。

③监测周期及频率

分别对盾构掘进掌子面前方地表变形进行监测,掌子面前方 10 m 范围以内时,1 d/次;掌子面前方 10~70 m 根据监测数据反馈信息定;掌子面前方超出 70 m 时,根据监测数据稳定情况定。

④监测数据的警戒值。

地表沉降限制为-30~+10 mm。报警值为限值的 80%。

⑤监测周期。

地表沉降在盾构施工期间均需要进行监测,约 12 个月。

(2)邻近区间的重要建(构)筑物监测

1)监测目的及监测项目。

重要建(构)筑物及管线监测的目的主要是保证建(构)筑物及管线的稳定和安全,保护周围环境,避免建筑物沉降和倾斜,避免临近管线产生过大的变形。隧道施工过程中应根据监测数据进行信息化施工,及时对掘进方案进行调整。各监测项目在基坑施工影响前应测得稳定的初始值,且不应少于两次。主要对建筑物沉降、倾斜进行监测。

2)测点布置及埋设要求。

①建(筑)筑物沉降观测的标志,可根据不同的建(构)筑结构类型和建筑材料,采用墙(柱)标志、基础标志和隐蔽式标志(用于高级建筑物)等形式。

②各类标志的立尺部位应加工成半球形或有明显的突出点,并涂上防腐剂。

③标志的埋设应避开如雨水管、窗台线、电器开关等有碍设标与观测的障碍物,并且立尺需要离开墙(柱)面和地面一定距离。

④隐蔽式沉降观测点标志的形式,可按《建筑变形测量规范》(JGJ 8—2007)规定执行。

⑤有关沉降、倾斜的限值根据相关规范执行。

⑥监测点的布置应能满足监测要求。

⑦每个建(构)筑物不少于 3 个测点。

3)监测方法及精度要求。

采用经纬仪、水准仪进行监测,监测最小精度为 1 mm。

4)监测周期及频率。

①监测周期。桥桩的监测周期为 40 d,房屋建筑的监测周期为 70 d。

②监测频率。分别对盾构掘进掌子面经过的建筑物进行监测。

对于第一级(隧道中线向外 70 m 范围内的建筑物),当开挖面已过或距离建筑物边线在对应线路上投影里程外 10 m 范围以内时,监测频率为 1 d/次;在 10 m 范围以外但未超过近接工程界定值时,当所穿越地质为软弱层、砂层、花岗岩残积层及全风化层时,监测频率为 3 d/次;当所穿越地质为红层残积层、花岗岩强~微风化层及其他岩层全~微风化层根据监测数据反馈信息定;超出近接工程界定时,根据监测数据稳定情况定。

对于第二级(隧道中线向外 70~200 m 内的建筑物),测初始值,监测频率按施工情况定。

对于第三级(隧道中线向外 200~500 m 内的建筑物),测初始值,目测频率一周一次。

5)监测数据的警戒值。

①一般的民用建筑的倾斜率不得大于 0.003,桥桩沉降差和倾斜率应满足桥梁的要求。报警值为限值的 80%。

②裂缝开展宽度:对于建(构)筑物既有裂缝,每天发展不超过 0.1 mm;对于因工程施工引起的建(构)筑物新发生的裂缝,发现后立即做报警处理并随时监测;裂缝累计开展宽度应小于危房判别标准的裂缝宽度值。

4.2.4　岩溶区隧道明挖法设计技术要求

1. 围护结构设计

围护结构方案的选择须结合施工条件的需要，并满足安全、施工方便和经济等多方面的要求。

(1) 围护结构尺寸设计原则

① 结构尺寸应满足使用功能的要求。

② 结构尺寸应满足结构各种状态下承载、变形的要求。

③ 结构尺寸应满足施工工艺的要求。

(2) 围护结构计算荷载

① 结构自重：按实际重量计算，其中钢筋混凝土结构自重取 25 kN/m³。

② 水土侧压力：按朗肯主动土压力公式进行计算，水土压力砂土按水土分算，其他不透水层按水土合算。

③ 地面超载：地面超载按 20 kPa 计算。

2. 主体结构设计

(1) 主体结构计算原则

① 永久结构的安全等级为一级，构件的重要性系数取 1.1。

② 结构构件应根据承载能力极限状态及正常使用极限状态的要求，分别进行荷载效应组合，并取各自的最不利组合进行承载能力计算，稳定、变形及裂缝宽度验算。

③ 结构构件的裂缝控制等级为三级，即构件允许出现裂缝。现浇混凝土裂缝宽度限制要求为迎水面不大于 0.2 mm，其他不大于 0.3 mm。

④ 结构设计应按最不利情况进行抗浮稳定验算，在不考虑侧壁摩阻力时，其抗浮安全系数不得小于 1.05；考虑侧壁摩阻力时，其抗浮安全系数不得小于1.15。

⑤ 按地震设防区，对结构进行必要的抗震强度和稳定性验算。地震作用为非控制因素时，需按抗震设防要求进行构造措施处理。

⑥ 使用阶段各种荷载的变化应进行不同工况的组合，底板与地层的作用按弹性地基杆系有限元法进行计算。主体结构侧墙与围护结构形成重合墙，两者之间只能传递压力。

(2) 计算荷载

结构设计计算荷载分永久荷载、可变荷载及偶然荷载。

1) 永久荷载。

① 结构自重：按实际重量计算，其中钢筋混凝土结构自重取 25 kN/m³。

②覆土重：按竖向全土重计算，覆土容重取 20 kN/m³。

③水土侧压力：水土压力砂土按水土分算，其他不透水层按水土合算，使用阶段按静止侧土压力计算。

④地层反力：按弹簧模拟。

⑤水浮力：施工阶段在覆土未回填或回填未到位时，应根据可能发生的地下水位，计算其浮力的大小；使用阶段按季节性最不利地下水位时的全部浮力进行计算。

⑥设备荷载：设备区一般按 8 kPa 进行计算，但对重型设备(超过 8 kPa 的设备)需依据设备的实际重量、动力影响、安装运输途径等确定其大小与作用范围，并进行结构计算。

⑦混凝土收缩作用：混凝土收缩的影响可假定用降低温度的方法进行计算。对于整体浇筑的钢筋混凝土结构相当于降低温度 15℃；对于分段浇筑的混凝土或钢筋混凝土结构相当于降低温度 10℃。

2)可变荷载。

①可变荷载：施工荷载一般按 5 kPa 计算，并考虑扩散后作用在结构上。

②地面超载：地面超载按 20 kPa 计算，并考虑扩散后作用在结构上。

3)荷载组合。

荷载工况组合如表 4-5 所示。

表 4-5　荷载工况组合

荷载种类组合	永久荷载	可变荷载
基本组合构件强度计算	1.35(1.2)	1.4(均布荷载大于 4 kPa 时取 1.3)
标准组合构件抗裂计算	1.0	1.0
基本组合抗浮稳定计算	1.0	0

3. 明挖法防水及防腐蚀设计

(1)明挖法防水设计原则

①遵循"以防为主、刚柔结合、多道防线、因地制宜、综合治理"的原则，根据环境条件、结构形式、施工方法，选择有效、可靠、操作方便的防水方案。

②地下结构应以混凝土结构自防水为主，确保混凝土、钢筋混凝土结构的抗渗性、抗裂性和耐久性，然后在结构主体迎水面或围护结构之间辅以附加柔性防水层。

③应加强变形缝、施工缝、穿墙管(盒)、预埋件、预留通道接头、预留孔

洞等细部构造防水措施。

④针对地下水位高、补给来源丰富、地层渗透系数较大的含水地层，地下水对混凝土具有弱腐蚀性，优先采用柔性防水层全包防水方案。

⑤防水材料的选择应适应环境和地下水条件，以方便施工、可靠、耐久、经济、安全、环保为原则。

⑥地下结构的排水措施应以排除混凝土结构内渗漏水为原则。

（2）防水标准与要求

防水等级标准与防水技术要求，除满足国家防水规范外，还应满足以下要求：

①区间隧道结构防水应达到技术要求所规定的二级标准，即隧道上半部不允许渗漏水，结构表面可有少量湿渍，总湿渍面积不应大于总防水面积多 6/1000，任意 100 m² 防水面积上的湿渍不超过 4 处，单个湿渍的最大面积不大于 0.2 m²。

②明挖隧道为分离式结构，可用卷材或涂料全外包防水。自黏聚合物沥青聚酯毡防水卷材（或涂料）设在结构主体顶板、侧墙，并与混凝土底板下面的 1.5 mm 厚 PVC 防水板相连接。以形成整体的封闭的防水层。

③施工缝采取 300 mm 宽的钢板止水带止水，变形缝采取中置式 PVC 止水带及双组分聚硫密封胶止水，洞门与盾构管片间的施工缝采用缓膨型遇水膨胀止水条止水。

④区间隧道结构采用防水混凝土，抗渗等级不小于 S8，处于有侵蚀性介质地下水地段，防水混凝土的耐侵蚀系数不应小于 0.8。

（3）防水设计

施工缝采取 300 mm 宽的钢板止水带止水，变形缝采取中置式 PVC 止水带及双组分聚硫密封胶止水，洞门与盾构管片间的施工缝采用缓膨型遇水膨胀止水条止水。

（4）柔性防水材料的选择

对于基面，围护结构应平顺，应做到无渗漏水铺设附加防水层。防水层材料具体要求如下：

①防水材料应具备优良的耐久性、耐腐蚀性、抗渗抗裂性、相容性，以及适应结构变形和断面变化的要求。

②防水材料应具备足够的强度、抗折强度、延伸率。

③材料与材料之间的搭接黏结力牢固、耐久、不透水；在潮湿基面能施工，材料与基面黏结密贴，有牢固的黏结力，不空鼓、不起泡、不串水。

④施工工艺简单，操作方便，对环境无污染，防火性能好，保证施工人员

安全，无毒无异味。

（5）结构抗侵蚀、腐蚀性措施

当地下水或土体对钢结构具弱腐蚀性时，可采取如下结构抗侵蚀及抗腐蚀性措施：

①结构采用防水混凝土，提高混凝土的抗渗性，防水混凝土耐蚀系数不小于0.8。

②结构采用外包柔性防水层：防水层应具备耐老化、耐腐蚀和黏结性能，以及良好的延伸性能及适应变形的能力，且防水层能防止地下水直接侵蚀主体结构混凝土和防止混凝土约束开裂。

③钢筋混凝土的钢筋净保护层厚度迎水面不小于 50 mm。

④加强施工管理，遵守施工操作规程，严格控制混凝土的配合比，确保防水混凝土的施工质量。

（6）隧道排水

施工期间可在工作面设临时集水坑，坑内设潜水泵，将隧道内地层渗水和施工废水排出洞内至市政雨污水井中。

（7）防蚀与防迷流

明挖区间除利用轨道、道床的防护措施外，还可利用结构钢筋作为杂散电流的导流网进行疏导。

①明挖区间隧道每个结构段内的内层横向钢筋应电气连接，若有搭接，应进行搭接焊接，并且内层横向钢筋应和竖向钢筋焊接。每个结构段的内层纵向钢筋应电气连接，若有搭接，应进行搭接焊接。

②明挖区间变形缝两侧第一排横向结构钢筋应和所有与之相交的纵向结构钢筋焊接，并在侧墙上引出连接端子，连接端子采用 50 mm×5 mm 的扁铜，两侧的连接端子通过 95 mm 的铜绞线连接，将变形缝两侧的隧道结构钢筋连成一个电气整体。

3. 明挖法监测设计

隧道区间风井及风机房等工程的监测实施可参考明挖法基坑监测设计。主要内容包括邻近基坑需重点保护的建（构）筑物的沉降、倾斜、裂缝监测；主体结构及围护结构桩（墙）顶水平位移、支护结构变形、地下水位等参数监测。

4.3 岩溶区地铁区间设计方案研究

4.3.1 地铁区间隧道施工工法选择

1.地铁区间隧道施工工法

施工方法对结构形式的确定和地铁土建工程造价有决定性影响。施工方法的选定一方面受沿线工程地质和水文地质条件、环境条件(地面建筑物和地下构筑物的现状、道路宽度、交通状况)等多种因素的制约,另一方面对工程的难易程度、工期、造价和运营效果等产生直接影响。设计方案时,力求仔细、认真分析各种条件,综合考虑施工工艺、工期、工程造价、工程质量等各方面因素。区间隧道常见施工工法主要有以下三种。

(1)明挖法隧道

明挖法在开挖深度较浅且施工场地较开阔的情况下具有明显的优势,较广泛地适用于浅埋隧道。当采用明挖法施工时,区间隧道一般采用钢筋混凝土矩形框架的结构形式,其断面内轮廓与地铁设备限界最为接近,断面净空可得到充分利用。

根据线路设置条件,单线隧道一般为单孔钢筋混凝土矩形断面,双线隧道一般采用双孔钢筋混凝土矩形断面。

(2)矿山法隧道

采用矿山法暗挖施工的隧道,一般采用马蹄形断面的结构形式。根据线路设置条件可采用单线隧道或双线隧道的断面形式,但由于双线隧道断面较大,拱部埋深相对较浅,地表沉降不易控制,工程风险较大。因此,区间隧道一般宜采用单线隧道形式,存车线、折返线隧道采用双线隧道形式。

单线和双线隧道均采用复合式衬砌,初期支护一般由网喷混凝土、锚杆、钢格栅等组成,二次衬砌一般为模筑防水混凝土。在初期支护与二次衬砌之间设防水材料防水。根据地层情况,还可以采用超前小管棚护顶和超前注浆等辅助工法,以保证施工安全。

(3)盾构法隧道

盾构法是暗挖隧道施工中一种先进的工法,盾构法施工不仅施工进度快,而且无噪声及振动公害,对地面交通及沿线建筑物、地下管线和居民生活等影响较小。由于管片采用高精度厂制预制构件,机械化拼装,更易控制质量。

采用盾构法施工时,隧道断面为圆形。单线区间隧道的内径根据盾构机资源及施工期限要求采用。衬砌一般采用装配式钢筋混凝土管片衬砌形式,错缝拼装。地铁工程建设经验表明，由于采用高精度管片及复合防水封垫，单层钢筋混凝土管片组成的衬砌可取得良好的防水效果，不需要修筑内衬结构。

2. 配线隧道施工工法选择

由折返线、存车线、渡线和联络线等形成的隧道统称为配线隧道。配线隧道受线路条件限制，结构形式复杂、多样，洞室跨度大小不一，变化频繁，其工法选择应结合线路条件、地质条件和场地条件做具体分析。为控制地面沉降，减少施工难度和降低工程风险，当配线隧道具备施工场地条件且投资不显著增加的情况下，优先采用明挖结构形式，并尽可能与相邻车站设计作综合考虑。

配线隧道标准结构横断面以区间隧道建筑限界为基础，综合考虑施工误差、测量误差、结构容许沉降、结构受力和变形的需要，类比其他工程实际情况确定结构断面形式。

道岔区隧道结构断面应根据线路和设备要求加宽。

3. 广州地铁 9 号线飞鹅岭站至花都汽车城站区间施工方案

广州地铁 9 号线区间隧道施工主要采用盾构掘进，部分区间采用明挖法施工，具体如表 4-1 所示。本小节以广州地铁 9 号线飞鹅岭站至花都汽车城站区间施工为例，详细介绍区间隧道施工工法比选方案。

(1) 工程概况

该区间隧道双线长度为 4516.69 m，线路最大坡度为 5‰，线路埋深为 12~13.5 m，隧道顶覆土 6~8.6 m。详勘显示区间范围上覆地层主要为人工填土、砂层、黏土层，下伏基岩，岩石以石灰岩为主，隧道通过区域内多为石灰岩微风化带，岩石抗压强度为 50~85 MPa，坚硬程度较高且岩面起伏较大。存在上软下硬土层，上软下硬区域岩层强度最高 83.6 MPa。区间岩溶发育，隧道通过区域溶(土)洞见洞率为 34.06%。地下水主要为第四系孔隙水、局部基岩裂隙水和溶洞承压水，富水性较强，渗透性好。

(2) 方案比选

由于矿山法施工受地质条件、地下水(管线渗漏水)、施工人员技能、工期等因素影响。从工程的安全性及其他风险因素考虑，由于矿山法属于人工开挖，作业人员多，作业环境差，施工过程中质量控制容易因人为因素而出现问题，一旦出现问题，将造成比较大的影响，其安全性、可实施性存在一定的风险，且线路主要经过饱和砂层，溶(土)洞发育，附加措施费用很高，矿山法不宜使用，此处考虑采用盾构法和明挖法作为比选，两种工法比较如表 4-6 所示。

表 4-6　盾构法与明挖法工法比选

优缺点比选	盾构法	明挖法
地质	泥水平衡盾构能够较好地在含水砂层以及砂质黏土层等地层中开挖，广州地铁 3 号线、广佛线以及上海地铁过江隧道都有盾构在砂层中掘进的成功案例	在砂层中进行开挖，对围护结构设计、结构防水、基坑抗管涌要求高，施工风险大
交通	对地面交通无影响	对地面交通影响较大，尤其是风神大道作为花都汽车城的主干道，明挖施工会影响花都区整个汽车工业区的日常生产工作
管线	对管线进行迁改量小	需要对线路范围内的管线进行迁改
风神桥	需要占用一幅桥进行桩基托换	通过调整线路，在平面上避开风神桥
河涌桥	对河涌桥木桩进行保护	需要占用桥面进行开挖
周围建筑	对周围建筑影响较小	对周围建筑影响小
施工工期	工期较短	工期短

由表 4-6 可知，明挖对交通及沿线管线、桥涵影响较大。盾构技术的发展，尤其是泥水式、土压平衡式盾构的开发，使之在含水砂层以及砂质黏性土地层等所有地层中进行开挖成为可能，且广州地铁 3 号线和广佛线均有盾构在砂层中掘进的成功案例，上海地铁及广州地铁盾构施工的区间隧道工程质量优良、对城市环境影响小。其后南京、北京、深圳地铁区间隧道，均大量采用了盾构法施工，效果良好。综合以上比选，本区间推荐工法为盾构法，比选工法为明挖法。

（1）推荐方案——盾构法

根据总体工程筹划，本区间盾构机从花都汽车城站始发，于飞鹅岭站调出。线路沿风神大道行进，隧道埋深为 7~14 m，大都位于上部覆盖土层中，覆盖土层从上向下依次为素填土、粉质黏土和砂土。靠近花都汽车城站前约有 400 m 地段隧道在上软下硬地层中掘进，上部为粉质黏土，下部为灰岩，此地段将是本区间盾构施工时的一个重点，盾构掘进时要对路面加强监测，及时调整掘进参数，保证隧道及上方路面的安全。

推荐方案线路平面上左右线共设有两个平曲线,曲线半径分别为 6000 m 和 2000 m,另外区间设有 3 个联络通道;线路在纵断面上,主要在砂层和黏土层中,局部进入中风化、微风化岩层中。纵断面最大坡度为 23‰,最小坡度为 2‰,隧道顶覆土厚度为 7~14 m。

(2)比选方案——明挖法

区间的比选方案设计时应和车站的比选方案相配合,以保证整条线路的连续性。飞鹅岭站及花都汽车城站比选方案均为侧式站台,根据车站站台布置,整个区间的线间距设计为 5% 线路出飞鹅岭站后沿风神大道行进,为了避开风神桥和一座小桥,线路在风神桥前通过一条半径为 1500 m、长度为 30 m 的曲线向风神大道南边的空地偏移,后又通过半径为 1500 m、长度为 30 m 的曲线将线路调回到风神大道并进入花都汽车城站。

线路纵断面埋深为 2~8 m,区间最大坡度为 0.64%,最小为 0.3%。沿线土层主要为砂层,渗透性大,明挖法施工时,应加强围护结构的防水处理。

针对以上两种线路的介绍,其优缺点对比如表 4-7 所示。

表 4-7　推荐线路与比选线路比选表

线路方案	优点	缺点
推荐线路(盾构法)	1. 线路沿风神大道行进,对路边建筑影响较小 2. 线路仅有 2 个大半径曲线有利于列车的运营	1. 沿线穿过石灰岩岩溶区,施工风险较大 2. 线路下穿几座河涌桥,需要对桥梁进行加固保护
比选线路(明挖法)	1. 线路避开了风神桥和 A007 小桥 2. 隧道埋深较浅,对地质条件的适应性强	1. 线路增加了 2 个区间,降低了列车运营的舒适度 2. 线路为避开风神桥、A007 小桥,侵入了其他规划用地 3. 线路调整后增加了线路的长度 4. 需要对路边的建筑物进行保护

通过综合比选,广州地铁 9 号线区间隧道施工及线路设计重点采用盾构法,实际施工过程中显示盾构法施工社会经济效益显著。

4.3.2　盾构掘进设备选型

1. 土压平衡盾构和泥水平衡盾构

目前,地下隧道工程施工中常用的盾构类型主要包括土压平衡盾构和泥水平衡盾构两种。土压平衡盾构是利用切削下来进入密封仓的渣土建立"被动土压"，与开挖面的水土压力即"主动土压"相平衡，"被动土压"的调节通过螺旋输送机的出渣量来控制，如图 4-20 所示。

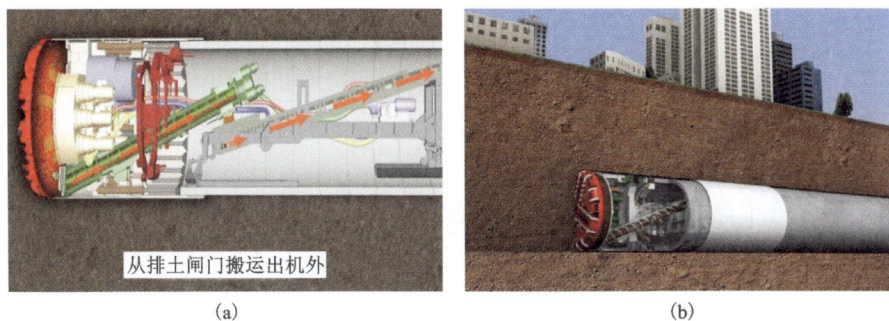

从排土闸门搬运出机外

(a)　　　　　　　　　　　　　　　　　　(b)

图 4-20　土压平衡盾构示意图

泥水平衡盾构是指在盾构开挖面的密封隔舱内注入泥水，通过泥水和外部压力平衡，保证开挖面土体的稳定，如图 4-21 所示，泥水平衡盾构适应淤泥、砂层及地下水丰富地层，是一种沉降控制好、安全性高的施工方法，在复合地层中优点更加明显。

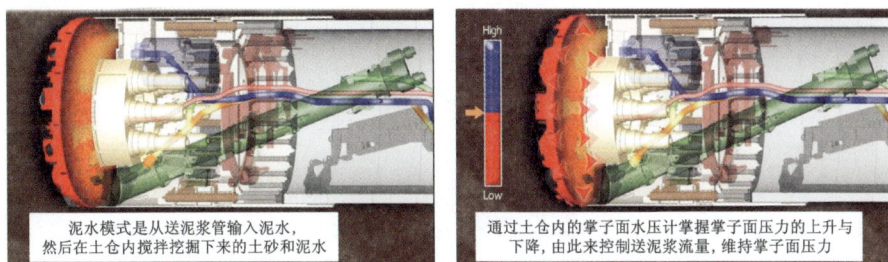

泥水模式是从送浆管输入泥水，然后在土仓内搅拌挖掘下来的土砂和泥水

通过土仓内的掌子面水压计掌握掌子面压力的上升与下降，由此来控制送浆流量，维持掌子面压力

图 4-21　泥水平衡盾构示意图

土压平衡盾构机与泥水平衡盾构对比如表 4-8 所示。

表 4-8　泥水平衡盾构机与土压平衡盾构机比选

土压平衡盾构机	泥水平衡盾构机
由于其工作原理，有造成地表下沉的危险，在关键区域需进行预注浆处理	需要分离工厂，地面空间需求较大，弃渣可能会出现问题
盾壳与地层之间摩擦力较大，需要较大的推力	受拟开挖地层高透水率的影响，开挖面不稳定，存在安全风险
由于开挖下的渣土黏性太高，需要进入工作仓进行处理	工作仓禁止进入
掌子面支撑压力传输取决于支撑土体的黏度，需要添加外加剂，如果需要封闭式刀盘，则不能保持土压平衡	渣土颗粒大小受限制（但可以加装碎石机），最大尺寸约为 100 mm，渣土排泄管线有可能堵塞
刀盘与开挖面之间的摩擦力较高，需要较高的刀盘旋转扭矩和动力，易导致刀盘磨损	渣土排送需要的动力相对较高，可能需要助力泵
粗颗粒渣土及耐磨性渣土对螺旋输送机影响严重	由于盾尾环形间隙充满加压泥浆，易出现盾尾漏浆
需要安装渣土排泄闸门，避免水、渣土失去控制，涌入隧道，渣土排送能力决定掘进速度	

泥水平衡盾构机与土压平衡盾构机砂层适应性比较如表 4-9 所示。

表 4-9　泥水平衡盾构与加泥式土压平衡盾构砂层适应性比较表

机型特征	泥水平衡盾构机	土压平衡盾构机
切削面稳定效果比较	控制泥水压力，可保持工作面稳定，较好	切削下来的土体较易堆积在土仓下部而难以充满整个土仓，开挖面自稳差，维持土压平衡的难度增加；要添加外加剂、泥浆、气压，控制泥浆土压，可有效抵抗水压、土压，保持工作面稳定
控制地层沉降难易程度	容易	较稳定
刀头、刀板	滚刀数量少，刀头、刀板的磨损严重，易卡刀	滚刀数量较多，布置合理，刀头、刀板的磨损较严重，需考虑破岩刀具的维修

续表4-9

机型特征	泥水平衡盾构机	土压平衡盾构机
控制地层沉降	沉降小	沉降较小
渗透系数 k/ $(cm \cdot s^{-1})$	$<10^{-2}$	$<10^{-3} \sim 10^{-1}$
孔隙水压	无特别限制，可通过泥浆压力来控制	宜小于 150 kPa，万一超过该值，需要启用相应的防喷涌措施
细颗粒比例	细粒土(粒径 0.074 mm 以下)含有率在粒径累积曲线的 10%以上	可适应极细颗粒
土的硬度	对付硬岩效率低	滚刀对付硬岩效率较高，但需考虑破岩刀具的维修
岩体	受排泥管的限制，较大岩体需两次处理。掘进速度较慢。需加装颚式碎石机	粒径小于 300 mm 石块，可直接由螺旋出土器排出；粒径大于 300 mm 岩块，利用滚刀、颚式碎石机破碎，超大岩体需提前破除
排泥(土)方式	水压较高地段也不会出现喷涌现象。渣土颗粒大小受限制，即使加装碎石机。排泥口有可能堵塞，排泥管内壁磨损较严重排泥(土)效率较低	如果孔隙水压较高，富水性较大，则有可能产生喷涌，需采取辅助措施。需添加外加剂，保证螺旋出土器出土顺畅，排泥(土)效率较高
掘进速度	慢	较快

2. 双模盾构

在地质差异较大的富水岩溶发育复合地层中长距离隧道施工时，无论采用土压模式还是泥水模式掘进，均存在较大的局限性，例如土压盾构的喷涌、沉降难控制问题，泥水盾构堵管问题，传统单一模式的盾构机难以适应复杂多变的地质环境。1995 以来，在复合地层中遇到了诸多难题，尤其是 2005 年在珠江下刀盘因"滞排"解体事件后，广州地铁集团牵头研发制造了一种用泥水平衡开挖面、用螺旋输送器解决"滞排"的双模盾构。

双模盾构通过将泥水模式与土压模式在同一盾构机上进行系统集成，如图 4-22 所示，可根据地层变化，在两种不同掘进模式之间实现相互切换；当土体自稳性较强时，可采用土压模式，以降低施工成本，提高工效；当土体自稳性较差时，可采用泥水模式，以有效控制地表沉降。

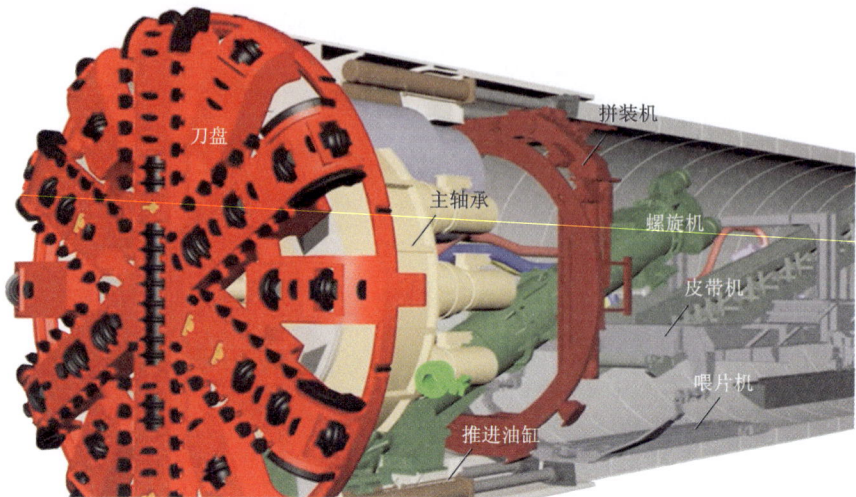

图4-22　土压/泥水双模盾构结构示意图

　　理论上所有适用于土压盾构、泥水盾构的地质类型也适于双模式盾构施工。但由于多种功能集成，双模式盾构的设备复杂程度和造价更高，在隧道距离较短(如小于1 km)的情况下，从经济性方面考虑不适宜选用，其与传统土压、泥水盾构的对比如表4-10所示。

表4-10　土压、泥水、双模盾构机对比

对比项	土压平衡盾构机	泥水平衡盾构机	土压泥水双模盾构机
系统设计	结构简单	结构较复杂	结构复杂
地层适应性	渗透系数较小的地层，如黏土、淤泥、软岩	适应地层较广，特别是水压高、沉降要求高的地层	适应多种地层，涵盖土压和泥水盾构的各种地层
添加剂	需要渣土改良材料	需要制浆材料	根据模式需要相应的材料
出渣方式	渣车出渣或连续皮带机出渣	泥浆管出渣，地面需要泥水分离设备	布置土压和泥水两种出渣方式
场地要求	较小	场地要求比较大	场地要求比较大

续表4-10

对比项	土压平衡盾构机	泥水平衡盾构机	土压泥水双模盾构机
运营成本	运营成本低	运营成本高	结合功效综合成本最低
动力需求	刀盘扭矩需求较大	刀盘扭矩需求较小	刀盘扭矩需求较大
掘进速度（运行效率）	掘进速度较快	掘进速度稍慢	掘进速度快
沉降控制	较好	很好	很好
适应工作压力	较小	较大	较大
隧道清洁度	渣土掉落，易污染隧道	隧道较干净	一般

3. 盾构掘进模式选择

本节以广州地铁 9 号线花都汽车城站—广州北站区间下穿天马河为例，对岩溶区盾构施工中盾构掘进设备选型进行分析。

（1）工程概况

广州地铁 9 号线花都汽车城站—广州北站盾构区间必须下穿天马河。天马河河面净宽约为 88 m，东、西两岸河堤宽约为 50 m，盾构隧道斜穿其下方，如图 4-23 所示。

（2）地质概况

天马河处左、右线隧道线间距为 13 m，覆土厚度为 5.2~7.7 m，河水与隧道埋深处的地下水存在水力联系。盾构隧道主要穿越地层为冲积-洪积砂层，局部夹冲积-洪积黏性土层，砂层顶部分布有约 2.0 m 的淤泥质土层，隧道下部局部存在溶洞发育灰岩地层，如图 4-23 所示。

隧道断面内存在溶洞发育灰岩的区域主要位于隧道下穿河床段，据盾构掘进范围渣土情况反馈：地质情况基本与勘察资料吻合，实际岩面有差异；根据详勘、补勘资料揭露，天马河段及岸堤共存在 6 个溶洞区，设计估算总面积达到 970 m²，其中河床段占 88.5%；溶洞平均厚度为 1.6~11.7 m（串珠式），充填形式以半充填和全充填为主。

（3）盾构掘进设备选型

掘进模式的选择主要根据盾构施工对地面环境的影响程度。因河堤段隧道断面大多为砂层，选用泥水模式掘进以控制沉降，河床段隧道断面有较多岩层分布，具有较高的硬度，裂隙较为发育，易发生滞排问题，不利于快速安全通

(a) 左线

(b) 右线

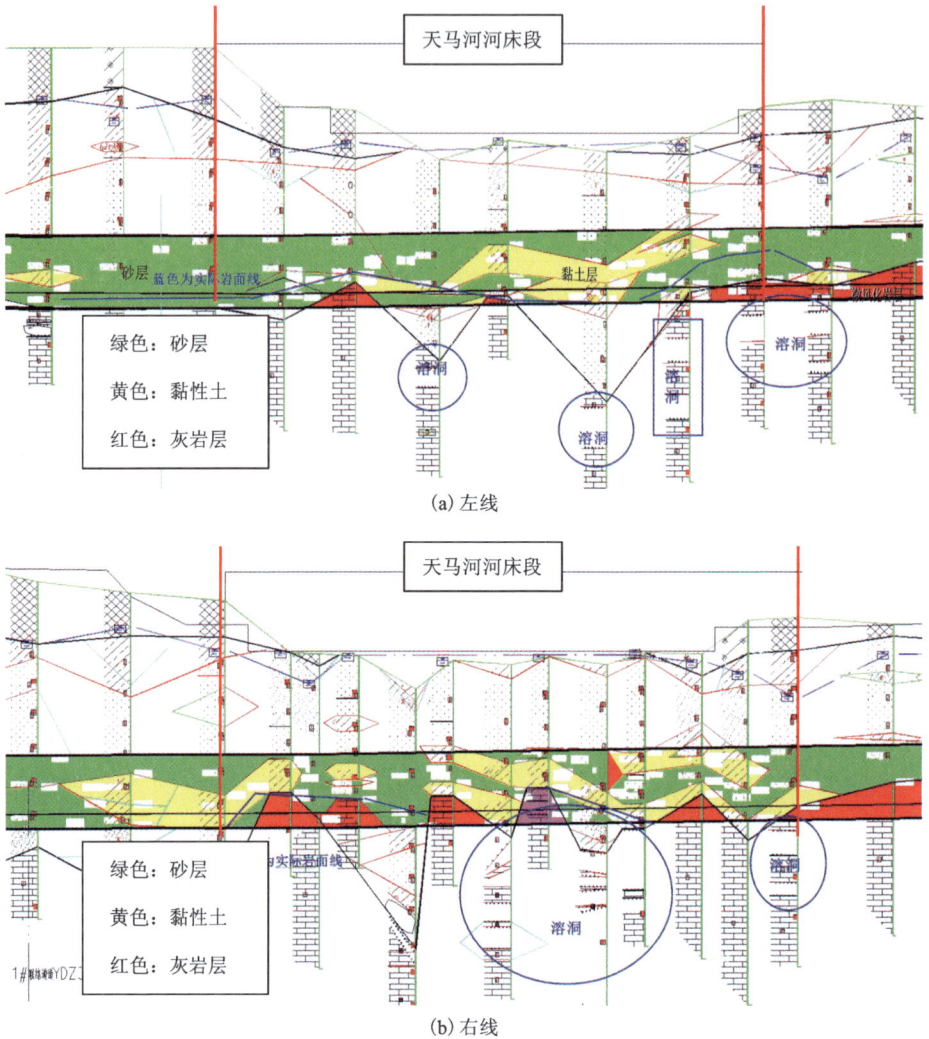

图 4-23 盾构区间下穿天马河段地质剖面图

过,宜优先选择土压模式掘进,提高掘进效率,降低施工风险。

因此,本区间采用土压/泥水双模盾构机,主要配置如表 4-11 所示。

表 4-11　双模式盾构机配置一览表

项目	配置型号/数量
刀盘	含刀 ϕ6310 mm、不含刀 ϕ6240 mm，厚度为 750 mm（不含刀），6 个支撑腿。开口率 38%，一把仿形刀
泡沫孔/注水孔	刀盘面 6 个泡沫注浆孔，4 个注水孔
驱动	6 台电动机驱动 160 kW×6 台
铰接	主动铰接，最小转弯半径 250 m
泥浆泵	P1 送浆泵、P2 排浆泵、P0 循环泵
刀盘转速	0.3~3.0 r/min
螺旋机	内径 800 mm，双闸门
扭矩	最大 6528 kN·m
搅拌棒	3 个主动，2 个被动
环流形式	正送、逆送

实际施工效果显示，双模式盾构机在地质和地面环境方面实现了最广泛的通用性，在 9 号线的上软下硬地层、全断面岩层、浅埋段及下穿天马河、广清高速掘进中，均展现了双模式盾构机的强大地层和地面适应能力。

4.3.3　地铁区间岩溶预处理措施比选

1. 处理方法

①结构跨越法，如墩桥法、加强隧道结构纵向刚度法、不入岩刚性桩桩墩法等。

②土墩约束溶（土）洞塌陷漏斗扩展半径法。

③平面灌浆法：在地铁通过的平面位置按一定间距布钻孔，深至基岩面下 0.5 m，浆液主要对基岩面及基岩面附近土体进行加固，将基岩面下第一层溶（土）洞填满，截断岩土界面的水力联系。

④平面加固法：可用搅拌桩、CFG 桩或旋喷桩，通过按一定孔距密排成桩，借助刚性桩或半刚性桩桩周的摩阻力将结构底板下的整块土体，组成复合式半刚性体，以协调应力分配、传递，阻止加固土体间未被加固的土体局部下陷。也可将上述多种桩型组合成一起，组成 CM 复合地基，使其受力更合理。

2.处理方法比选

(1)压力注浆法

根据以往防治岩溶地面塌陷实践,采用压力注浆是有效的岩溶预处理措施。采用密布的压浆孔可以揭露土洞,消除隐患。压浆可以充填洞穴,防止土洞坍塌。浆液扩散渗透,可消除或击破相邻土洞使之坍塌并随即处理。浆液进入岩土界面,可固结土体或破碎带,阻隔地下水与土洞的水力联系,从而阻止或减弱土洞的发生和发展。压浆还可提高土体的密实度,增加土体强度,增强抗管涌(潜蚀)能力,防止或减弱地下水涌水、突水等。

压浆时遇大溶洞,注浆是否无洞底,注浆消耗大量水泥,浆液能否有效扩散与渗透以达到预期效果等一系列问题完全取决于压浆工艺和作业规范,可在设计和施工监管中解决。

注浆处理岩溶塌陷已有多年的成功经验,是技术可靠、经济合理的工程措施。注浆效果可用多种方法检验。

压浆的主要参数:扩散半径为 1.5~2.0 m,压力一般为 0.1~0.3 MPa,上限以地面无变形且能进浆为度。浆液浓度为水:灰重量比为 1:1,孔深可根据土洞埋深及岩面洞穴的埋深而定,压浆孔径为 90~130 mm,需用机动钻采岩芯,并根据岩芯状况调整压浆工艺。

除上述密布压浆固结外,根据工程的需要,还要考虑简易压浆。简易压浆的目的主要是封堵基岩和土层的界面,压浆管只在界面附近开孔,用较高的压力将界面上的溶槽、溶沟、破碎带、构造带、节理、裂隙全部用浆液固结,将界面周边的溶(土)洞填满,封住溶洞和界面连通的通路(洞口),甚至使其固结,从而阻止已有溶(土)洞的发展,并阻止或延缓新土洞的形成。阻缓隧道开挖施工时突水突泥的发生,加大施工和运营的安全度。由于工程费用、施工难度都较低,压力注浆方法不失为可比较选用的方法之一。

(2)地下桥法

基坑开挖至设计标高以后,按一定的跨径施工冲孔桩,桩上做帽梁,然后在帽梁上架设结构。该方法的可靠度和运营安全度好,但因为桩基穿过溶洞施工难度很大,掉锤、卡钻,甚至发生钻(冲)头掉失等,造成桩位不能再用,造价较高,工期无法保证。钻(冲)孔桩时,地表坍塌和施工机械被陷、被埋屡见不鲜,故采用冲破溶洞的桩基要慎之又慎。

(3)加强洞身纵向刚度法

将隧道的沉降缝当成一跨放置在土体内的弹性地基梁,将梁的纵向刚度加大以后,若在中间弹性地基上的某个部位,溶(土)洞发生,导致塌陷漏斗,但由于洞身的纵向传递作用,使地基支承力进行重新调整分布,从而保证洞身安全。该方法结构简单、设计施工方便、工期最短且经济，但万一发生坍塌漏斗，无法预估漏斗的直径，若塌陷漏斗在底板的直径很大时则难以保证安全。

（4）土墩约束塌陷漏斗松动半径法

土墩约束塌陷漏斗松动半径法的设计概念是用土墩限制溶（土）洞发生，形成塌陷漏斗的位置和最大松动半径。

鉴于地下桥法的桥墩需下至桩底溶洞底板并达 3 倍桩径的设计要求，而 3 倍桩径厚的底板往往很难被实现，导致桩柱加长，施工十分困难，工期难以保证。而单用加强结构纵向刚度，又会造成结构下方溶（土）洞的塌陷漏斗，增大直径，刚性筒无法满足大跨度溶（土）洞的受力要求。介于上述两种处理方法，土墩约束塌陷漏斗松动半径法被提出。

土墩约束塌陷漏斗松动半径法，是在每段伸缩缝 60 m 的跨间，或伸缩缝的接头位置和每段槽段的中间，或四分之一跨度处，施作一个刚性或半刚性的水泥土支承墩，水泥土支承墩下到基岩面，或小于 12 m 的适当土层。支承墩一般宽于隧道结构宽度，沿纵向长度 10 m 左右。由于支承墩是一个半刚性整体，因此支承墩下面不受溶（土）洞复活的影响；支承墩之间利用结构筒纵向刚度予以跨过。由于支承墩是半刚性的，仍可发挥筒底未处理土体（地层）的抗力作用。一旦支承墩间的溶（土）洞复活，在底板下造成漏斗，由于半刚性墩的存在，漏斗不可能跨过墩体，从而控制漏斗松动半径的扩展空间，达到溶（土）洞漏斗半径位置均可控的目的，保证设计运营安全。

支承墩可用搅拌桩、旋喷桩构成，桩端下至基岩面，无须入岩，也无须考虑溶洞顶板厚度。支承墩宽度同明挖基坑，支承墩沿纵向长度（土墩厚度）具体由计算决定。刚性筒的结构设计随支承墩密度愈大，筒身愈经济。

（5）不入岩刚性桩桩墩法

有抗浮要求的明挖区间，采用钻（冲）孔桩压顶梁，将承载力和抗浮两种功能要求，用同一根桩完成，从受力机理来看是合理的。但入岩的钻（冲）孔桩，可能触及溶洞，从而使施工的难度和风险增加，需要更加慎重。鉴于此，不入岩刚性桩桩墩法被提出，即利用长螺旋泵送工艺，使长螺旋灌注桩下至岩面，避开溶洞和到达有足够厚度的岩溶顶板的施工方法。长螺旋灌注桩直径较小（$\phi 400 \sim \phi 800$ mm），不入岩，单桩承载力较低。为满足设计要求，可做成桩墩（群桩）。由于桩墩底部面积较大，可以跨越溶洞顶板的开口，如遇土洞，可用混凝土灌注，防止土洞的复活、发展。由于其单桩承载力较低，应力扩散均匀，因此不需要很厚的溶洞顶板，长螺旋灌注桩可全长下钢筋笼并提供抗浮作用，可用于既承重又抗浮的桩基设计。

（6）CM复合地基

深层搅拌桩、高压旋喷桩、CFG桩、碎石桩及粉喷桩等复合地基，均可提高地基强度且造价低，工程进度容易控制。但受深度及土层硬度影响，有的难以实施，既不能解决隧道结构抗浮问题，也不解决填充溶（土）洞问题。采用刚性与亚刚性桩组合的CM复合地基，其C桩采用长螺旋泵送混凝土机械施工，施工速度快，可大幅度提高地基强度，穿越标贯数小于50击（标准贯入垂击数为50）的砂层、残积层，并直接泵送混凝土或坍落度为16~20 cm的填充材料填充溶（土）洞，当桩插入钢筋还可作为抗浮桩。

由于CM复合地基组合成优化的平面及空间刚度梯度，形成桩间土的三维应力状态，既调动了深层土又调动了浅层土参与工作，可取得很高的复合地基强度。该方法在国内及广花盆地岩溶地区建筑工程有大量成功的实践经验，已大面积使用。

3. 广州地铁9号线飞鹅岭站至花都汽车城站区间岩溶场地预处理方案

由以上分析可知，压力注浆与加强洞身纵向刚度法工程量费用较少、施工难度较低；不入岩刚性桩桩墩法、土墩约束塌陷漏斗松动半径法与CM复合地基法可以避开溶洞和到达有足够厚度的岩溶顶板；地下桥法因为桩基穿过溶洞施工难度较大。根据4.3.1节所述飞鹅岭站至花都汽车城站区间地质条件，CM复合地基法是应用于本工程区间岩溶发育地区加固地层、处理土洞、封堵开口溶洞、处理岩面、结构抗浮，保证隧道运行安全的无污染、速度快的施工方法。CM复合地基法组合成优化的平面及空间刚度梯度，形成桩间土的三维应力状态，既调动了深层土又调动了浅层土参与工作，可取得很高的复合地基强度，具备较好的经济效益。

4. 区间下穿河流岩溶预处理设计方案

本小节以9号线花都汽车城站—广州北站区间天马河水上岩溶处理为例，介绍岩溶区盾构掘进下穿河流岩溶预处理设计。

（1）工程概况

本区间隧道斜穿天马河，跨度约为140 m，河床厚度约为6 m，最浅处为5.2 m。洞身地层主要为砂层、黏土、微风化岩层，如图4-24所示。根据详勘、补勘资料揭示天马河段水上存在5个区域的溶洞，总面积达到970 m²，溶洞高度为1.6~11.7 m，单个溶洞最大面积为322 m²，岩溶发育情况如图4-24所示。

（2）岩溶处理设计要求

经过整体比选，溶（土）洞处理拟采用袖阀管注浆的形式进行填充处理。注浆施工时，先从外排注浆孔开始注浆，将处理范围内溶（土）洞与外界洞体隔

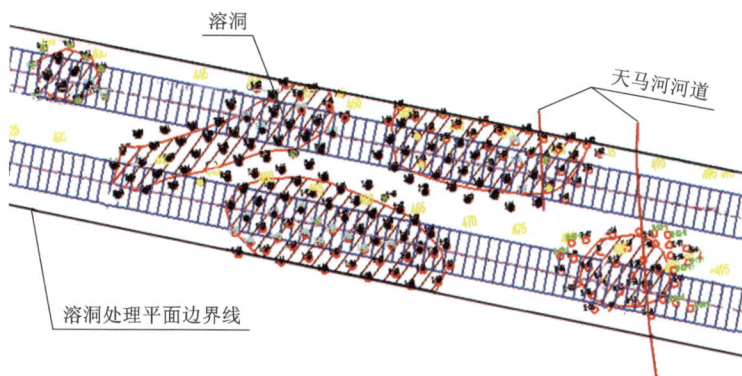

图 4-24　天马河段溶洞发育平面图

离，再处理中间区域。若在周边孔第一次注浆时，注浆量已较多，压力达不到设计要求，则周边孔与中央孔交替注浆。

若发现浆液流失严重时应先在外排注浆孔注水泥-水玻璃双液浆，形成止水、止浆帷幕，以确保注浆效果；中央区域注浆孔应跳跃施工，以防跑浆、窜浆现象；对于需处理的纵向多层分布溶洞，由深至浅依次充填处理。

溶（土）洞处理注浆采用袖阀管注浆。钻孔孔径为 $70 \sim 110$ mm，注浆管可采用 $\phi 48$ mm 的 PVC 管。注浆压力控制在 $0.4 \sim 1.0$ MPa，注浆速度为 $30 \sim 70$ L/min。袖阀管和注浆芯管下到洞底或洞底以下 $0.2 \sim 0.3$ m，从洞底往上压注水泥浆。每当注浆压力达到 $0.4 \sim 0.5$ MPa，注浆芯管可提升 0.4 m，直至洞顶，最后注浆压力达到 1.0 MPa 并稳压 10 min 可终止注浆。注浆工艺工序流程图如图 4-25 所示。

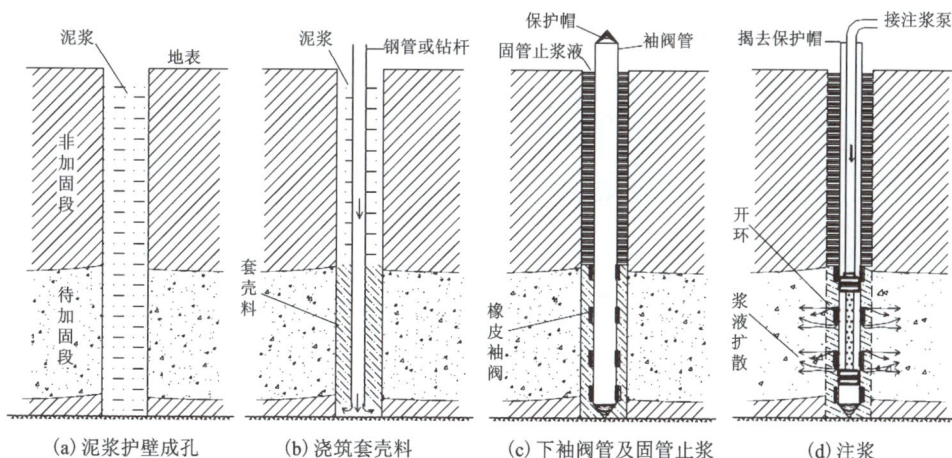

图 4-25　袖阀管注浆工艺施工工序

4.4 广州地铁 9 号线清高地铁区间设计

4.4.1 设计范围

本次初步设计范围为广州市轨道交通 9 号线工程清垌站—高增站区间，线路自清垌站沿迎宾大道东南向行经清莲路、万和北路、旧 106 国道、新 106 国道，沿机场二期控制用地线，相继下穿机场高速北延长线公路和机场高速公路后于高增与地铁 3 号线北延线高增站平行换乘。

本区间设计里程全长为 5190.7 m，另远期左线长度约为 1037.7 m。设计内容包括区间隧道的施工方法、盾构隧道结构、联络通道及废水泵房、中间风井、渡线设计等。主要工程数量包括盾构隧道、2 座中间风井、10 座联络通道（其中 2 座在中间风井位置与废水泵房合建，1 座位于远期左线废水泵房独立设置）、溶洞处理、建筑物保护、9 号线下穿 3 号线区间加固等。

4.4.2 主要设计指标

①结构设计保证结构有足够的耐久性，结构的设计使用年限为 100 年，结构安全等级为一级。

②区间隧道结构防水等级为二级。

③单线盾构圆形隧道限界为 5200 mm，矩形隧道建筑限界宽度为 4300 mm，建筑限界轨顶面以上高度为 4500 mm。

④防水混凝土结构最大裂缝宽度迎水面不大于 0.2 mm，背水面不大于 0.3 mm。

⑤泵房集水池有效容积为 30 m³。

⑥根据区间隧道消防要求，区间应在其中部的左、右线之间设置联络通道，沿隧道纵向方向间距不大于 600 m。

4.4.3 工程及水文地质概况

1. 地形地貌

本区间位于广花盆地，属于河流冲洪积平原，地势平坦宽广，线路沿线地面高程一般为 10~21.4 m。

2. 地质构造及地震烈度

拟建场区所在地区抗震设防烈度为 6 度，设计基本地震加速度值为 0.05 g；设计地震分组为第一组，地震特征周期值为 0.35 s，建筑物应按有关规定抗震设防。拟建路线类别为简单—中等复杂场地类型,建筑场地类别均为Ⅱ类。

3. 水文地质条件

勘察结果揭露第四系地层为人工填土、冲洪积砂层、黏性土层及残积层,基岩为石炭系、二叠系和第三系岩层,地下水位的变化受地形地貌、地层岩性、地下水补给来源等因素控制。勘察揭露沿线地下水稳定水位埋深为 0.95~9.72 m,地下水位的变化与地下水的赋存、补给及排泄关系密切,根据广花盆地监测资料,地下水位年变幅第四系孔隙水为 0.39~1.53 m,岩溶水为 0.55~1.30 m。

水质分析结果显示线路沿线地下水对混凝土结构不具腐蚀性,地下水对钢筋混凝土结构中的钢筋不具腐蚀性,对钢结构具弱腐蚀性。

4. 工程地质概况

本工程地质情况自上至下依次为填土层、冲积-洪积砂层、冲积-洪积-坡积土层、残积土层、岩石风化带。沿线线路场地地形平坦,无崩塌、滑坡、泥石流等地质灾害现象,但沿线包含软土、砂土及风化深槽特殊性岩土,且大部地段分布的基岩为石炭系中上统壶天群灰岩或石炭系下统大塘阶石磴子组灰岩,灰岩中溶洞发育,岩溶和地面塌陷是本线路的主要不良地质作用和地质灾害现象。

(1)溶洞

溶洞主要发育在石炭系灰岩中,本次勘察全线路揭露中、微风化灰岩,钻孔为 53 个,揭露发育溶洞的钻孔 39 个,见洞率为 73.6%,揭露溶洞总数为 74 个,有 17 个钻孔揭露两层以上溶洞,占揭露溶洞钻孔的 44%。由此可见,沿线石炭系灰岩溶洞发育强烈。

(2)岩溶地面塌陷

花都新华水源地自 1972 年建井开采以来,共发生岩溶地面塌陷 46 处,成椭圆状,断面为坛状、井状及漏斗状,直径最大为 8 m,深为 0.3~2.4 m,面积最大达 50 m²,最大影响范围达 3000 m²。它造成菜地塌陷,居民房屋裂缝,其主要致灾原因为该水源地岩溶发育,由于大量抽取地下水,引起水位变动而发生塌陷。自 1995 年取消集中开采地下水以后,未有岩溶地面塌陷记录。人为抽排灰岩岩溶地下水时,易诱发岩溶地面塌陷,为岩溶地面塌陷易发区。9 号线线路中部、东部处于原新华水源地岩溶地面塌陷范围内。

(3)软土

沿线软土为河湖相淤泥、淤泥质土层,层厚 0.5~11.6 m。淤泥、淤泥质土具有含水量高、孔隙比大、压缩性高、抗剪强度低和灵敏度高等特点。软弱土地层受扰动易引发地面建筑物沉降变形、基坑失稳等安全问题,不利于隧道开挖和稳定。

(4)砂土液化

线路沿线发育冲积-洪积粉细砂层、中粗砂层和砾砂层。按7度烈度判别，冲积-洪积粉细砂层总体上不液化，局部为轻微—中等液化；冲积-洪积中粗砂层和砾砂层不液化。

4.4.4 岩溶预处理方案设计

1. 岩溶预处理措施

(1)全充填溶(土)洞、洞径小于2 m的无填充和半填充溶(土)洞

采用压力注浆的方法进行填充加固，注浆压力从低到高，间歇、反复压浆。

(2)洞径大于2 m的无填充和半填充溶(土)洞

对洞径大于2 m且无填充和半填充溶(土)洞，先进行投砂处理，后采用注浆加固方法。投砂处理时，在原钻孔附近(约0.6 m)补钻2个ϕ200 mm的投砂孔，2个投砂孔中心与原钻孔中心需在同一连线上，2个投砂孔可相互作为出气孔。投砂后，注浆加固的方法同全充填处理方法。投砂管采用不小于ϕ200 mm的PVC套管，投砂孔的大小也可由施工单位根据现场施工情况进行调整，达到填砂的目的即可。

2. 注浆工艺

所有注浆采用花管注浆，注浆管内径为50~60 mm。

3. 注浆材料

(1)周边孔

周边孔采用纯水泥浆+水玻璃注浆材料。双液浆现场配合比试验时，应以初凝时间为指标进行控制，但应综合考虑浆液的可泵性时间。双液浆配比建议分别为水泥浆水灰比=1∶1，水泥浆∶水玻璃=1∶1(重量比)，水玻璃浓度Be=35，应进行现场配合比试验确定。水泥标号不低于42.5级。

(2)中央孔

中央孔采用纯水泥浆注浆材料，水泥标号不低于42.5级，水灰比建议为1.0~1.5，具体根据现场试验确定。

4. 溶(土)洞处理注浆孔平面布置

充填处理前应先进行溶(土)洞平面范围探测。

①以揭示到溶(土)洞的钻孔为基准点，先沿垂直隧道方向间隔2.0 m施作一排注浆钻孔，以探测到隧道结构外3.0 m为止；再沿隧道方向施作一排注浆钻孔，间隔2.0 m，以基本找到洞体边界为止；后从中心向其他方向扩展探孔，沿垂直隧道方向以探测到隧道结构外3.0 m为止，在3 m处施作止浆墙；沿隧

道方向以基本找到洞体边界为止。若洞体为有限边界，最外排孔未见洞，则该孔不需注浆，应向内收缩一孔作为边孔，注双液浆。

②以揭示溶(土)洞的试探测钻孔为基准点，垂直投影到隧道结构外 3.0 m 钻孔，探测是否有溶(土)洞、溶洞连通性、洞的顶板厚度等，如揭示有溶(土)洞则按要求处理。

5. 灌浆加固效果检查

(1)检测方法

采用钻孔取芯，以抗压试验为主，对加固地层做标贯试验。

(2)检测标准

土洞：每个土洞处理区域需检测一次，按 1%孔数抽查，不小于 3 点，采用随机原位标贯试验，标贯击数应不小于 10 击。

溶洞：每个溶洞处理区域需检测一次，按 1%孔数抽查，不小于 3 点，采用随机钻孔取芯，做抗压试验，无侧限抗压强度不小于 0.20 MPa。

6. 盾构区间道床预留注浆孔设计

引入灰色模糊处理理论，应用于溶洞稳定判决。为满足地面无作业条件的情况，设计方案中对现有盾构管片结构进行优化和改进，底部通过特殊设计的注浆管进行预埋，与隧道内注浆工艺结合形成隧道内岩溶处理技术。在道床施工之前，盾构管片每两环设置一根 $\phi71$ mm(壁厚 $t = 3.5$ mm)钢管，稍高于道床，运营期间采用盖子封堵；钢管用膨胀螺栓直接固定在每环管片的正上方，并做防水处理，后浇筑道床。建议区间盾构施工时，管片拼装注意将注浆吊装孔位置布置于轨道中部道床范围，道床预留注浆管布置在管片的原注浆吊装孔，具体如图 4-26 所示。

4.4.5　区间隧道施工方案

1. 线路方案比选

(1)线路平面

根据初步设计文件内容，本标段线路自清垇站沿迎宾大道一直向东南行进，沿机场二期控制用地线，相继下穿机场高速北延长线公路和机场高速公路后在高增与 3 号线北延线高增站平行换乘。区间隧道自清垇站东南端出站以 4‰坡度下坡后再以 4‰坡度上坡，后转以 4‰下坡过新 106 国道，再以 6‰坡度上坡过机场高速北延长线，后以 4‰坡度往渡线段，继而转为 5‰坡度下坡，临近机场高速公路和广州地铁 3 号线北延线前改为 5‰坡度上坡，最后再以 21.1‰(远期左线 29.9‰)坡度上坡到达终点高增站。

结合本标段线路区间、站位等实际情况，通过现场调查得知线路所经区域

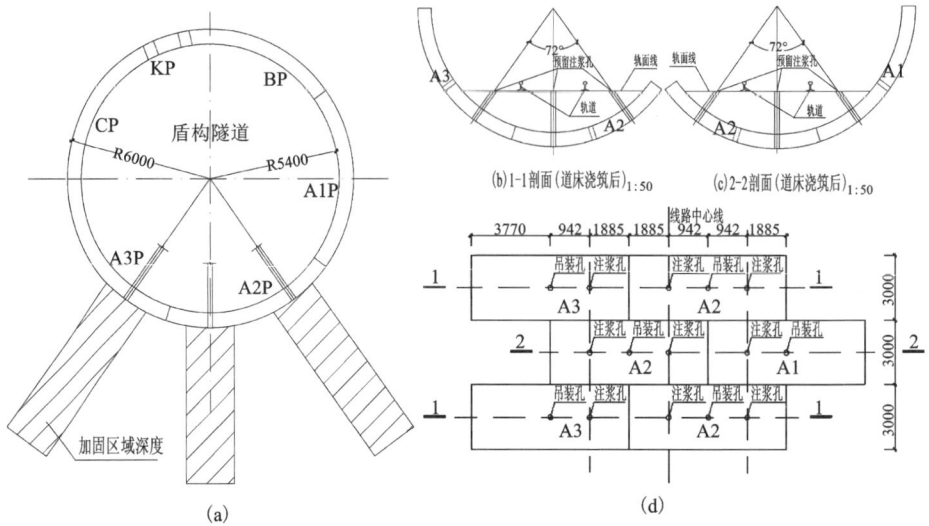

图 4-26 盾构区间道床预留注浆孔设计示意图(单位：mm)

属于花都区新城区，沿线规划珠宝市场及高档机场商务区，沿线土地处于开发阶段，既有道路宽度为 60 m，中间绿化带宽度为 6~13 m，道路两边建筑退缩较远。因此，本标段线路平面沿着迎宾大道走廊布置，区间最小平面曲线半径为 350 m，线间距为 13~31.99 m，重点考虑线路敷设方式工法的选择。

(2)纵断面

清㘵站—高增站区间已有钻孔见洞率统计已达 39.1%，由此可见，沿线石炭系灰岩溶洞发育强烈。区间路段沿迎宾大道行进，且清㘵站站位改为地下二层，因此，在规避下方深层溶(土)洞风险的设计原则下，考虑下穿机场高速公路北延线和机场高速公路段地层多为砂层和软弱地层，适合泥水盾构掘进，其他位置尽量提升隧道标高，综合优化比选本标段施工方案如下：

①推荐方案(方案一)：清㘵站—高增站区间采用浅埋暗挖法，推荐盾构法施工，另中间风井与渡线段(含一座中间风井)采用明挖法施工。

②比选方案(方案二)：清㘵站—高增站区间采用浅埋明挖法，机场高速公路北延线—高增区间采用盾构法施工，其中区间中间风井与渡线段采用明挖法。

以上 2 个方案线路参数比较如表 4-12 所示。

表 4-12　清高区间线路方案主要参数比较表

	方案一	方案二
区间线路长度/m	约为 5190.711	
纵断面(右线)	最大坡度为 21.084‰ 最长坡长 1250 m	最大坡度为 15.209‰ 最长坡长 900 m
工法	盾构构长度为 4617.246 m,明挖长度为 573.465 m。联络线单独明挖长度为 245.656 m,盾构长度为 531.277 m	盾构长度为 833.64 m,明挖长度为 4389.907 m。联络线单独明挖长度为 297.559 m,盾构长度为 482.89 m

2. 施工方案选择

矿山法因其适用断面灵活、无须大型机械等优点已经在国内地铁被大量采用,同时也积累了大量的经验,但矿山法施工受地质条件、地下水(管线渗漏水)、施工人员技能、工期等因素影响,其安全性、可实施性存在一定的风险,且线路主要经过饱和砂层,故不采纳矿山法。机场高速公路曲线地段,也不宜使用顶管工法。清垺站—高增站区间工可阶段勘察钻孔见洞率达 39.1%,选择工法时应尽量避免其不利影响。该区间隧道施工工法综合比较如表 4-13 所示。

表 4-13　区间隧道施工方法综合比较表

项目	明挖法	盾构法
应用情况	适用于交通量小,管线改移少,房屋拆迁少,可与市政工程建设相结合的工程	适用于地层单一,地下水位高,房屋、管线多,交通疏解难,对沉降控制要求严格的工程
结构形式	形式多样的单跨或多跨矩形结构	形式单一的圆形结构
交通影响	有一定干扰	无影响
管线影响	遇管线时一般需改移或悬吊	影响较小
环境影响	对环境的干扰大	对环境的干扰小
邻近建筑物影响	影响大	影响最小
施工难度	技术成熟,难度小	技术成熟,施工工艺较复杂,难度较小
溶(土)洞处理	工作面较大,效果较好	可以保证地面加固效果

续表4-13

项目	明挖法	盾构法
施工场地	施工用地极大	施工用地一般
工程质量	采用模筑混凝土,质量控制较容易	预制管片精度高,质量可靠
运营影响	由于采用浅埋,没有考虑节能坡的设计,运营能耗损失较大	中间地段考虑节能坡的设计,运营条件较好
工程造价	较高	较低
应用范围	推荐:中间风井、渡线段及高增站前部分明挖段	推荐:全区间(除风井、渡线段及高增站前明挖段外)

（1）推荐方案

由表4-13对比可知,盾构法具有沉降控制容易、工程可靠性高等特点。对于下穿机场高速北延长线和机场高速公路等线路局部限制地段,需要加强对建筑物的保护,同时要求严格控制沉降,采用盾构法施工的优势较为明显(中间渡线部分段明挖衔接),因此,本区间推荐采用盾构法施工。

同时,为尽量避免盾构掘进对原状地层扰动,需加强地面监测,控制压力波动,并分析其可能影响,事先采取隧道与建(构)筑物隔离等保护措施。而且在规避溶(土)洞风险的设计原则下,清坜站—中间风井间应尽量提升隧道至埋深1倍洞径位置,废水泵房与中间风井合建,过中间风井下穿机场高速北延长线至渡线段采用盾构法,渡线段采用明挖法,其中渡线终点附近设置近期左右线的废水泵房。过机场高速前盾构掘进,其中远期左线单独设置废水泵房兼联络通道(通向地面)位置局部采用明挖法。

（2）比较方案

在规避溶(土)洞风险的设计原则下,除跨机场高速北延长线和机场高速公路段外,尽量提升隧道位置,在满足结构抗浮和优化结构受力情况下,其他路段推荐明挖法施工。本线路方案基本在道路中央下方敷设,所处位置管线较少,明挖施工对现有管线影响较小。

3. 工法汇总

清坜站—高增站区间地下段推荐工法汇总如表4-14和表4-15所示。

表 4-14　清垇站—高增站区间线路推荐方案(右线)线路参数汇总

区间	工法	里程	长度/m	备注
清垇站—高增站	盾构 1 段	YCK14+323.500 ~YCK16+241.800	1918.3	双线
	明挖 1 段	YCK16+241.800 ~YCK16+278.200	36.4	中间风井
	盾构 2 段	YCK16+278.200 ~YCK18+456.120	2177.92	双线
	明挖 2 段	YCK18+456.120 ~YCK18+755.303	299.183	渡线
	盾构 3 段	YCK18+755.303 ~YCK19+281.976	526.673	双线
	明挖 3 段	YCK19+281.976 ~YCK19+514.211	232.235	站前明挖段
	远期左线	LCK18+752.323 ~LCK19+430.558	678.235	单线

表 4-15　区间(左右线)地下段推荐工法汇总表

区间	起点里程	终点里程	区间长度/m	工法	工法长度/m
清垇站—高增站	YCK14+323.500 (ZCK14+323.500)	YCK19+514.211 (ZCK19+431.040)	5190.711 (左 5107.54)	盾构法 (含明挖法)	双线 5190.711

注：区间合计长度为 5190.711 m(左 5107.54 m)，另联络线长度为 1037.657 m。

4.4.6　盾构掘进设备选型

　　通过表 4-8 和表 4-9 比选可知，土压平衡盾构可节省泥水处理设备费用，造价较泥水盾构低，掘进速度较快且对周围环境无污染。通过选择合适的盾构主体、刀具、推进系统、添加剂、辅助设备和措施，可以适用于本标段的砂层，通过现有国内盾构施工水平、工程实践证明，土压平衡盾构已大大地显示出安全、技术、经济上的优越性。泥水平衡盾构在主要为高水压饱和粉细砂地层中对控制开挖工作面稳定性、地表沉降及保证施工进度方面明显优于土压平衡盾构，且更能保证施工安全。

　　本标段清垇站—高增站区间渡线两端分别下穿机场高速北延长线和机场高

速公路盾构部分，隧道穿越区域主要包括冲积-洪积砂层、冲积-洪积土层，局部经过岩石风化带，通过区段第四系地层中地下水丰富，且隧道沿线分布有机场高速公路及其北延长线、广州地铁 3 号线北延线工程。结合本区间地层的特点，考虑区间两段盾构为同一单位施工，为保证机场高速公路及其北延长线交通畅通，推荐区间盾构机选型采用泥水平衡盾构机。

4.4.7　隧道防水及防腐蚀设计

1. 衬砌混凝土自防水设计

为满足对衬砌混凝土自防水的要求(抗渗等级 S12)，在管片生产中，通过合理的配合比设计、规范的材料选购、严格的生产控制和检测等措施来确保管片的抗渗性能。对于用在地下水对混凝土有侵蚀性的地层内的管片，可在管片背面涂水泥基渗透结晶型防水涂层，以增强自防水性能。

2. 接缝防水设计

为了满足接缝防水要求，在管片接缝处应设置框形弹性密封垫作为主要防水措施。弹性密封垫的材料选择首先应能满足防水要求的各项技术指标，如图 4-27 所示。目前，国内、国际采用的材料大体分为三种，即氯丁橡胶与水膨胀橡胶复合型、水膨胀橡胶和三元乙丙橡胶，此外，还发展有三元乙丙橡胶与水膨胀橡胶的复合型。

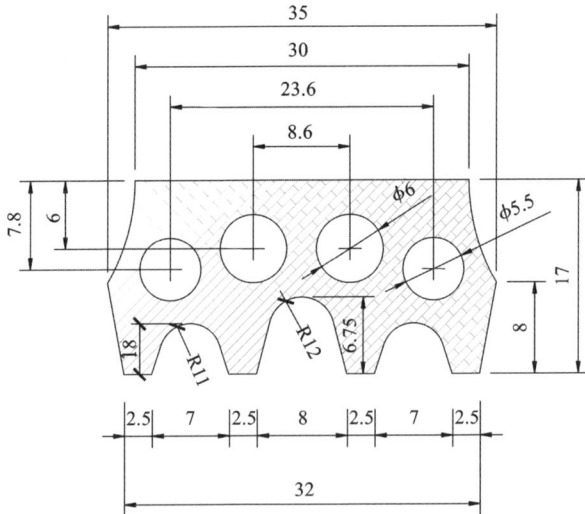

图 4-27　密封垫示意图(单位：mm)

顶块纵向插入时要求采用减摩润滑剂，防止止水条错位过大甚至完全错开而影响防水效果。弹性密封垫作为隧道防水的主要防线，其选择必须慎重，应从结构和防水材料的耐久性和耐腐蚀性角度出发进行选择，且必须使用具备足够黏结力的黏结剂固定于管片上，这对封顶块、邻接块的纵缝管片面尤其重要。

3. 螺栓孔及吊装孔防水设计

①螺栓孔防水：采用可更换的遇水膨胀橡胶密封圈，利用压密和膨胀双重作用加强防水。

②吊装孔防水：当吊装孔和注浆孔结合使用时，为减少注浆孔作为隧道渗水的薄弱环节，可在吊装孔管片外侧铺设 30 mm 的素混凝土，当需要进行衬砌背后二次注浆时，可将吊装孔素混凝土破开，作为注浆孔使用。注浆孔设置一道水膨胀螺孔密封圈加强防水。

4. 管片其他部位防水设计

管片通缝拼装后形成的"十"字形缝及错缝拼装后形成"T"字形缝是防水的一个薄弱环节，因此管片角部应粘贴未硫化的丁基橡胶腻子薄片，以加强角部防水，并防止同步注浆浆液的漏入。

附属结构与主隧道间的施工缝要求采用遇水膨胀止水条防水。

5. 隧道防迷流及腐蚀设计

勘察地质资料显示，本区间地下水对混凝土大部分有弱腐蚀性，对钢筋混凝土结构中的钢筋无腐蚀性，因此，应采用相应的防护措施。根据规范要求，对于弱腐蚀性环境，只要适当选用水泥，控制水灰比及水泥用量，留足保护层，就可以达到相应的防护要求。盾构管片通常采用普通硅酸盐水泥，水灰比小于 0.45，最小水泥用量大于 400 kg/m³，钢筋保护层通常大于 40 mm，可满足相应的防护要求，因此，管片结构不需要做特殊处理，所有外露铁件均需进行防腐蚀处理。

4.4.8　盾构管片选型设计

1. 管片构造形式

（1）管片内径及外径

地铁圆形隧道限界直径为 5200 mm，综合考虑限界、施工误差、测量误差、线路拟合误差、不均匀沉降等因素，结合其他城市地铁建设的成功经验，考虑国内已有盾构机情况，隧道的内径定为 5400 mm，选定管片内径为 5.4 m，外径为 6.0 m。

（2）管片形式及厚度

考虑结构 100 年使用寿命及参照已有工程实例，钢筋混凝土衬砌厚度采用 300 mm，C50 混凝土管片。考虑隧道周边工程活动及施工过程的影响无法准确模拟，根据计算统计与工程类比，从提高管片施工及运营阶段的安全系数考虑，需增加管片含钢量。

（3）管片的宽度及分块

综合考虑管片的制作、运输、拼装及曲线施工的需要，采用 1.5 m 宽管片。

本工程采用小封顶块，施工时先径向搭接 2/3，再纵向推入 1/3，既确保受力良好，又不需增加过长的盾构机千斤顶行程。

本设计确定采用 6 块方案，1 块封顶块（K 块），2 块邻接块（B、C 块），3 块标准块（A1、A2、A3 块）。

（4）环、纵缝及连接构造

根据本标段地质情况，同时考虑降低施工难度，环纵缝均不设凹凸榫。

根据建成地铁的成功经验，本设计管片块与块、环与环之间采用在地铁区间隧道中应用比较成熟的弯螺栓连接。

（5）肋、端肋的构造形式

设计手孔形式时，为减少更多的手孔处削弱，考虑到环肋、端肋的设计需要，环肋、端肋的长度约为 180 mm。

2. 衬砌环形式及拼装方式

（1）衬砌环形式

结合本区间实际情况，采用标准环、左转弯环、右转弯环三种衬砌环形式，其中转弯环用于隧道纠偏。经计算，采用楔形量为 38 mm 的衬砌环可以满足线路设计的需要，使拟合误差不大于 10 mm。

竖曲线通过标准环管片与转弯环管片组合进行拟合。

（2）管片拼装形式

由于本标段区间隧道大部分在冲积-洪积砂层、冲积-洪积土层中穿越，局部从碎屑岩岩石强风化带、灰岩岩石强风化带中穿越，隧道覆土厚度变化较大。为提高衬砌的空间刚度，并鉴于地铁区间建设的成功经验及现有的管片制作精度水平，本工程确定管片拼装方式采用错缝拼装。

管片错缝形式常用有 ABC 和 ABA 两种。ABC 形式为三环管片为一组，管片环封顶块相对隧道竖向轴线错动角度分别为 $-36°$、$0°$、$36°$；ABA 形式为两环管片为一组，管片环封顶块相对隧道竖向轴线错动角度分别为 $-18°$、$18°$。根据所选用盾构机千斤顶的布置情况，经过结构计算比选，本设计采用 ABA 错缝拼装形式，错缝角度为 22.5°，如图 4-28 所示。

(a) 衬砌拼装形式一

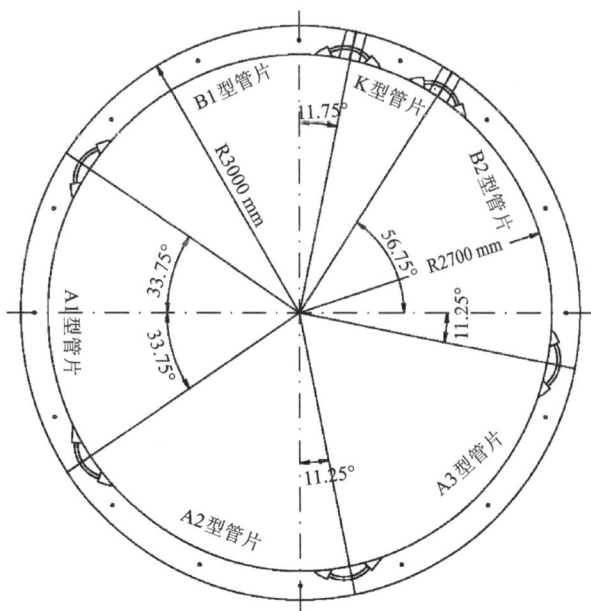

(b) 衬砌拼装形式二

图 4-28　衬砌拼装位置图

3. 允许误差

为了保证装配式结构良好的受力性能，衬砌制作和拼装必须达到规范要求的精度。

4. 管片标示

每环管片分为 6 块，即 3 块标准块（A1、A2、A3），2 块邻接块（B，C）和 1 块封顶块（K）。衬砌环的种类有标准环（P）、左转弯（L）和右转弯楔形环（R）。

4.4.9 盾构管片设计

钢筋混凝土管片及钢管片两种类型的管片都是可行的，临时钢管片拆卸方便，但加工难度大，成本高，钢筋混凝土管片虽拆卸难度较高，但成本低，制作简单。从工法和安全角度出发，建议采用钢管片。但在传统管片中间通常只设置一个注浆孔，不利于隧道周边管片注浆均匀。特别地，在如淤泥质土、液化砂土、灰岩等特殊岩土地层中需要对隧道基底加固时，必须在管片上打孔后，方可实施加固注浆。管片打孔不仅对管片造成破坏，降低隧道的承载力，还将严重影响隧道结构耐久性，当遇到地下水头较高的情况，会出现突水、流砂的工程事故风险。为此，本区间采用了一种适用特殊岩土地层的盾构隧道管片，每环管片分为 6 块，包括 3 块标准块，2 块邻接块和 1 块封顶块，其中每块标准块设置 3 个注浆孔，邻接块和封顶块分别设置 1 个注浆孔，如图 4-29 所示。

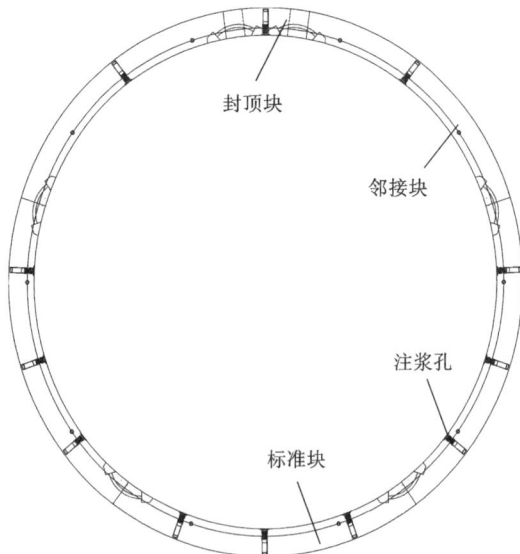

图 4-29　特殊盾构隧道管片示意图

注浆孔垂直贯穿管片圆弧面，周边设置加固钢筋，用于加强注浆孔周边的局部受力，降低在施工中的破损现象。同时，沿管片中心轴方向设置若干轴向及径向螺栓孔，用于相邻管片的拼装连接。注浆孔内部设置逆止阀且注浆孔处于隧道内侧面设置有旋转塞，有效防止了浆液倒流，标准块详图如图 4-30 所示。采用该类型管片可显著降低隧道内注浆作业时间，为隧道的施工创造有利条件，争取更多的有效作业时间。

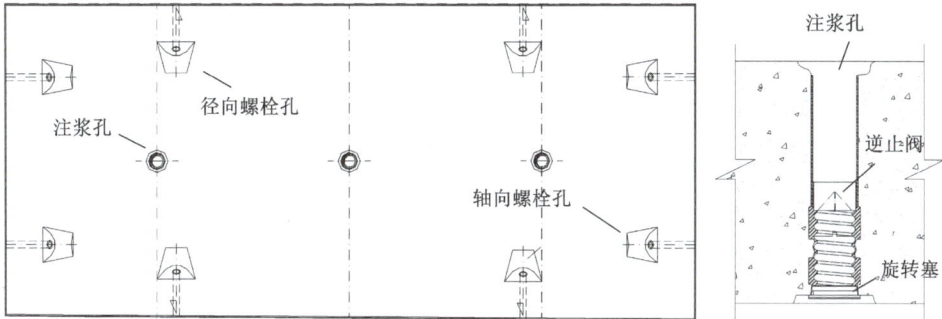

图 4-30　标准块详图

1.有限元计算模型

本次设计采用了考虑 3 个方向不同刚度的不连续弹簧元来模拟接头及错缝拼装的影响。盾构计算模型如图 4-31 所示，盾构隧道内力及位移计算结果如图 4-32 所示。

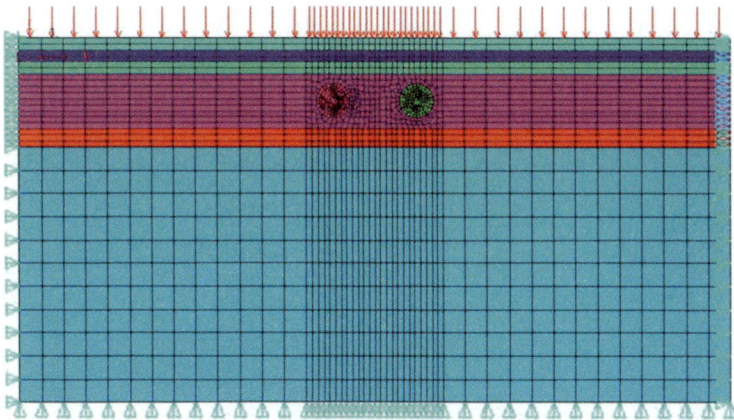

图 4-31　盾构隧道计算模型

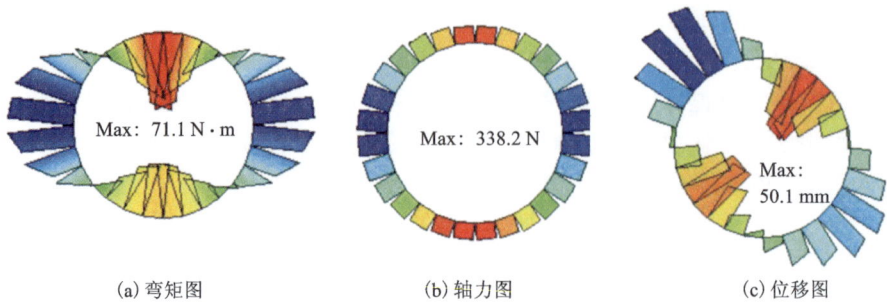

(a) 弯矩图   (b) 轴力图   (c) 位移图

图 4-32 盾构隧道内力及位移图

    国内主要地铁线路隧道管片主筋如表 4-16 所示。目前国内大部分城市地铁隧道管片配筋有加强趋势,其中位于软土地区的城市主筋最小直径基本为 $\phi18$。同时,因计算未考虑隧道周边进行工程活动及盾构施工过程的影响,为提高管片施工及运营阶段的安全系数,在管片厚度不变的情况,综合考虑盾构管片受力变形,选取本区间盾构隧道管片配筋为 $12\phi25$ 和 $12\phi20$。

表 4-16 国内主要地铁线路隧道管片最小主筋选择

名称	设计情况	最小主筋	备注
广州地铁一号线	300 厚管片,纵向 10 个螺栓	—	错缝
广州地铁三号线	300 厚管片,纵向 10 个螺栓	$\phi14/\phi16$	错缝
广州地铁五号线	300 厚管片,纵向 10 个螺栓	$\phi16/\phi18(2:1)$	错缝
广州地铁广佛线	300 厚管片,纵向 10 个螺栓	$\phi16/\phi18(2:1)$	错缝
苏州地铁	350 厚管片,纵向 16 个螺栓	$\phi18$	错缝
上海地铁	350 厚管片,纵向 16 个螺栓	$\phi18$	通缝
宁波地铁	350 厚管片,纵向 16 个螺栓	$\phi18$	错缝
无锡地铁	350 厚管片,纵向 16 个螺栓	$\phi18$	错缝
北京地铁	300 厚管片,纵向 16 个螺栓	$\phi18$	错缝
武汉地铁	300(350)厚管片,纵向 16 个螺栓	$\phi18$	错缝
深圳地铁	300 厚管片,纵向 10 个螺栓	$\phi16/\phi18(1:1)$	错缝
南京地铁	350 厚管片,纵向 16 个螺栓	$\phi18$	错缝
杭州地铁	350 厚管片,纵向 16 个螺栓	$\phi18$	错缝

4.4.10　盾构下穿重要建(构)筑物设计

盾构通过前应对易受盾构施工影响的建(构)筑物进行保护,主要包括周边 10 m 内建(构)筑物。保护措施主要通过地面加固,利用搅拌桩及旋喷桩将建(构)筑物的桩基与受盾构掘进影响的土体隔离,以减少建(构)筑物的不均匀沉降。建(构)筑物原有桩基距隧道结构线的净距大于 4.5 m,采用搅拌桩加固,2 排 ϕ500 mm@450 mm 搅拌桩布置,排距为 350 mm;小于 4.5 m 则采用双管旋喷,单排 ϕ600 mm@450 mm 双管旋喷桩加固隔离,旋喷桩端头进入隧道底板以下 0.5 m 或到达连续的强风化层 1.5 m 深度处,即可作为成桩条件。若加固效果不满足设计要求,可调整加固方案,以保证加固质量。其他路段主要通过洞内压力控制,依据检测结果及时调整掘进参数。

本段区间沿线主要有机场高速北延线、机场高速、3 号线北延线高新区间、相邻村落房屋等重点建(构)筑物,盾构下穿时加强监测,严格控制盾构推进参数,洞内加强监控管片同步注浆和二次注浆。2#风井与村落距离较近,需加强检测 4 倍基坑深度范围内的有关建(构)筑物。

1. 机场高速北延线桥基保护

机场高速北延长线广塘 1#中桥三跨 T 型简支梁桥,桥墩直径为 1.5 m,下部桥基直径为 1.8 m,长度约为 28.5 m,线路避开了桥梁基础,但施工中要加强保护,考虑桥梁下部空间限制,采用袖阀管注浆加固桩侧及桩端土层,具体如图 4-33 所示。

2. 三号线北延线高新区间保护

广州地铁 9 号线清高区间下穿 3 号线北延段高新区间盾构段,此段地质条件较差,隧道埋深受 3 号线既有车站站位限制,其与 3 号线区间净距为 1.2 m。因此,为保证盾构通过该段时 3 号线北延线的结构安全,需在盾构到达前对该段地层进行预加固处理。

经过对洞内注浆、地面注浆、矿山法竖井内水平注浆、左右线间圆井内水平注浆四种方案进行比较,依据 3 号线北延线高新区间现有钻孔,采用洞内注浆与地面注浆相结合的加固方案(施工中地质有明显变化时,适当调整方案),加固体无侧限抗压强度不得低于 1.0 MPa,如图 4-34 所示。

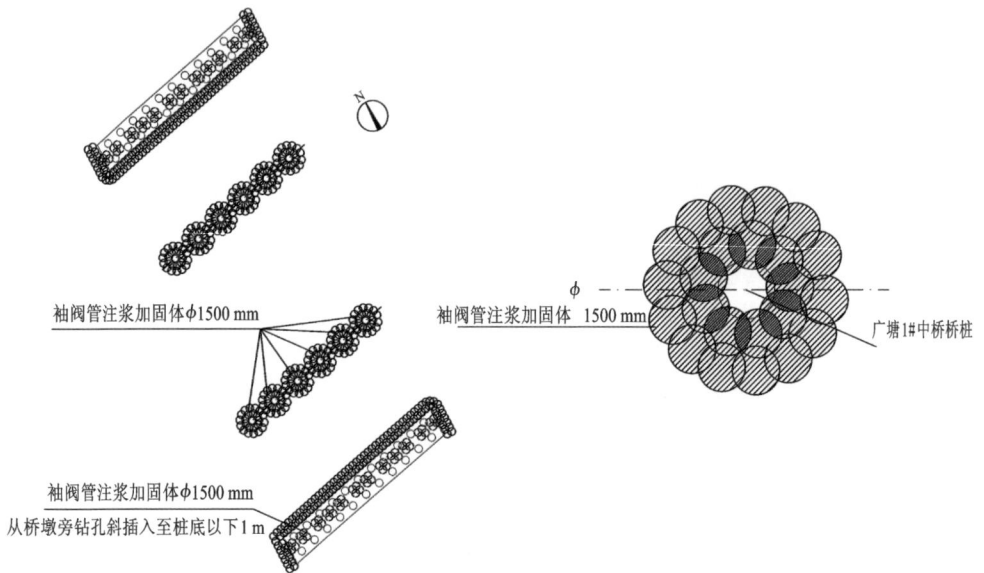

袖阀管注浆加固体φ1500 mm

袖阀管注浆加固体 1500 mm

广塘1#中桥桥桩

φ

袖阀管注浆加固体φ1500 mm

从桥墩旁钻孔斜插入至桩底以下1 m

(a) 桥桩基加固平面布置图　　　　　　　　(b) 桥桩注浆加固示意图

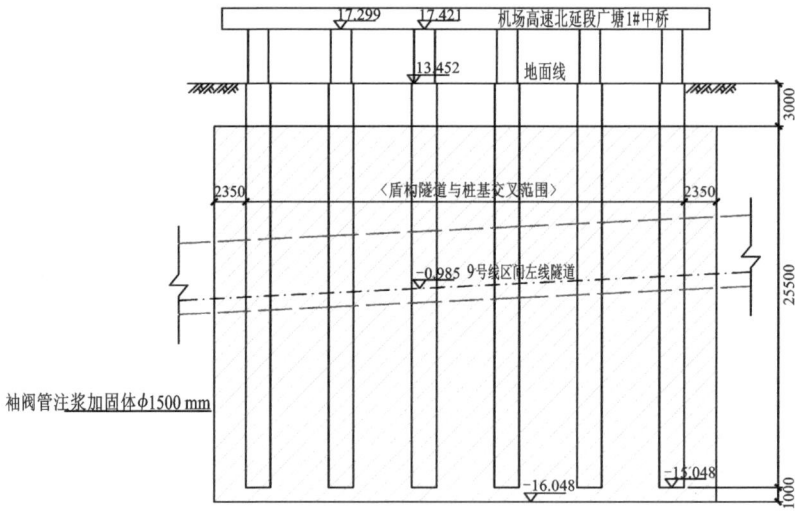

机场高速北延段广塘1#中桥

17.299　　17.421

13.452　　地面线

3000

〈盾构隧道与桩基交叉范围〉

2350　　　　　　　　　　　　　　　　　　2350

25500

−0.985　9号线区间左线隧道

袖阀管注浆加固体φ1500 mm

−16.048　　　　−15.048

1000

(c) 桩基础平面布置

图 4-33　机场高速北延线桥基注浆设计(单位: 标高 m, 尺寸 mm)

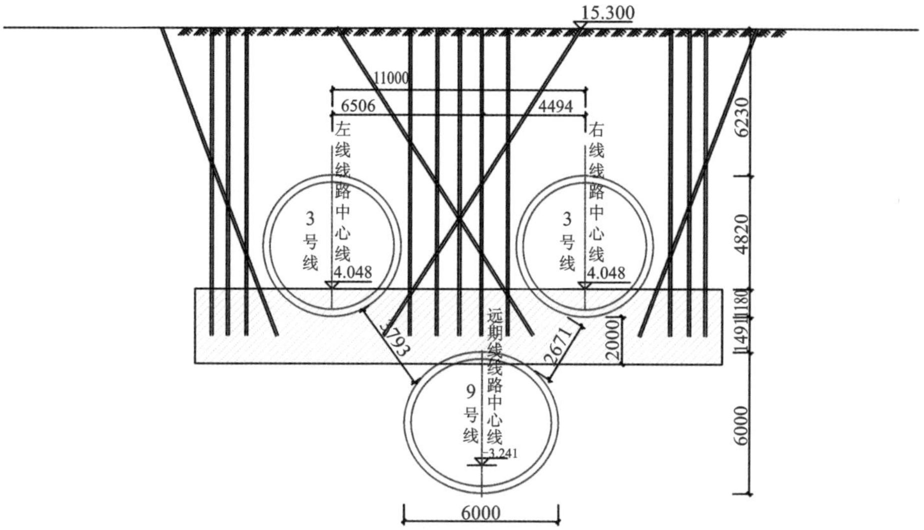

图 4-34　地铁 3 号线注浆加固(单位: 标高 m, 尺寸 mm)

4.4.11　联络通道设计

(1)联络通道的设置

为满足区间隧道内防灾疏散的要求, 左右线隧道间需设置联络通道。各区间联络通道的数量由区间长度决定, 宜控制在不大于 600 m。同时, 为配合区间排水的需要, 联络通道宜结合泵房设置。

本区间共设置 10 座联络通道, 其中第 4、9 座联络通道位置在中间风井内, 结合废水泵房布置; 有 6 座联络通道仅作为联络通道, 另外 4 座兼作废水泵房。另外, 还有 1 座废水泵房单独设置。各联络通道里程如表 4-17 所示。

(2)联络通道加固措施

明挖段联络通道根据明挖结构进行布置, 无须另外加固。设置于盾构区间的联络通道结构, 受盾构法隧道断面的限制, 在联络通道施工前需先破除部分已经拼装好的管片。为保证工程施工期间土体的稳定, 在破除管片前必须对隧道周围的地层进行加固。结合盾构段各通道所处砂层并基于当前技术成熟的地面加固法和地层冻结法施工, 经过综合比选, 建议采用地层地面加固竖井开挖法(主加固体搅拌地层, 周边素混凝土连续墙止水), 整体工期约为 1 个月, 联络通道加固平面图如图 4-35 所示。

表 4-17　联络通道(废水泵房)设置参数表

区间名称	联络通道	里程	备注
清垇站—高增站	1#	YCK14+970	与1#废水泵房共建
	2#	YCK15+480	
	3#	YCK15+900	
	4#	YCK16+260	与2#废水泵房共建
	5#	YCK16+840	
	6#	YCK17+420	
	7#	YCK17+800	与3#废水泵房共建
	8#	YCK18+540	
	9#	YCK18+770	与4#废水泵房共建
	10#	YCK19+290.658	
清垇站—高增站区间远期左线		ZCK18+920	5#废水泵房(单建)

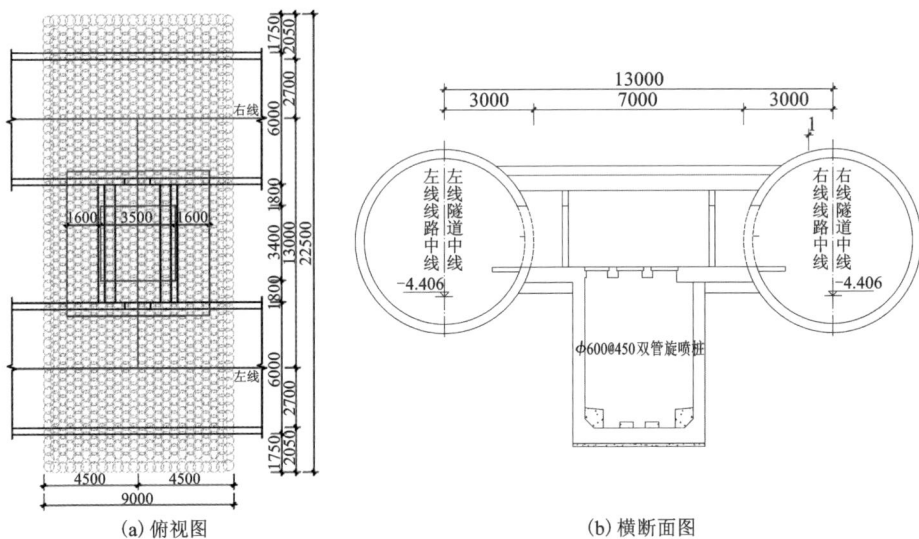

(a)俯视图　　　　(b)横断面图

图 4-35　联络通道加固平面图(单位：标高 m，尺寸 mm)

(3)联络通道结构方案

盾构段联络通道处的区间隧道衬砌采用钢管片，通缝拼装，区间与联络通道相连处钢管片可拆除并重复利用，钢管片拆除前应完成区间隧道开洞范围内联络通道土层冻结加固和防护门的架设。

联络通道主体推荐采用矿山法施工，复合衬砌结构，通道结构的支护参数如表 4-18 所示。

表 4-18　通道结构支护参数

支护结构	参数
超前支护	ϕ42 mm 小导管注浆，小导管长度为 3.5 m
初期支护	钢拱架+钢筋网+喷射混凝土（厚度为 250 mm，钢拱架间距为 0.5 m/榀）
二次衬砌	C30 模筑防水钢筋混凝土（厚度为 350 mm），防水等级为 S8

另外，联络通道施工需要采取降水措施。

4.4.12　隧道洞口洞门设计

隧道洞门设计指区间隧道与车站、区间盾构段与明挖段接头设计。盾构段洞门设计首先考虑施工时避免破除已有管片及洞门突出车站端墙。通过设置合适的反力架和负环管片，并结合区间的管片排布情况，控制第一环管片的位置，调节洞门厚度为 40~80 cm。洞门结构采用钢筋混凝土，其中混凝土强度等级为 C40，抗渗等级为 S10。清埗站—高增站区间包括盾构隧道、区间两端车站及中间风井等明挖段端墙接头共 14 个洞门，另外在盾构区间两端分别单独设置隔断门，洞门防水设计示意图如图 4-36 所示。

1. 端头加固设计

本区间长度约为 5 km，计划 2 台盾构自清埗站始发，至中间风井处吊出。另一组 2 台盾构自中间风井始发，至渡线处吊出转场至另一端的近期左右线始发，掘进至高增站前明挖端头吊出，最后转场至渡线远期左线端头始发，过废水泵房明挖竖井，最后至高增站前吊出。

端头加固主要有地面加固法（化学注浆法、高压喷射搅拌法）、冷冻法（垂直钻孔式、水平钻孔式）、芯材拉拔法、墙壁体开挖法、井内套筒法等类型，端头加固方式与所在地层有关。根据广州地区地质特点和类似地段端头加固实施效果，本段端头采用二重管旋喷桩主加固体，与车站相接的端头旋喷桩保证密贴。加固长度为 9 m，宽度范围到结构线外 3 m，深度方向顶部到结构顶 3 m 且穿过砂层至上部不透水层至少 1 m、下到结构底部 3 m 且进入结构线下部不透水层 1 m 以上。

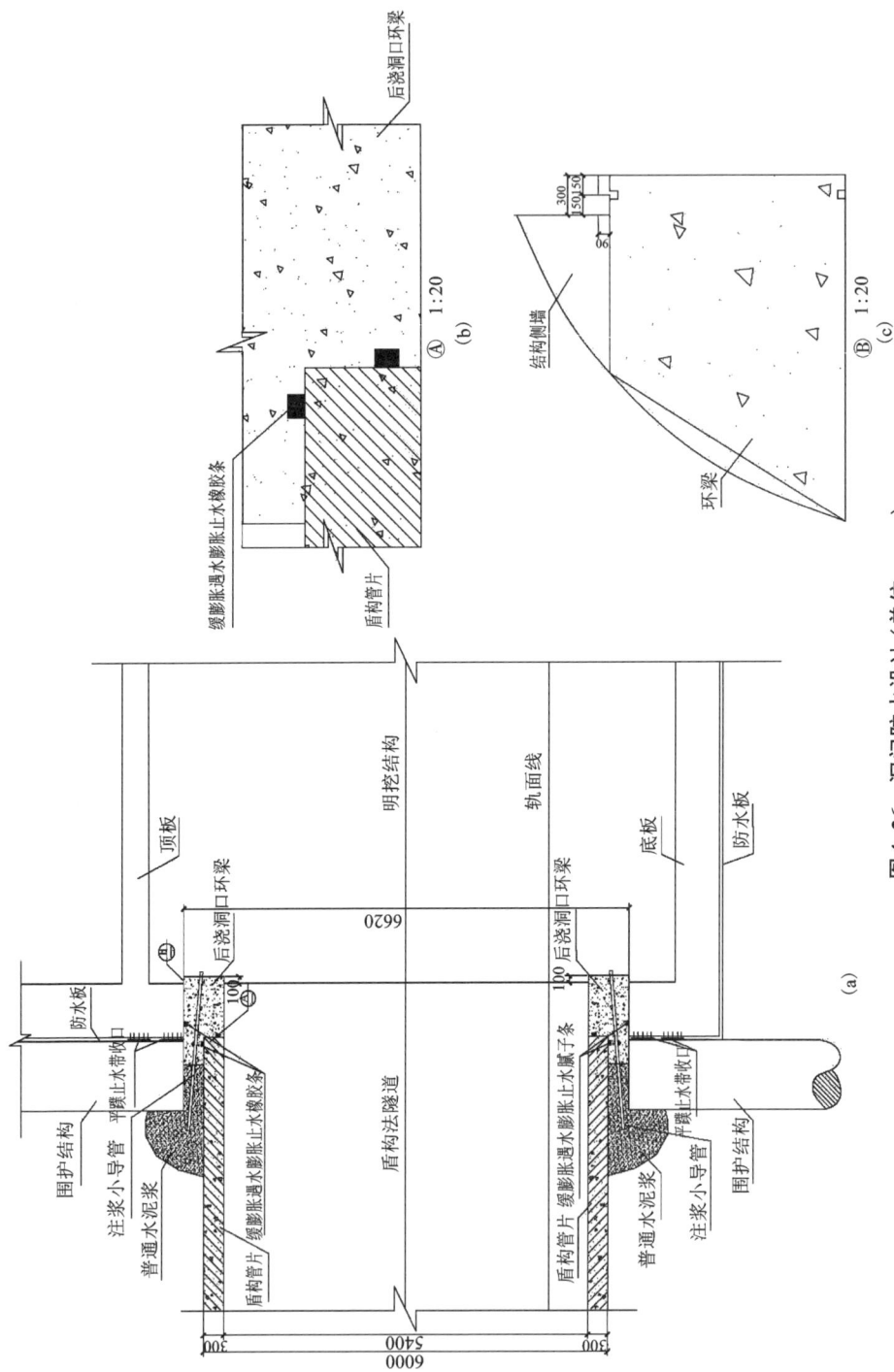

图4-36 洞门防水设计（单位：mm）

2. 洞门环梁结构设计

本区间左右线共包含 8 个洞门，洞门环梁结构为钢筋混凝土，防水混凝土的强度等级为 C40，抗渗等级为 S10。

4.4.13　监测设计

结合广州地铁 9 号线地铁区间监测设计技术要求，制定清高区间监测设计方案，如表 4-19 所示。

表 4-19　清高区间盾构法监测

测量项目		测量仪器	测点布置	测量频率		
				开挖面距量测断面前后<2D	开挖面距量测断面前后<5D	开挖面距量测断面前后>5D
必测项目	地表隆陷	精密水准仪	盾构始发段 100 m 范围内，每 20 m 设一断面。其余地段，每 50 m 设一断面	1~2 次/d	1 次/2 d	1 次/周
	隧道隆陷	精密水准仪、钢尺	每 5~10 m 设一断面			
选测项目	土体内部位移（垂直和水平）	水准仪、磁环分层沉降仪、倾斜仪	每 30 m 设一断面，必要时加密			
	衬砌环内力和变形	压力计和传感器	每 50~100 m 设一断面，必要时加密			
	土层压应力	压力计和传感器	每一代表性的地段设一断面			
	房屋倾斜	精密水准仪、钢尺	距线路中线 10 m 以内的四层以上的房屋均需布设建筑物倾斜测点			
	建（构）物沉降与倾斜	精密水准仪、钢尺	4 倍基坑范围以内的沿线地面重要建筑（构）物都需要被监测			
	地面沉降监测	精密水准仪、钢尺				

注：D 为隧道开挖宽度，按 6.28 m 计。

区间主断面监测点布置如图4-37所示。

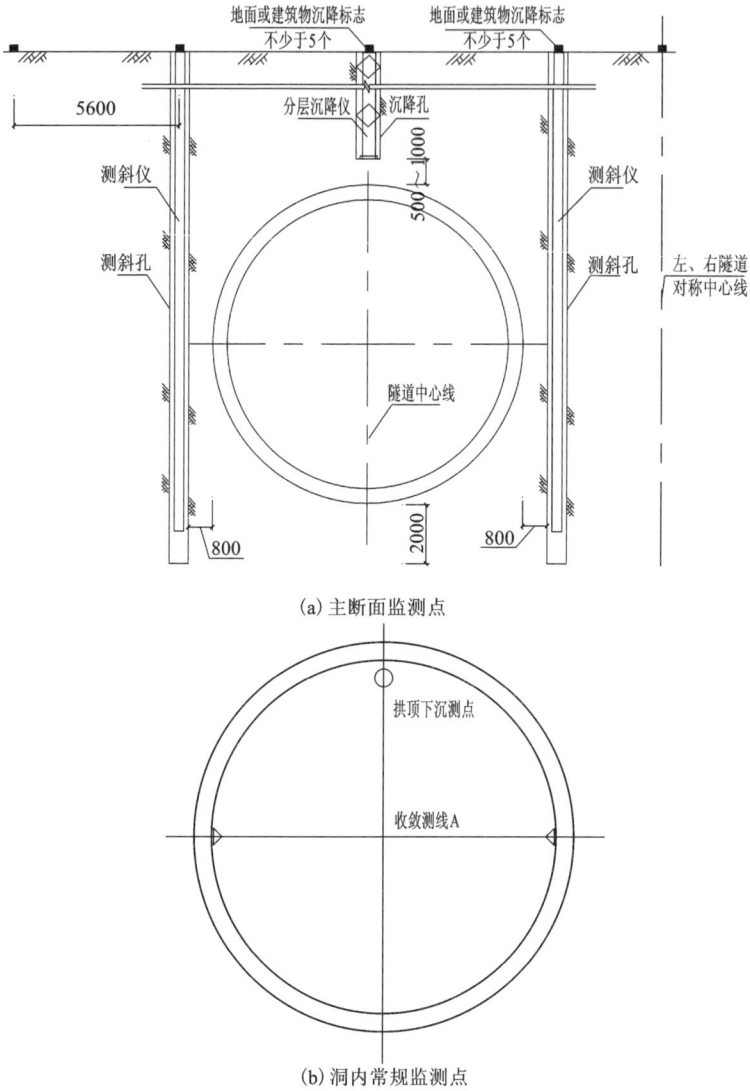

(a) 主断面监测点

(b) 洞内常规监测点

图4-37 区间主断面监测点布置图(单位：mm)

监测主断面位置,具体视施工情况而定。地中沉降孔磁环间距1.0 m。每一监测断面不少于9个测点,施工监测应有可靠的基准点系统,水准基点不少于2个,基准点系统应定期校核。施工监测中,应及时对测量结果进行分析与

反馈,当遇到下列情况时应暂停施工,并根据具体情况制定加强措施:

①当地表沉降值超过 30 mm 时,当地表隆起值超过 10 mm 时。

②当房屋倾斜超过 3‰时。

③当隧道掌子面施工通过一倍洞径,变位速率超过 5 mm/d,仍持续增加时。

4.5　本章小结

本章结合广州地铁九号线地铁区间设计实践,分别从岩溶地质特征、盾构法和明挖法施工特点角度总结了岩溶发育区地铁设计可能产生的地下突涌水、溶土洞坍塌、地面沉降、盾构设备和刀盘配置不当等风险,分析了岩溶发育区溶土洞预处理及下穿重要建(构)筑物重难点,提出了岩溶发育区地铁区间设计总则,明确了区间溶土洞处理方法,构建了双模盾构施工、超浅覆土盾构掘进、特殊岩土地层盾构管片设计等一系列关键技术,形成了集区间岩溶预处理、区间盾构法和区间明挖法设计方法。同时,以九号线地铁区间设计方案为背景,分别开展了区间施工工法、盾构掘进设备选型及岩溶场地预处理方案比选分析。最后以九号线清高区间为例,详细介绍了区间施工、盾构掘进、隧道管片设计、联络通道设计、岩溶预处理设计和盾构下穿重要建构筑物设计等区间设计的全过程开展,以上岩溶发育区地铁区间设计实践为同类地区地铁设计提供了有效的参考。

岩溶地区地铁工程设计关键技术研究与应用

第5章

下穿高铁的设计关键技术

随着城市的快速发展和扩张，以及轨道交通设施的大规模发展，地下轨道交通的走向受城市的规划制约，不可避免地穿越重要的建（构）筑物，以便和原有的公共交通系统形成更好的衔接和配合，从而发挥更重要的城市交通功能。我国城市轨道交通和高速铁路都处于快速发展期，在城市内出现的线路交叉问题，给工程的设计、施工和后期维修带来了许多困难。城市轨道交通下穿高速铁路方案一般更加合理，未来也将会出现越来越多的地铁盾构隧道下穿既有铁路线路的工程。地铁施工必然会扰动周围地层，致使既有铁路路基产生沉降，不利于铁路的安全运营。因此，基于实际工程，研究地铁下穿高铁的设计关键技术具有重大的意义。

广州北站—花城路站区间位于9号线中部，采用泥水盾构法施工。盾构自花果山公园始发，花城路过站，在到达广州北站前需先后下穿普铁、高铁路基段。本章依托广州地铁9号线广州北站—花城路站区间盾构下穿项目，详细介绍地铁盾构下穿高铁无砟轨道设计关键技术，为日后同类型的工程项目提供有价值的参考，也为地下轨道交通的规划设计提供更多可能。

5.1 下穿高铁设计方案

5.1.1 选线设计方案

武广高铁在地铁9号线附近的路基、桥梁分段如图5-1所示。9号线线路南侧约0.8 km、北侧约1 km，武广客运专线上跨工业大道及金华路，为框架桥形式，框架桥宽度分别为20 m、13 m。武广客运专线在9号线线路北侧约1.5 km处为高架与地面过渡段。

考虑到下穿武广客运专线路基段、上跨武广客运专线路基段、下穿武广客运专线框架桥段及下穿武广客运专线高架桥段，花都汽车城—花都广场段共设计7个方案，如图5-2所示。

178 <<

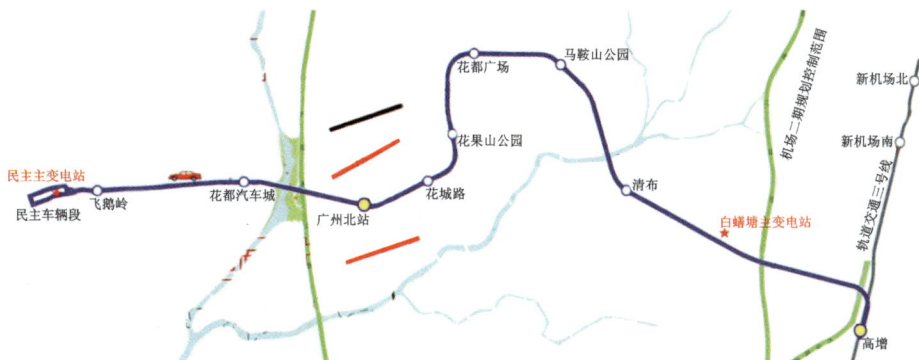

图 5-1　武广高铁在地铁 9 号线附近的路基、桥梁分段

图 5-2　9 号线跨越武广高铁方案

1. 方案一（下穿武广站场）

线路敷设方式：花都汽车城—花都广场段线路长约 6.5 km，全为地下线，设两座地下车站；线路下穿武广客运专线路基段，如图 5-3 所示。

施工风险：武广客运专线对沉降要求严格控制，施工中盾构从砂层中穿越，存在巨大风险；需与运营管理部门协调武广限速，协调难度最大。

与广州北站关系：直达规划广州北站西广场。

拆迁：永迁 3.6 万 m²，临迁 3.0 万 m²，拆迁费约 1.95 亿元。

客流吸引：好。

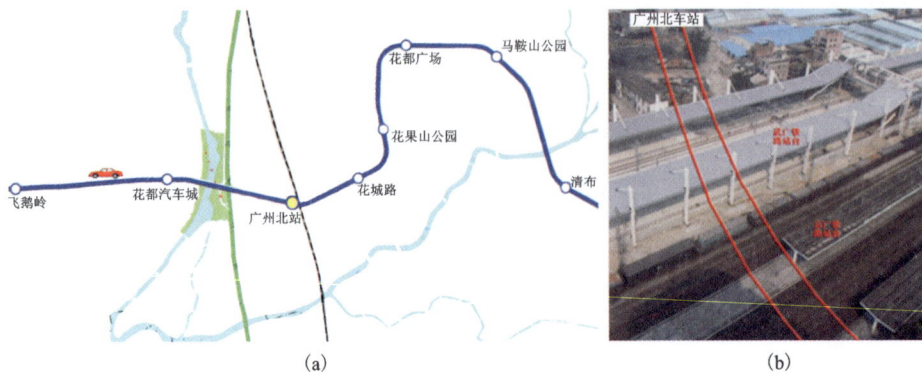

(a)   (b)

图 5-3　方案一(下穿武广站场)

工程费用：约 22.8 亿元。

2. 方案二(高架上跨武广路基)

线路敷设方式：线路位于原方案北侧约 0.4 km；线路长约 6.0 km，设两座车站；线路两次由地下转为高架，条件最差；线路上跨武广客运专线路基段，如图 5-4 所示。

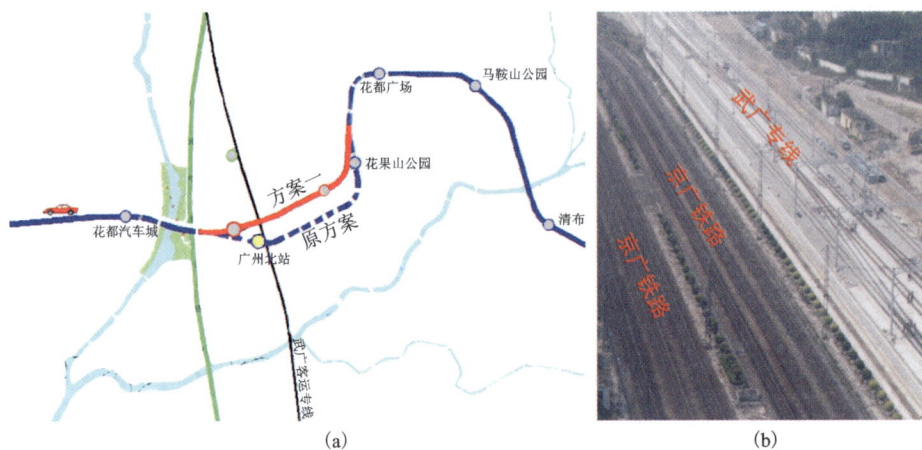

(a)   (b)

图 5-4　方案二(高架上跨武广路基)

施工风险：施工中风险相对较小；由于武广接触网较高，9 号线桥梁将比云山大道跨线桥高 1 m 左右；需与运营管理部门协调上跨方案，协调难度较大。

与广州北站关系：距规划广州北站西广场 0.5 km。

拆迁：永迁 10.8 万 m²，临迁 3.8 万 m²，拆迁费约 5.59 亿元。

客流吸引：较好。

工程费用：约 19.1 亿元。

3. 方案三(下穿武广框架桥)

线路敷设方式：线路位于原方案北侧约 1.0 km；线路长约 5.5 km，线路顺直，全为地下线，设两座地下车站；线路下穿武广客运专线框架桥段(两孔共长 13 m)，如图 5-5 所示。

(a)　　　　　　　　　　　　　　(b)

图 5-5　方案三(下穿武广框架桥)

施工风险：施工中先对武广框架桥进行加固，风险较小；框架桥段跨径小，9 号线左右线需上下错开，存在一定风险；需与铁道部协调加固方案，协调难度较小。

与广州北站关系：距规划广州北站西广场 1.1 km，需通过其他交通方式衔接。

拆迁：永迁 1.9 万 m²，临迁 1.0 万 m²，拆迁费约 1.00 亿元。

客流吸引：差。

工程费用：约 19.3 亿元。

4. 方案四(建设北路下穿武广高架)

线路敷设方式：线路位于原方案北侧约 1.5 km；线路长约 5.5 km，线路顺直，全为地下线，设两座地下车站；线路下穿武广客运专线高架段，避开武广高铁桩基，如图 5-6 所示。

施工风险：施工风险相对最小，只需要施工时对武广桩基进行加固保护；需与运营管理部门协调加固方案，协调难度较小。

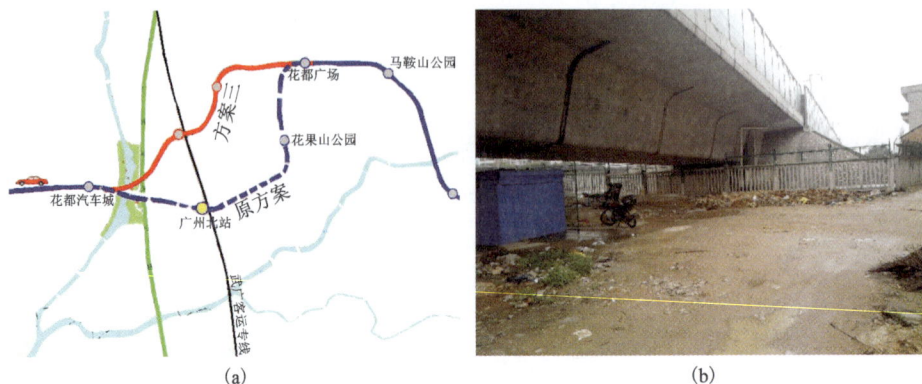

图5-6 方案四(建设北路下穿武广高架)

与广州北站关系：距离广州北站西广场1.4 km。

拆迁：永迁13.5万 m²，临迁1.0万 m²，拆迁费约6.80亿元。

客流吸引：差。

工程费用：约19.3亿元。

5.方案五(建设北路下穿武广高架)

线路敷设方式：线路位于原方案北侧约1.5 km；线路长约7.1 km，线路弯曲，全为地下线，设两座地下车站；线路下穿武广客运专线高架段，避开武广高铁桩基，如图5-7所示。

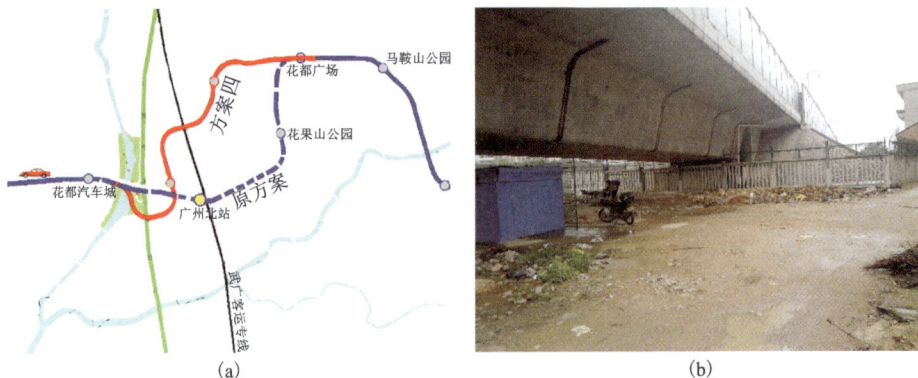

图5-7 方案五(建设北路下穿武广高架)

施工风险：施工风险相对最小，只需要施工时对武广桩基进行加固保护；需与运营管理部门协调加固方案，协调难度较小。

与广州北站关系：距离广州北站西广场 0.55 km。

拆迁：永迁 13.5 万 m²，临迁 1.0 万 m²，拆迁费约 6.80 亿元。

客流吸引：较差。

工程费用：约 24.9 亿元。

6. 方案六（迎宾大道下穿武广高架）

线路敷设方式：线路位于原方案北侧约 2.7 km；线路长 7.1 km，线路弯曲，全为地下线，设两座地下车站；线路下穿武广客运专线高架段，避开武广高铁桩基，如图 5-8 所示。

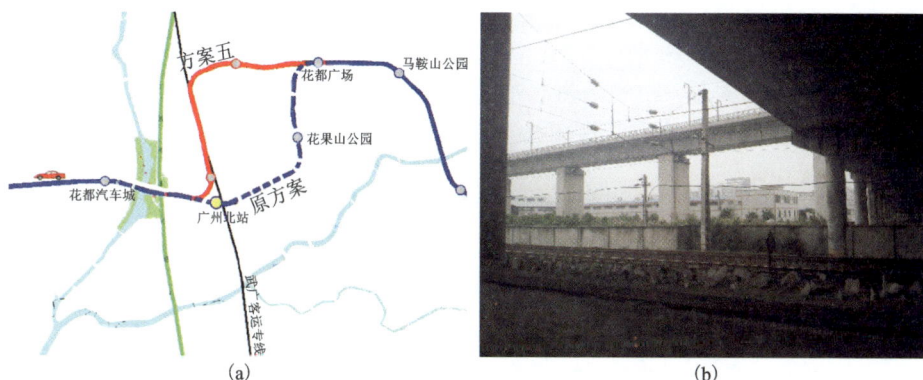

图 5-8 方案六（迎宾大道下穿武广高架）

施工风险：施工风险相对最小，只需要施工时对武广桩基进行加固保护；需与运营管理部门协调加固方案，协调难度较小。

与广州北站关系：距离广州北站西广场 0.6 km。

拆迁：永迁 1.5 万 m²，临迁 2.0 万 m²，拆迁费约 0.85 亿元。

客流吸引：较好。

工程费用：约 24.9 亿元。

7. 方案七（迎宾大道下穿武广高架）

线路敷设方式：线路位于原方案北侧约 2.7 km；线路长约 8.0 km，线路最弯曲，全为地下线，设两座地下车站；线路下穿武广客运专线高架段，避开武广高铁桩基，如图 5-9 所示。

施工风险：施工风险相对最小，只需要施工时对武广桩基进行加固保护；

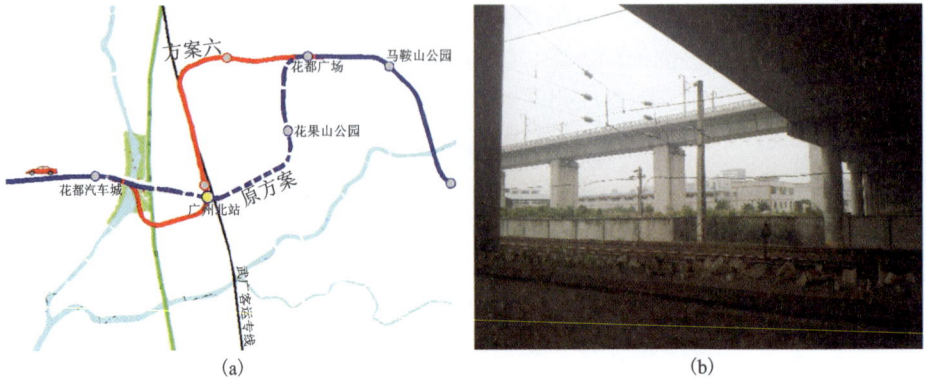

(a)   (b)

图 5-9　方案七(迎宾大道下穿武广高架)

需与运营管理部门协调加固方案,协调难度较小。

与广州北站关系:距离广州北站西广场 0.1 km。

拆迁:永迁 1.5 万 m²,临迁 2.0 万 m²,拆迁费约 0.85 亿元。

客流吸引:好。

工程费用:约 28.1 亿元。

最终,根据方案对比表(如表 5-1 所示),从 7 个方案中选择方案一。

表 5-1　方案对比表

	优点	缺点	是否推荐
方案一	客流吸引好、工程费用低	工程风险大	是
方案二	客流吸引好、工程费用低	协调难度大	否
方案三	工程风险小,协调难度小	客流吸引差	否
方案四	工程风险小,协调难度小	客流吸引差	否
方案五	工程风险小,协调难度小	客流吸引差、工程费用高	否
方案六	工程风险小,协调难度小	工程费用高	否
方案七	工程风险小,协调难度小	工程费用高	否

5.1.2　下穿铁路段工程水位地质

1.下穿高铁范围勘调查的和方法

下穿高铁范围勘探研究目的有:

①通过勘察报告和工程实践的纵向、横向对比展开自然地质条件的分析和总结，掌握下穿铁路范围的灰岩地质特点，有利于风险源的辨识，指导刀具选型、设备改造和盾构参数等方面的研究和措施制订。

②在地质特点分析、资料整理和工程实践的基础上，利用地质等高线、BIM 等工具形成铁路范围的地质纵剖面成果图，填补铁路范围地质勘察资料的缺失。

③进一步探明武广高铁及京广铁路线路下的基岩岩面分布。

④探明补勘区间的岩溶发育情况。

⑤利用补勘钻孔对溶洞发育段进行注浆加固。

根据城市轨道交通岩土工程勘察规范规定，本次勘察的主要方法包括：

①调查和搜集有关勘察资料。

②适当进行钻探勘察工作。本次勘察综合各种勘察方法和手段互相印证，主要采用资料收集、钻探取芯、野外鉴别、取岩土水样、现场标准贯入试验、岩芯拍照、水文地质抽水试验及室内土工试验等方式。各项工作的实施严格按照相关规范、标准及操作规程的要求执行。

2. 铁路范围既有勘探资料的收集与利用

因广州北站及铁路线路的特殊性，不允许进入铁路范围勘探作业。通过调取武广高铁竣工图纸雨棚柱基础的勘察探孔资料（如图 5-10 所示），结合铁路周边地铁勘察钻孔资料（如图 5-11 所示），得出铁路范围盾构隧道地质纵剖面，如图 5-12 所示。左线地质纵剖面覆土 9.4~9.8 m 厚，右线地质纵剖面覆土 7.9~8.9 m 厚，初步判定左、右线岩面均未侵入盾构隧道范围内。

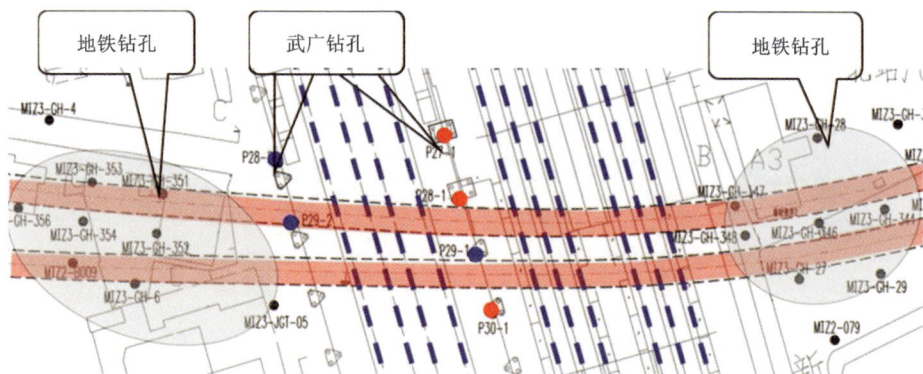

图 5-10　武广高铁竣工图纸雨棚柱基础的勘察探孔分布

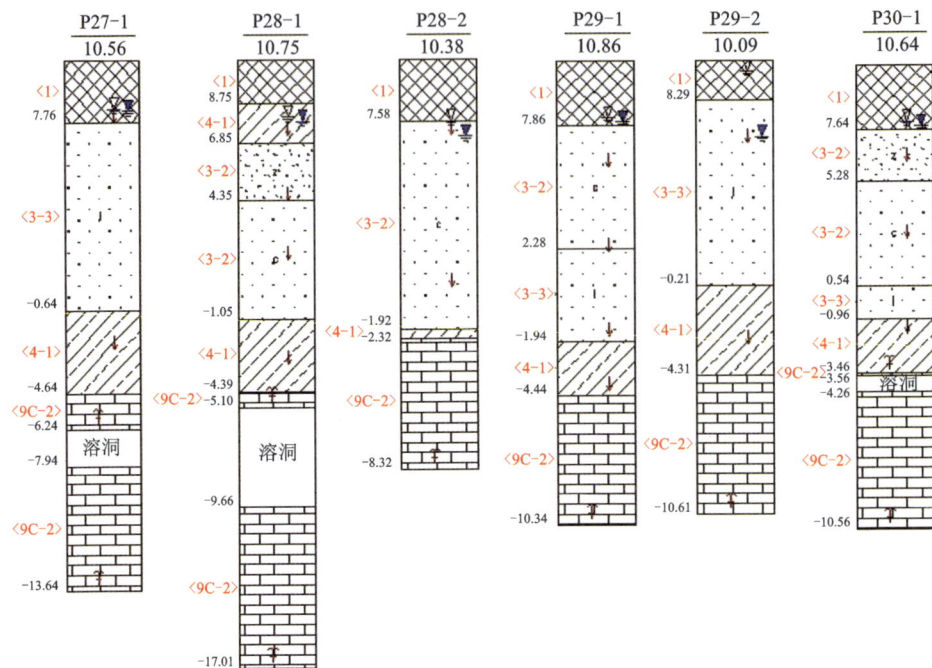

图 5-11 武广高铁竣工图纸雨棚柱基础的勘察钻孔分布图(单位：m)

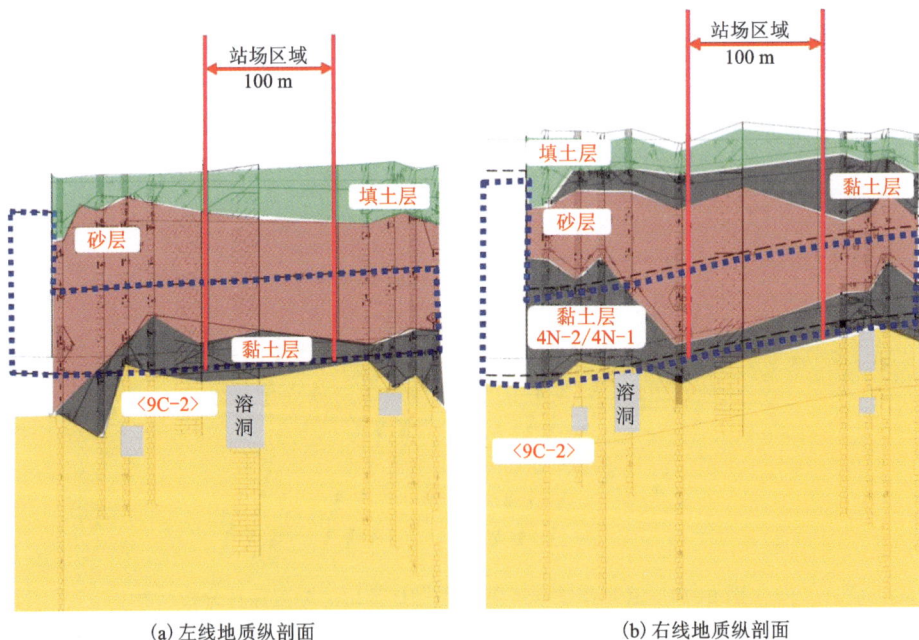

(a) 左线地质纵剖面   (b) 右线地质纵剖面

图 5-12 利用铁路范围既有勘探资料绘制的盾构隧道地质纵剖面图

综合考虑在铁路范围垂直钻孔勘探和地面布线、台阵等实施的困难性，而且声波等物探方法具有一定主观性，确定采用水平钻孔勘探工艺。

一般地质钻机、高速地质钻机和锚杆钻机在灰岩地层岩石强度高、富含水软弱覆盖层且铁路范围沉降控制标准高等条件下进行水平勘探易引起次生风险，最终确定采用 MJS 设备实施水平钻探施工。

3. 铁路周边明挖地质情况收集

为进一步综合判断铁路范围的地质情况，对铁路范围 3 个周边明挖基坑实际开挖地质情况进行了收集，铁路与周边明挖基坑平面位置关系如图 5-13 所示。各明挖基坑的均出现了岩面高差大、实际岩面高于原地质勘察资料的情况，如图 5-14~图 5-16 所示。

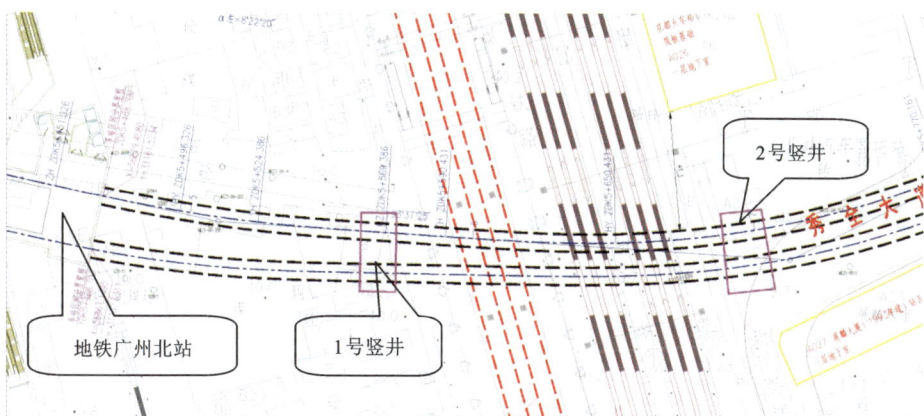

图 5-13　铁路与周边明挖基坑平面位置关系示意图

(a) 车站盾构到达端头岩面情况　　　　(b) 车站标准段岩面情况

图 5-14　地铁广州北站基坑开挖岩面情况

图 5-15　1 号竖井基坑开挖岩面突起情况

图 5-16　2 号竖井基坑开挖岩面突起情况

依次推测铁路下方地质的几个特点：①京广铁路下方路基岩面、岩层比例高于高铁；②下穿铁路段左线比右线的岩面和比例高，1 号竖井—广州北站右线岩面和比例相对较高；③高铁路基旋喷桩加固体水泥出渣较少，高铁路基、站台为回填筑高，存在地面下未挖除的树根、树干，甚至存在路基加固遗留的套管或其他刚性杂物。

4. 综合运用工具整理形成地质成果

在上述铁路范围既有勘察资料、MJS 水平勘探渣样和铁路周边明挖基坑地质情况的收集、整理、分析的基础上，分别采用地质等高线、BIM（如图 5-17 所示）等工具形成铁路范围的地质成果，再进一步比照分析，最终形成铁路路基下方的地质纵断面成果图。

项目部成立监测数据分析处理小组，对所收集的监测数据进行录入、分析；利用 BIM 建模，搭建数据库，将模型能表现的数据和三维图片与数据库索引库对接，形成监测点变形动画，进而实现智能化分析监测数据和指导现场施工。

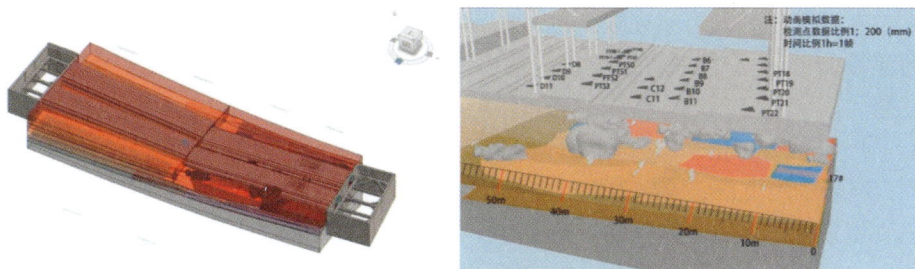

图 5-17　盾构下穿铁路项目 BIM 模型

　　根据地铁 9 号线广州北站—花果山公园站区间详勘报告及目前收集到的武广客专广州北站地质钻孔资料，广州北站—花城路站区间位于广花盆地，地貌上属于河流冲洪积平原，地势平坦宽广，局部为剥蚀垄状残丘，揭露第四系地层为人工填土、冲洪积砂层、黏性土层及残积层，基岩为石炭系灰岩。

　　隧道位置与地质状况如图 5-18 所示。

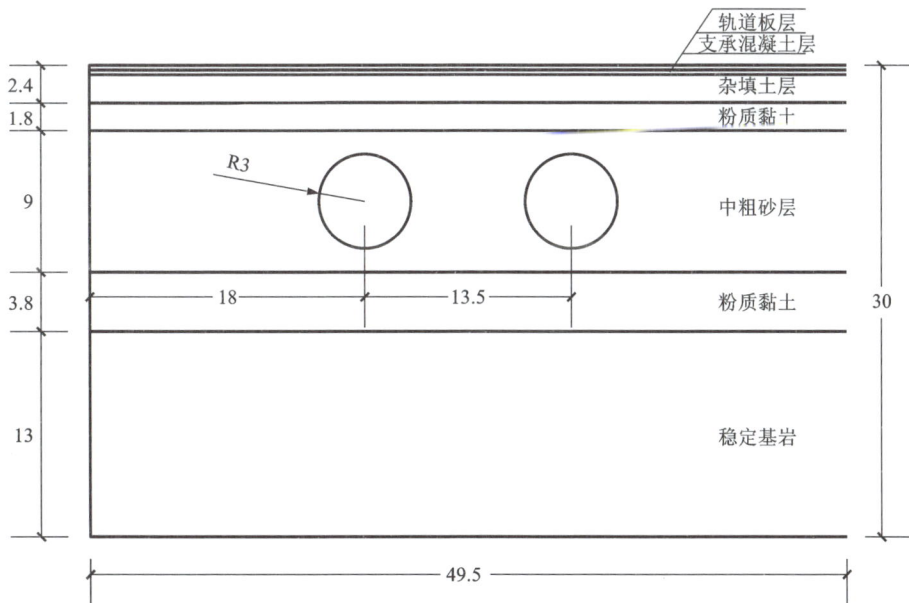

图 5-18　隧道位置与地质状况 (单位：m)

5. 水文地质条件

在整个地铁 9 号线建设区内, 地表水主要受清石河、田美河、天马河三大河流控制。富水性中等—丰富, 地表水与地下水联系密切, 水文地质条件复杂。

广州北站—花果山公园站区间位于广花盆地, 地貌上属于河流冲洪积平原, 地势平坦宽广, 局部为剥蚀垄状残丘, 揭露第四系地层为人工填土、冲洪积砂层、黏性土层及残积层, 基岩为石炭系岩层, 地下水位的变化受地形地貌、地层岩性、地下水补给来源及排泄等因素控制。

第四系冲积—洪积砂层为主要潜水含水层, 含黏粒较多, 富水程度较差, 局部地段砂层水微承压。根据 9 号线沿线地下水赋存条件、含水介质及水力特征分析, 地下水主要有 3 种基本类型, 分别为孔隙水、岩溶(土洞)水和裂隙水。

①孔隙水: 主要赋存于冲积-洪积砂层中, 分布在秀全大道沿线。砂层一般被人工填土层、冲积-洪积土层、河湖相淤泥质土层覆盖, 因此局部具承压性。粉细砂层的粉、黏粒含量一般较高, 富水性弱—中等, 透水性中等, 渗透系数一般为 1~8 m/d。中粗砂层和砾砂层厚度较大, 多呈层状分布, 一般含黏粒较少, 水量较丰富, 中等—强透水, 在秀全大道附近的中粗砂和砾砂层, 地下水量特别丰富, 渗透系数一般为 5~15 m/d。

②岩溶(土洞)水: 主要含水层为石炭系石磴子组灰岩, 岩溶发育总体上强烈但不均匀, 单井涌水量很大; 而炭质灰岩的裂隙或溶洞发育相对弱, 透水性、富水性也较弱。在秀全大道部分地段中砂层直接覆盖在灰岩面上, 砂层中的地下水与灰岩溶洞水连通呈互补给状态, 地下水水量很大; 部分地段灰岩面覆盖有冲洪积土层或残积土层, 局部厚度较大, 透水性差, 在一定程度上起到隔水作用, 岩溶水一般具承压性。

③碎屑岩类裂隙水主要存在于强风化带和中等风化带, 由于风化裂隙为泥质充填, 地下水赋存条件相对较差, 一般透水性、富水性也较弱。裂隙水具承压性。

地下水位的变化与地下水的赋存、补给及排泄关系密切, 每年 2 月起随降水量与农灌水的增加, 地下水位开始逐渐上升, 到六月至九月处于高水位时期(丰水期), 九月以后随着降水量与农灌水的减少, 地水位缓慢下降, 到 12 月至次年 2 月处于低水位期(枯水期), 根据广花盆地监测资料, 地下水位年变幅第四系孔隙水水位埋深为 0.39~1.53 m, 岩溶水水位埋深为 0.55~1.30 m。

6. 武广高铁路基段既有加固方案

武广高速铁路基横断面设计图如图 5-19, 曾采用旋喷桩加固和岩溶注浆的方式对地基进行处理, 如图 5-20, 对地铁盾构施工造成困难。

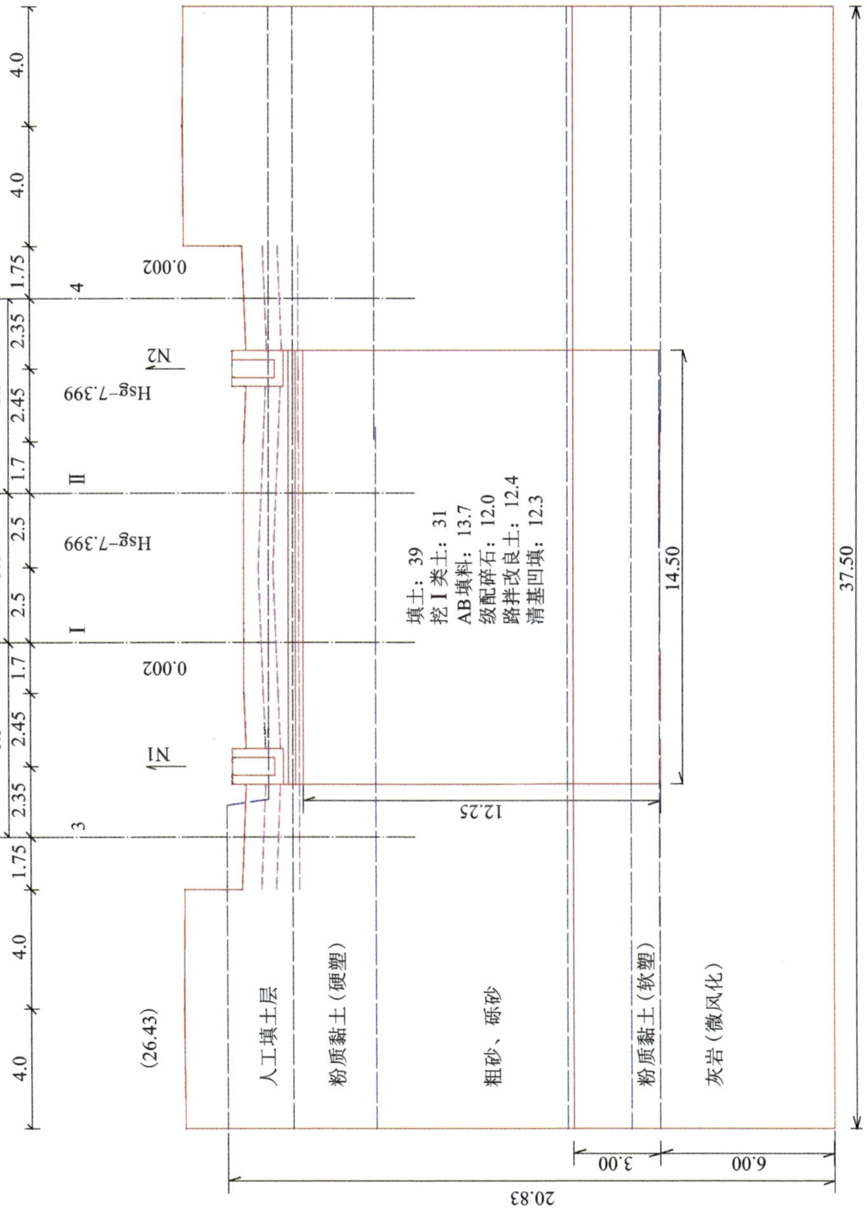

图5-19　武广路基横断面设计图（单位：m）

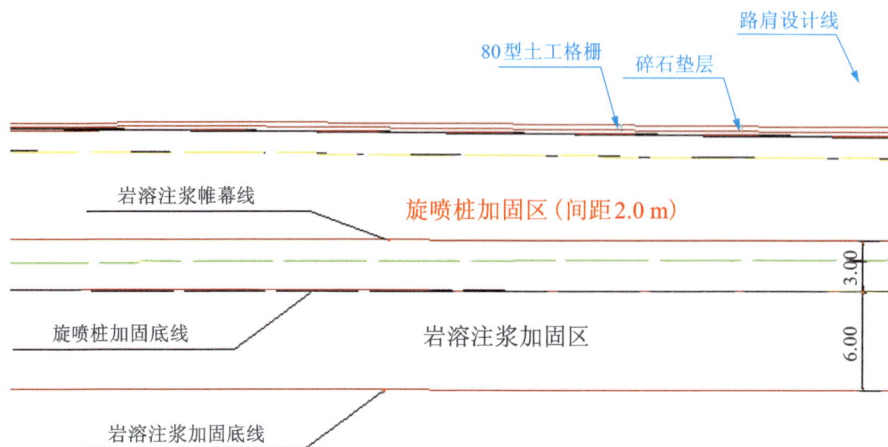

图 5-20　武广高速铁路基段原有的地质处理纵断面图（单位：m）

根据目前收集的资料显示，武广客专广州北站站台雨棚基础采用 3 桩（或 4 桩）1 承台的端承桩基础，桩直径为 800 mm，桩底入岩不小于 1.5 m，桩身通长配筋。

武广客专越行线（中间两条股道）对地基进行了单管旋喷桩加固处理，旋喷桩直径为 500 mm，间距为 2.0 m，桩长 9～16 m（桩底至岩面），梅花形（正三角形）布置；旋喷桩顶层铺 0.5 m 厚砂砾石垫层，内设一层 110 型双向土工格栅，如图 5-21。

武广高铁站场范围岩溶路基对岩面以下 6 m 范围的溶洞进行了压力灌浆处理，注浆孔平面布置如图 5-22：纵向间距为 6 m，排距为 6 m，梅花形布置，加固深度为岩土界面以下 6 m，注浆套管嵌入基岩 0.5 m。

经调查得知，武广高铁建设前站台位置种植了树木，树木仅沿原地面标高切割，且站场范围通过直接回填筑高。

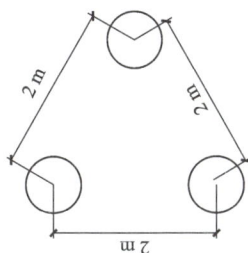

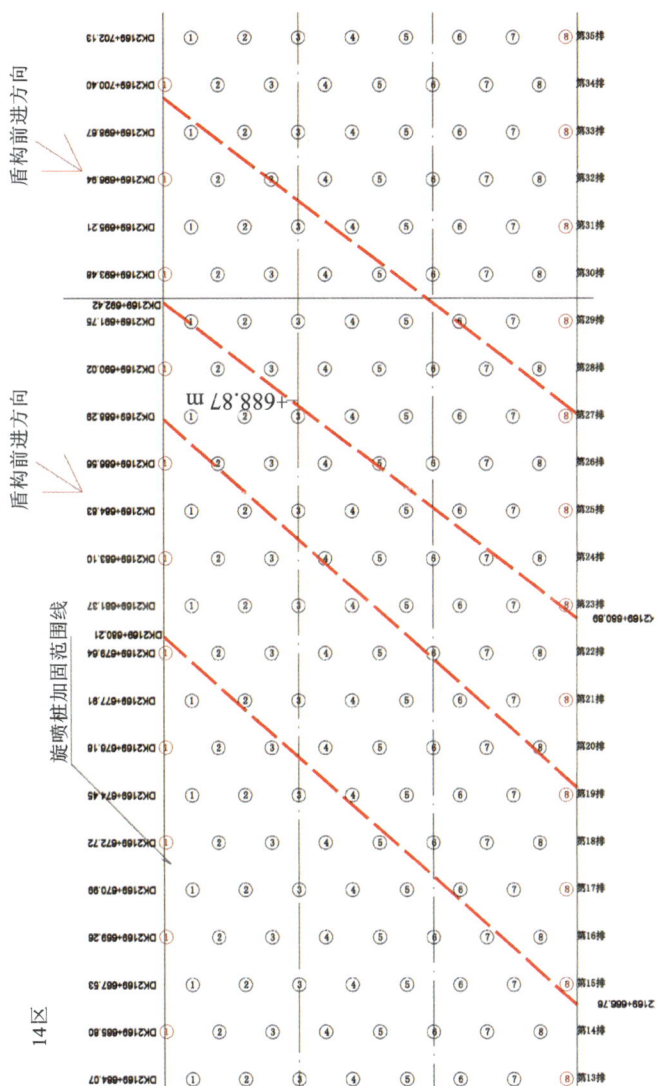

图 5-21　武广高速铁路路基段原有的旋喷桩加固平面图

岩溶地区地铁工程设计关键技术研究与应用

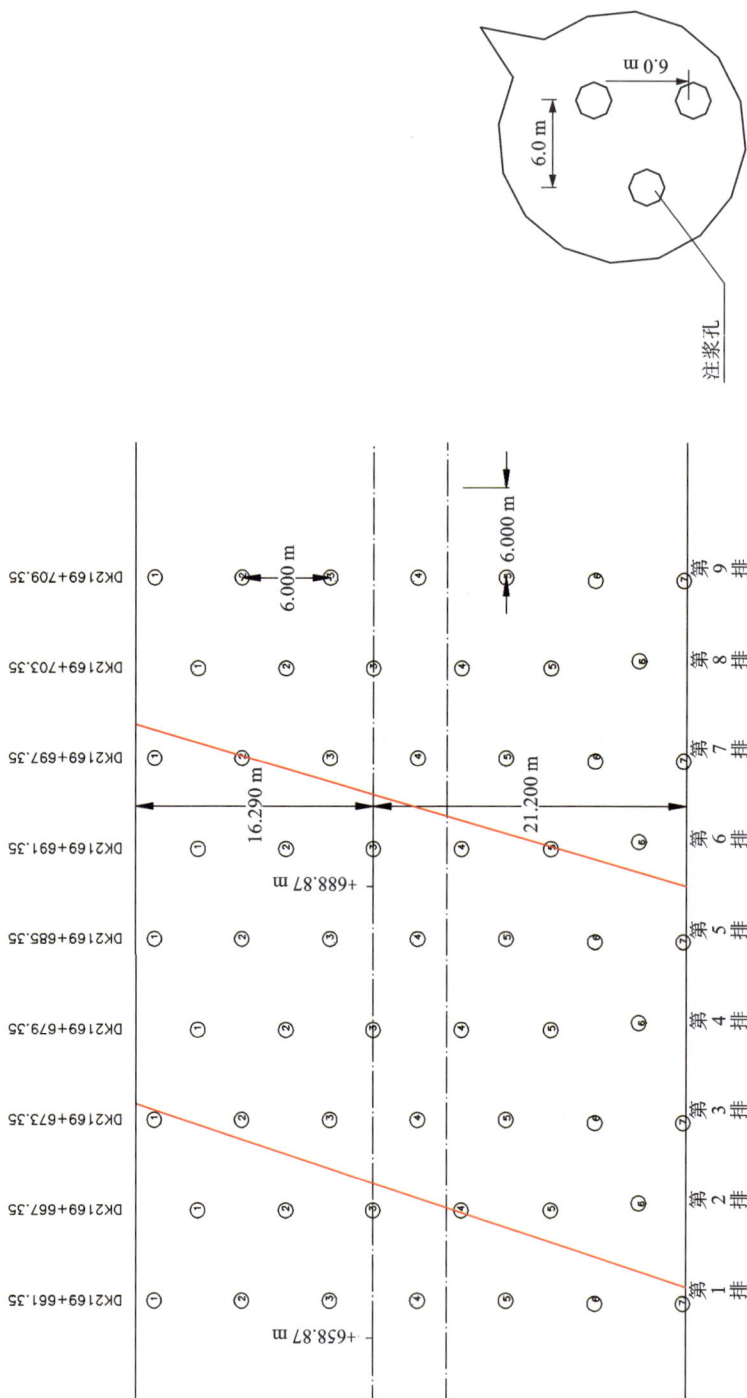

图5-22 武广高速铁路基段原有岩溶处理注浆孔布置平面图

5.1.3　主要不良地质和工程风险与难点

根据区间地勘报告结合武广客专收集钻孔资料分析,下穿段主要不良地质如下:

1. 砂土液化

本区段冲积-洪积粉细砂层、中粗砂层和砾砂层在秀全大道沿线广泛分布。按照国家标准《建筑抗震设计规范》(GB 50011—2010),场区抗震设防烈度为6度,一般情况下可不进行判别和处理,若按7度的要求判别,冲积-洪积呈松散状态的粉细砂层、中粗砂层和砾砂层经初步判别可能为液化,根据标准贯入试验判别法计算结果,少量轻微液化。

根据目前收集到的武广路基资料显示,武广路基已进行软土地基加固处理,基本无影响。

2. 岩溶

岩溶是本区间最主要的不良地质条件,本区间的冲洪积区秀全大道是灰岩广泛分布的区域,地势较低,岩面覆盖大面积较厚的砂层(粉细砂、中粗砂和砾砂),地下水丰富,岩溶发育。

根据广州北站—花果山公园站区间详勘察报告显示,区间共完成317个勘察钻孔,有156个钻孔存在溶(土)洞,其中153个钻孔存在溶洞,5个钻孔存在土洞,占钻孔总数的49.2%(见洞率),有110个钻孔存在洞高 h 不小于1 m的溶洞,评价为严重发育,占溶(土)洞钻孔数的70.5%。

本区间灰岩分布很广,被第四系地层覆盖,为埋藏型岩溶形态,区内的岩溶特征主要表现在以下几方面:

①灰岩表层与第四系覆盖层接触部位表现为凹凸不平,岩面起伏大,石芽、溶沟、溶槽、溶(土)洞等形态均有发育。

②溶洞多发育在基岩面附近。

③在灰岩内部的岩溶发育程度呈逐渐减弱趋势,而溶洞主要分布在次生断裂及裂隙发育部位。

④受次生断裂的影响,部分溶洞呈现出串珠状特征。

⑤溶洞有三种类型:充填溶洞、半充填溶洞及空洞,大部分溶洞有少量充填物或无充填。充填溶洞及半充填溶洞,充填物以软-流塑状的软黏性土为主,混灰岩碎块及砂粒,部分溶洞承载力极低。

根据目前收集到的武广客专资料显示,下穿段存在岩溶发育,但武广客专路基施工前对灰岩岩面下方6 m范围岩溶均已进行压力灌浆处理。因此,岩溶风险对下穿施工影响不大。

下穿段主要工程风险与难点如下：

1. 地层沉降

国内外大量盾构施工实践表明，盾构施工或多或少都会挠动地层，从而引起地层移动，导致不同程度的地面沉降。受地层沉降影响隧道附近地区的构筑物将产生变形、沉降或变位，使得构筑物机能遭受破损或破坏。

盾构施工引起的地面沉降按地表沉降变化规律可分为初始沉降、开挖面前方沉降(或隆起)、盾构通过时的沉降、盾尾空隙沉降和固结沉降 5 个阶段(如表 5-2 所示)。

表 5-2　盾构施工引起地面沉降的原因与机理

沉降类型	主要原因	应力扰动	变形机理
初始沉降	土体受挤压而压密	孔隙水压力减少有效应力增加	孔隙比减少，固结
开挖面前方沉降(或隆起)	工作面处施压，过大隆起，过小沉降	孔隙水压力增加，总应力增加	土体压缩产生弹塑性变形
盾构通过时的沉降	施工扰动，盾构与土体间剪切错动，出渣	应力释放	弹塑性变形
盾尾空隙沉降	土体失去盾构支撑，管片背后注浆不及时	应力释放	弹塑性变形
固结沉降	土体后续时效变形	应力松弛	蠕变压缩

(1)初始沉降

初始沉降是指当开挖面到达某一测量位置之前，在前方的土体滑裂面以外产生的沉降。因为初期沉降的量较小，而且不是所有的暗挖施工工程都会发生沉降，所以一般不被人们觉察。据部分实测资料分析断定，初期沉降是固结沉降引起的，其中包括暗挖施工引起的地下水(或孔隙水)的下降。

(2)开挖面沉降(或隆起)

开挖面沉降(或隆起)是指开挖面到达某一测量位置时，在它正前方的那部分地面沉降。不同盾构类型构成不同的隧道开挖方式，由于各种推进参数(如盾构推进速度、最大推力等)的差异，使开挖面的土体应力状态也截然不同，使得覆盖层的土压增加或应力释放。

国际上一般用超载系数 OFS 来衡量开挖面土体的稳定性。超载系数 OFS 与开挖面土体损失的关系如图 5-23 所示。

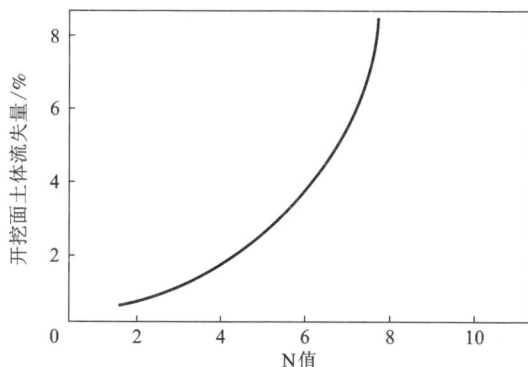

图 5-23　超载系数与土体流失的关系图

当超载系数小于 1 时,开挖面为弹性变形,土体损失小于 1%;当超载系数大于 1 且小于 4 时,开挖面为弹塑性变形,土体损失为 2%~4%;当超载系数大于 5 时,开挖面为塑性变形,土体损失大于 4%。

如果开挖面的垂直应力小于开挖面的支承力,超载系数为负值时,开挖面土体向着盾构的反方向位移,地面出现隆起现象。

(3)盾构通过时的沉降

盾构通过时的沉降是指盾构通过时产生的地面沉降。在整个盾构推进过程中,盾构受到 3 个力的作用,即总推力、表面摩擦阻力及正面土压力。按理论计算,总推力的表达式如下:

$$P_s = P_0 + R_1$$

式中:P_s 为盾构总推力;P_0 为正面土压力;R_1 为表面摩擦阻力。

表面摩阻力可根据摩擦桩的表面摩阻力求法得出:

$$R_1 = \gamma \times H \times \tan\varphi'$$

式中:γ 为土的密度;H 为隧道的平均埋深(指地面至隧道中心的距离);φ' 为土的有效内摩擦角。

由于盾壳与地层之间的摩擦阻力作用,必然会产生一个滑动面。临近滑动面的土层中就产生剪切应力,当盾构通过受剪切破坏的地层时,因受剪切而产生的拉应力导致土壤立刻向盾构后的空隙移动。要保持盾构与隧道轴线一致,在推进过程中,盾构所经之处必须压缩一部分土壤,松弛另一部分土壤。压缩的部分抵挡了盾构的偏离,而松弛的部分则带来了地面沉降。

(4)盾尾空隙沉降

盾尾空隙沉降发生在盾尾通过之后。引起沉降的原因是盾构尾部建筑空隙和隧道周围土层被扰动。在土力学上表现为土的应力释放，密实度下降。一般盾构的外径要比隧道衬砌的外径大2%。主要有以下两个原因：首先盾壳材料有一定的厚度；其次是由于施工需要，使盾壳内与衬砌间必须有一定的空隙，建筑空隙如不及时被充填，就会被周围土体占领，最终形成较大的地面沉降。

（5）固结沉降

固结沉降指盾构通过后在相当长一段时间内仍延续着的沉降。黏土地基长期延续沉降明显大于砂质地基。因此，这类沉降归结于地基土的徐变特性之塑性变形。该阶段的沉降起因是土层的本身性质和隧道周围土体受到扰动，其滞后时间与盾构的种类、地质条件、施工质量等因素有关。

武广客专采用无砟轨道，无砟轨道能够承受的沉降限值目前尚无明确规范依据，同时武广客专、京广铁路运营期间允许的沉降控制值需铁路部门明确提出。因此现在仅就可能引起沉降的原因进行分析。

地面沉降的基本原因是盾构掘进引起的地层损失和隧道周围地层受到挠动或剪切破坏从而再固结。地层损失引起的地面沉降，大多在施工期间呈现出来。再固结引起的地面沉降，在砂性土中呈现较快，在黏性土中则要延续较长时间。

1）地层损失

隧道的挖掘土量常常由于超挖等原因而比按照隧道断面积计算出的土量大得多，使得隧道与衬砌之间产生空隙。在软黏土中空隙会被周围土壤及时填充，引起地层运动，产生施工沉降（也称瞬时沉降）。土的应力因此而发生变化，随之而形成应变—位移—地面沉降。

地层损失是指盾构施工中实际挖除的土体体积与理论计算的排土体积之差。地层损失率以地层损失体积占盾构理论排土体积的百分比 V_s（%）来表示。

圆形盾构理论排土体积 V_0 如下：

$$V_0 = \pi \times r_0^2 \times L$$

式中：r_0 为盾构外径；L 为推进长度。

单位长度地层损失量的计算公式如下：

$$V = V_s \times V_0$$

地层损失一般可分为以下三类。

第一类：正常地层损失。排除各种主观因素的影响，且认为人们的操作过程是认真、仔细的，完全合乎预定的操作规程，没有任何失误。地层损失的原因全部归结于施工现场的客观条件，如施工地区的地质条件或盾构施工工艺的选择等。一般来说，这种沉降可以控制在一定程度里，由此而引起的地面沉降槽体积与地层损失量是相等的。在均质的地层中，正常地层损失引起的地面沉降也比较均匀。

第二类：非正常地层损失。这是指由于盾构施工过程中操作失误而引起的地层损失。如盾构操作过程中各类参数设置错误、超挖、压浆不及时等。非正常地层损失引起的地面沉降有局部变化的特征，并且这被认为是正常的。

第三类：灾害性地层损失。盾构开挖面有突发性急剧流动，甚至形成暴发性的崩塌，引起灾害性的地面沉降。这常常是由于盾构施工中遇到地层中水压大的贮水层和透水性强的颗粒状土的透镜体等不良地质条件所引起的。

引起地层损失主要因素如下：

①开挖面土体移动。当盾构掘进时，开挖面土体受到的水平支护应力小于原始侧向力，开挖土体向盾构内移动，引起地层损失而导致盾构上方地面沉降；当盾构推进时，如果作用在正面土体的推力大于原始侧向力，则正向土体向上、向前移动，引起地层损失（欠挖）而导致盾构前上方土体隆起。

②盾构后退。当盾构暂停推进时，由于盾构推进千斤顶漏油回缩而可能引起盾构后退，使开挖面土体坍落或松动，造成地层损失。

③土体挤入盾尾空隙。由于盾尾后面隧道外周空隙中压浆不及时，压浆量不足，压浆压力不恰当，使盾尾后周边土体无法保持原始三维平衡状态，而向盾尾空隙中移动，引起地层损失。

④改变推进方向。盾构在曲线推进、纠偏、抬头推进或叩头推进过程中，实际开挖面不是圆形而是椭圆形，因此引起地层损失。

⑤盾构移动对地层的摩擦和剪切作用。

⑥在土压力作用下，隧道衬砌产生的变形会引起少量的地层损失。

2）固结沉降

由于盾构推进过程中的挤压、超挖和盾尾的压浆作用，对地层产生扰动，使隧道周围地层产生正、负超孔隙水压力，从而引起地层沉降，这被称为固结沉降。固结沉降可分为主固结沉降和次固结沉降。

主固结沉降为超孔隙水压力消散引起的土层压密。由于盾构推进中的挤压作用和盾尾的压浆作用的施工因素，使周围地层形成正值的超孔隙水压区，其超孔隙水压力在盾构隧道施工后的一段时间内复原，在此过程中地层发生排水固结变形，引起地面沉降。当盾构离开该处地层后，由于土体表面压力释放，隧道周围的孔隙水压力便下降。在超孔隙水压力释放过程中，孔隙水排出，引起地层移动和地面沉降。主固结沉降与土层厚度有着密切的关系，土层越厚，主固结沉降占总沉降的比例越大。因此，在隧道埋深较大的工程中，施工沉降虽然很小，但主固结沉降的作用却很大。

次固结沉降是由于土层骨架蠕动引起的剪切变形沉降。土体受到扰动后，土体骨架还会有持续很长时间的压缩变形,在此过程中发生的地面沉降称为次固结沉降。在孔隙比和灵敏度较大的软塑和流塑性土层中,次固结沉降往往要持续几个月,有的甚至要持续几年以上。它所占总沉降的比例高达35%以上。

从理论上讲,盾构法施工引起隧道周围地表沉降是指施工沉降(也称瞬时沉降)、主固结沉降及次固结沉降三者之和。如果不考虑次固结沉降,总沉降应等于地层损失造成的施工沉降和由于地层扰动引起的主固结沉降之和。固结沉降是由于施工引起地层孔隙水压消散造成,不同地层固结沉降值占总沉降比例也各不相同,而次固结沉降(由于地层土体原有结构被破坏引起的蠕变沉降)除流塑性软黏土地层外通常都较小,一般都不考虑。

2. 岩溶风险

岩溶对地下轨道交通工程的危害大致归纳为三类:岩溶洞穴构成建筑物、构筑物及其基础的不稳定;岩溶地下水突水和涌水袭击地下工程施工及运营安全;岩溶地面塌陷即覆盖型岩溶塌陷导致建筑物、构筑物的破坏。

根据目前收集资料表明,区间隧道下穿铁路段下方存在溶洞发育,同时由于铁路一直处于运营中,因此很难对溶洞进行常规的地面详细勘察及垂直注浆处理,岩溶的发育对区间隧道可能造成的风险主要如下:

①溶洞、土洞影响地基、隧道的稳定性,采用盾构方案时,盾构机遭遇较大溶洞可能导致盾构机具陷落事故。

②隐伏岩溶区岩溶裂隙水多具有承压性,隧道、基坑施工易发生岩溶水突涌事故。

③区间沿线所揭示到的溶洞多数溶顶板较薄,若顶板被溶蚀或被破坏,易导致土洞形成和发展,影响运营期间的地铁工程安全和地面、周边环境安全。

④溶洞多具有连通性,溶洞规模和连通性无法预知,岩溶裂隙水多具有流动性,对于较大溶洞或互相连通的溶洞,岩溶处理注浆量难以控制、对投资控制和工期带来风险。

3. 下穿高铁方案难点

武广客运专线于2009年12月26日正式运营,设计时速为350 km,列车最高时速可达394 km,轨道全部采用双块式无砟轨道。京广铁路为时速160 km的干线铁路,采用碎石道床、普通混凝土轨枕。

本下穿高铁的项目工程与国内同类工程相比在地质条件、埋深、道床形式及行车速度方面存在较大差别。主要特点、难点如下所述。

(1)施工环境复杂

盾构在铁路站场内同时下穿武广高铁和京广铁路,涉及众多铁路设备设施,为全国首例,涉及面广。其中武广高速铁路为设计时速350 km的高速铁路，轨道采用 CRTS-Ⅰ型双块式无砟轨道；京广铁路为时速 160 km 的国家Ⅰ级干线铁路，轨道采用碎石道床、普通混凝土轨枕。同时，铁路红线范围内监测、维护和应急作业一般不允许铁路外施工单位进入。

（2）盾构隧道埋深浅

在整个穿越铁路路基段施工中，盾构施工埋深不足 10 m，下穿武广高速铁段隧顶距路基顶面 9.4~9.8 m，下穿京广铁路段隧顶距路基顶面 7.9~8.9 m，施工过程中极易扰动地层，影响铁路的正常运营。

（3）线路条件复杂

盾构穿越铁路路基线路上为平面急曲线（350 m 急转弯半径）、纵断面大坡度（28‰纵坡），对盾构施工提出更高的要求。

（4）铁路下方地质条件复杂

表现在以下方面：

①铁路范围地质勘察资料缺失，仅可利用周边勘察资料和武广高铁施工期间的勘察资料，且铁路范围不允许进入勘探作业。

②其为岩溶发育强烈地区，富含水软弱砂层直接覆盖在强度高达 70 MPa 的灰岩上，隧道断面为典型的上软下硬地层。

③武广高速铁路建设施工中，曾对路基下方进行了单轴旋喷桩地基处理，对下方基岩岩溶进行了压力注浆处理。

④铁路建设时部分区域为回填区，地层中可能存在异物。

（5）沉降控制要求严格

常规的盾构掘进施工沉降控制值为−30~10 mm，而武广高铁无砟轨道结构沉降控制值为−5~0 mm，京广铁 0000 路轨道结构沉降控制值为−20~0 mm；且铁路下方不允许开仓、长时间停机等高风险作业。

5.1.4　加固设计方案

隧道穿越地层为砂层，局部为岩层，下穿武广客专、京广铁路段隧道埋深均不足 10 m，属于浅埋隧道，经检算不加固情况下路基沉降不满足控制要求，施工过程中极易扰动地层，造成对铁路正常运营的影响。经设计检算不满足沉降控制要求，因此需提前进行地基加固处理。经初步协调，武广高铁及京广铁路均为国家Ⅰ级繁忙干线，难以进入场区内部开展加固施工，仅能采取场外加固措施。

1.地基加固方案选择

地基加固处理的方法有很多，但考虑到施工场地限制，施工时不能中断列车行驶，沉降控制要求严格的情况，一般的处理方法就不能完全适用。下面通过对已有的一些地基加固方法进行对比分析,如表 5-3 所示。

表 5-3　地基加固工法对比分析

工法	优点	缺点
水平旋喷	①由于高速射流被限制在土体破碎范围内,因此浆液不易流失,能保证预期的加固范围和控制固结体的形状 ②能在钻孔中任何一段内施工,也可以在孔底或中部喷射 ③通常采用水泥浆液,不会造成环境和地下水的污染,且耐久性较好;施工噪音较小 ④加固体强度较高	①高压旋喷压力易造成隆起,压力太小又达不到固结直径及效果 ②水平注浆孔远距离成孔精度相对较差
WSS加固工法	①注浆过程中注浆管不回转,不发生浆液溢流现象,有利于保护环境不受污染 ②浆液对土层有很强的渗透性,采用调节浆液配比和注浆压力的办法可使注浆范围人为控制;凝结时间可以调节,并以复合注入施工 ③可从地面垂直注浆,亦可倾斜注浆,适当增加注浆压力,可进行水平放射注浆 ④瞬结性一次注浆液和浸透性二次注浆液的复合比率,在土层改良时可以自由地设定,从黏性土、砂质土到地下水非常多的砂砾层,以及更加复杂的复合地层均可适用。对存在动水软弱地层封水效果较好	①注浆加固体强度不高 ②水平注浆施工控制不好易造成地面隆起开裂,控制沉降效果相对较差 ③水平注浆孔远距离成孔精度相对较差
袖阀管注浆	①注浆深度大、可注性好 ②可分段注浆,从而解决不同地层吸浆能力不同的问题 ③可根据需要进行重复注浆 ④注浆过程中发生冒浆和串浆的可能性小 ⑤钻孔、注浆可平行作业,有利于提高工作效率	①水平成孔后需埋设袖阀管并灌注套壳料,软弱地层成孔易塌孔 ②加固体直径相对较小,如加大压力则易造成上方隆起 ③水平注浆孔远距离成孔精度相对较差

续表5-3

工法	优点	缺点
新管幕工法	①封闭性较好，对软弱地基、富水沙质地区施工有利，可不进行降水(或仅进行局部降水) ②可实现单拱无柱大跨度结构，建筑物空间使用方便，视野开阔 ③前期施工在钢管内进行，施工安全性较高 ④施工进度相对较快，特别在特殊地层，大跨度断面，避免了传统暗挖法的多次受力转换	①钢管顶进阶段对地层扰动较大，沉降不易控制 ②工艺复杂
MJS工法	①可以进行水平、倾斜、垂直或任意方位施工 ②不会对周围地基构造产生影响 ③可以进行超深度地基改良(40 m以上) ④可以进行集中排泥处理，防止改良过程带来的二次污染，同时保持施工现场环境干净 ⑤可以任意选择从圆形到扇形的任意截面 ⑥由于可以控制截面形式，同时定量管理注浆与强制排泥的平衡，可以最大限度控制沉降，避免隆起	①工艺相对较复杂 ②工程造价较高 ③施工速度相对较慢 ④水平施工在国内施工实例较少

该工法最大特点是具有强制排泥机构，可将泥液强制性地吸入专用管并输送到地面，且该工法还可通过地基内压力管理对排泥量进行调整，控制喷射搅拌引起的地基隆起、下沉等地基形状的改变。

2. 加固方案设计

综合分析 MJS 的优点、该处的地质条件、周边控制条件等因素，提出加固方案设计，下穿铁路 MJS 工法加固方案总体平面图如图 5-24 所示。

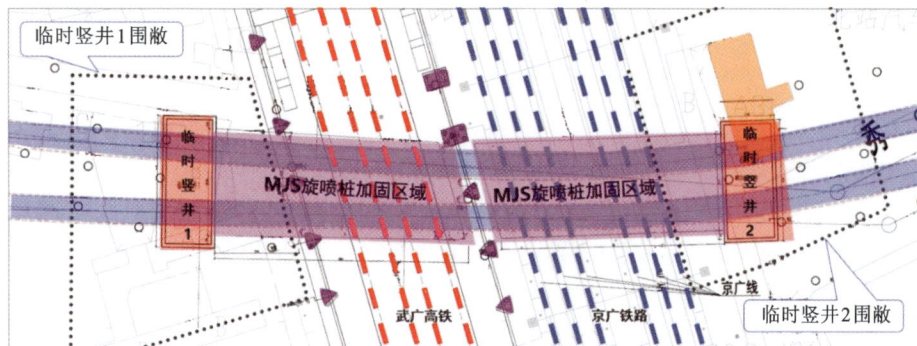

图 5-24　下穿铁路 MJS 工法加固方案平面图

MJS工法加固方案实施前,在2#竖井内反向进行MJS水平加固参数调整试验,如图5-25所示。获取合理施工参数并总结经验,最终应用于铁路下方加固。

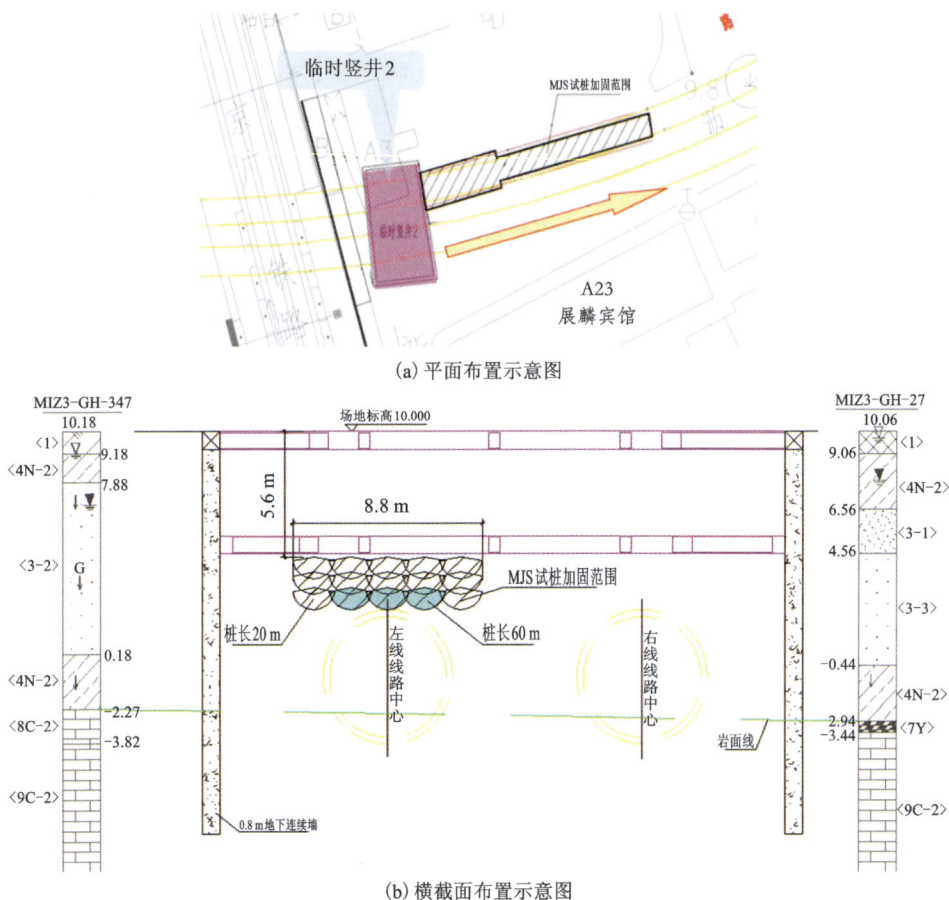

(a) 平面布置示意图

(b) 横截面布置示意图

图5-25　MJS试桩加固示意图(单位：m)

①结合武广客专沉降控制要求,考虑到武广客专无砟轨道的可维修性,为最大限度地保证施工及运营安全,对武广客专采取最安全可靠的MJS工法进行水平加固。利用武广客专西侧煤厂及广州北站货场等位置施工临时竖井1,自西向东施工MJS旋喷桩对武广客专路基下方、区间隧道上方地层进行水平加固。横剖面如图5-26所示。

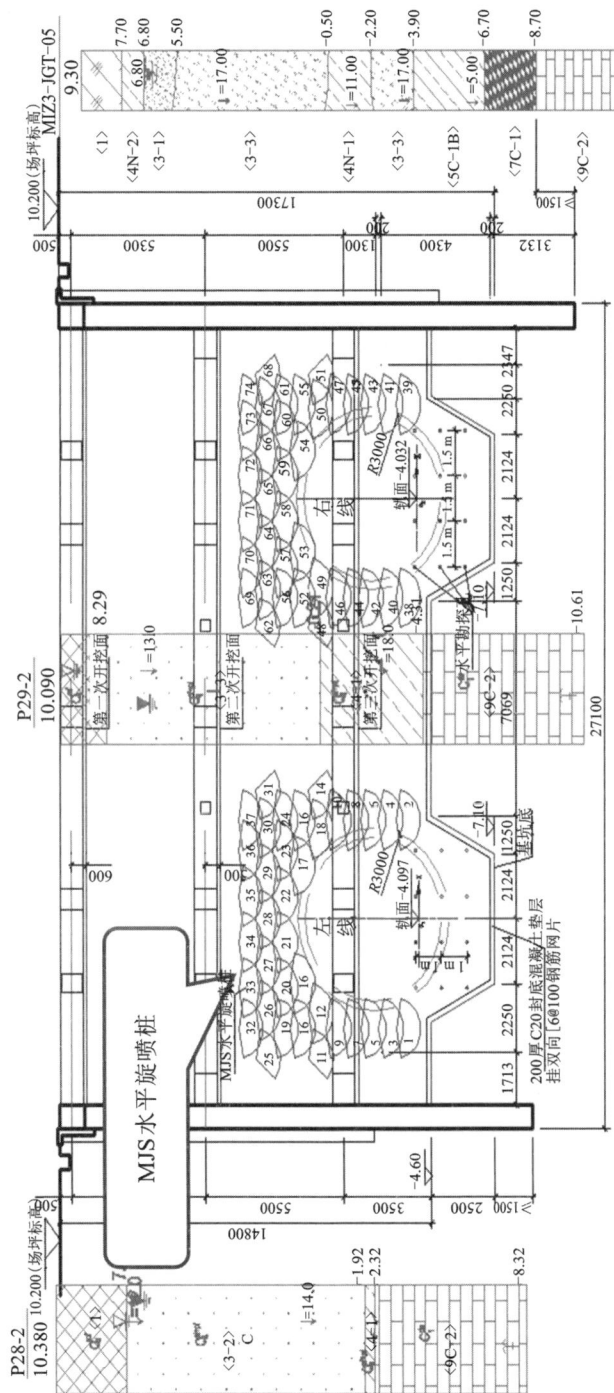

图 5-26　下穿武广高铁横剖面（单位：标高 m，尺寸 mm）

里程：YDK5+576.401，ZDK5+573.149　1:200

②结合京广铁路沉降控制要求，采用碎石道床的结构，以及国内类似工程经验，可采用水平旋喷、袖阀管注浆、WSS工法加固、MJS工法，下穿武广客专采用MJS工法水平加固在国内外均无工程实例，因此下穿京广段采取MJS工法水平加固作为试验段。利用京广铁路东侧广州北站客运站售票楼、临街商铺的位置施工临时竖井2，自东向西施工MJS旋喷桩对京广铁路路基下方，区间隧道上方地层进行水平加固。左线、右线下穿京广铁路横剖面如图5-27所示。

3.临时施工竖井设计

根据《广州地区建筑基坑支护技术规定》(GJB 02—1998)及地铁9号线技术要求的相关规定，临时竖井1和临时竖井2基坑侧壁安全等级确定为1级。

临时竖井1基坑尺寸为27.1 m×12.6 m(11.9 m)，基坑深度为11.8 m，基底大部分位于冲积-洪积可塑粉质黏土层。基坑围护结构采用0.8 m厚地下连续墙加两道钢筋混凝土内支撑的支护结构形式；地下连续墙嵌固深度为5.0 m。为进一步减少基坑施工对武广路基的影响，在武广客专站台无柱雨棚西侧施工两排三管旋喷隔离桩。临时施工竖井1支撑平面布置图如图5-28所示。

临时竖井2基坑尺寸为27.7 m×16.6 m(14.5 m)，基坑深度为16.05 m，基底位于微风化灰岩。基坑围护结构采用0.8 m厚地下连续墙加三道钢筋混凝土内支撑的支护结构形式；地下连续墙嵌固深度为进入微风化灰岩2.0 m。为进一步减少基坑施工对京广路基的影响，在京广站台东侧围墙外施工两排三管旋喷隔离桩。临时施工竖井2支撑平面布置图如图5-29所示。

本工程采用增量法计算地下连续墙各个阶段的内力和位移之和与本阶段增量产生的内力、位移分别叠加。内力分析时，支撑在计算中以铰支杆单元考虑。

临时竖井1围护计算内力包络图如图5-30所示，临时竖井2围护计算内力包络图如图5-31所示。经计算，临时竖井1、临时竖井2基坑连续墙位移及变形均满足规范控制要求。

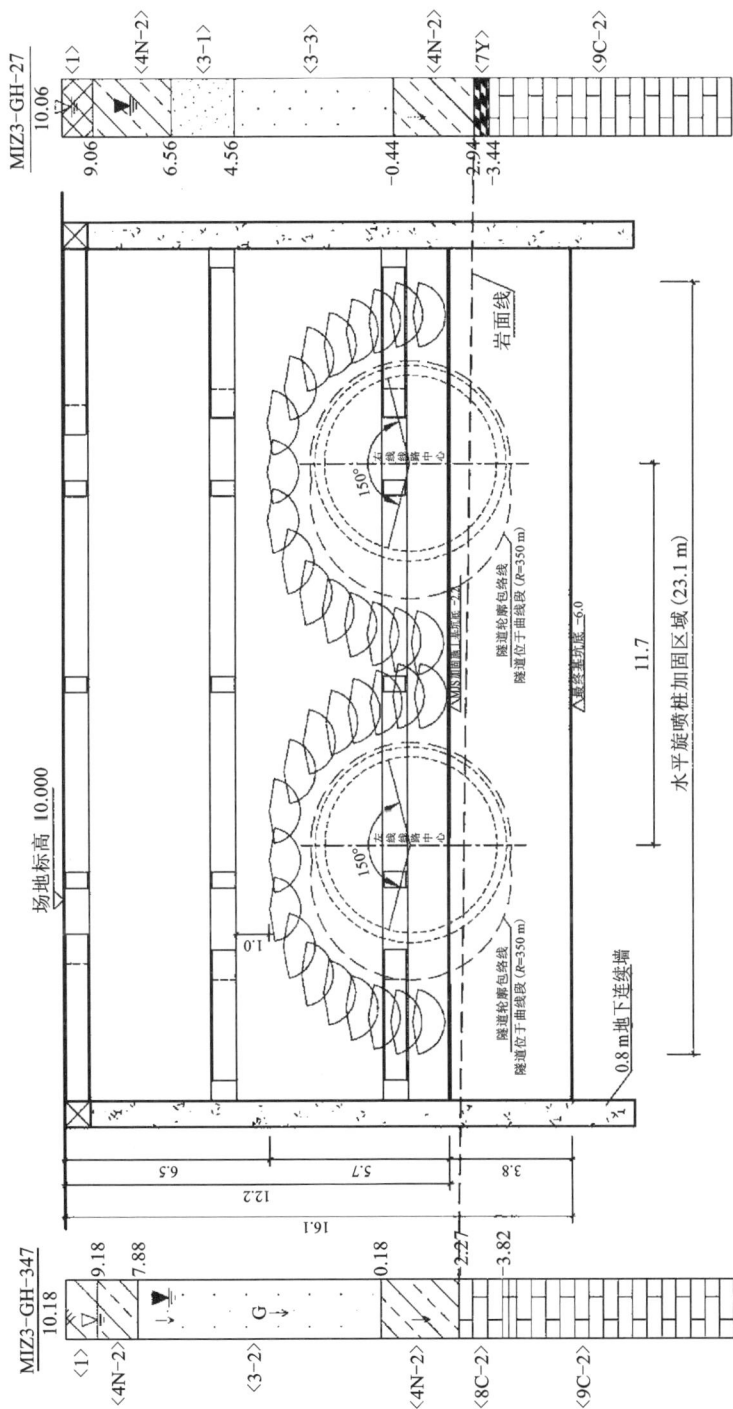

图 5-27　下穿京广铁路横剖面（单位：m）

岩溶地区地铁工程设计关键技术研究与应用

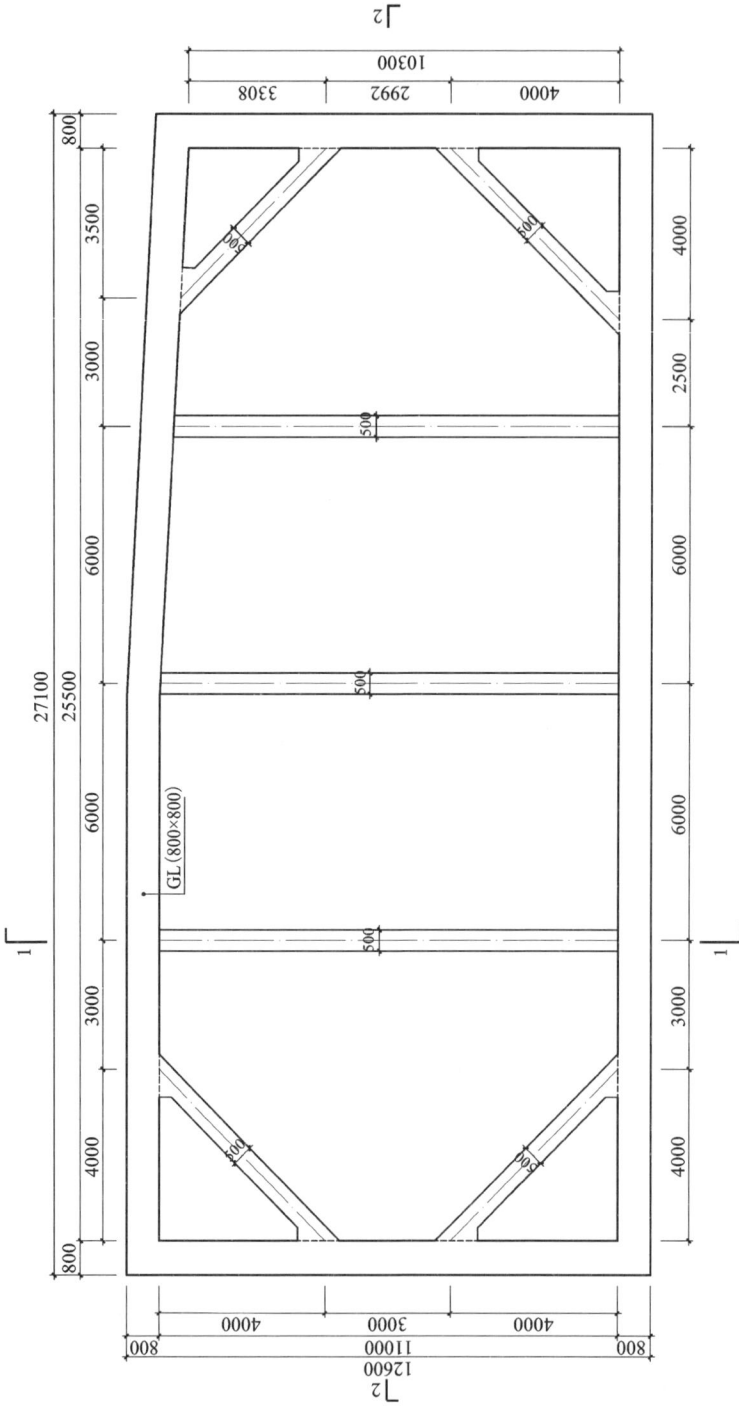

图5-28 临时竖井1支撑平面布置图（单位：mm）

208

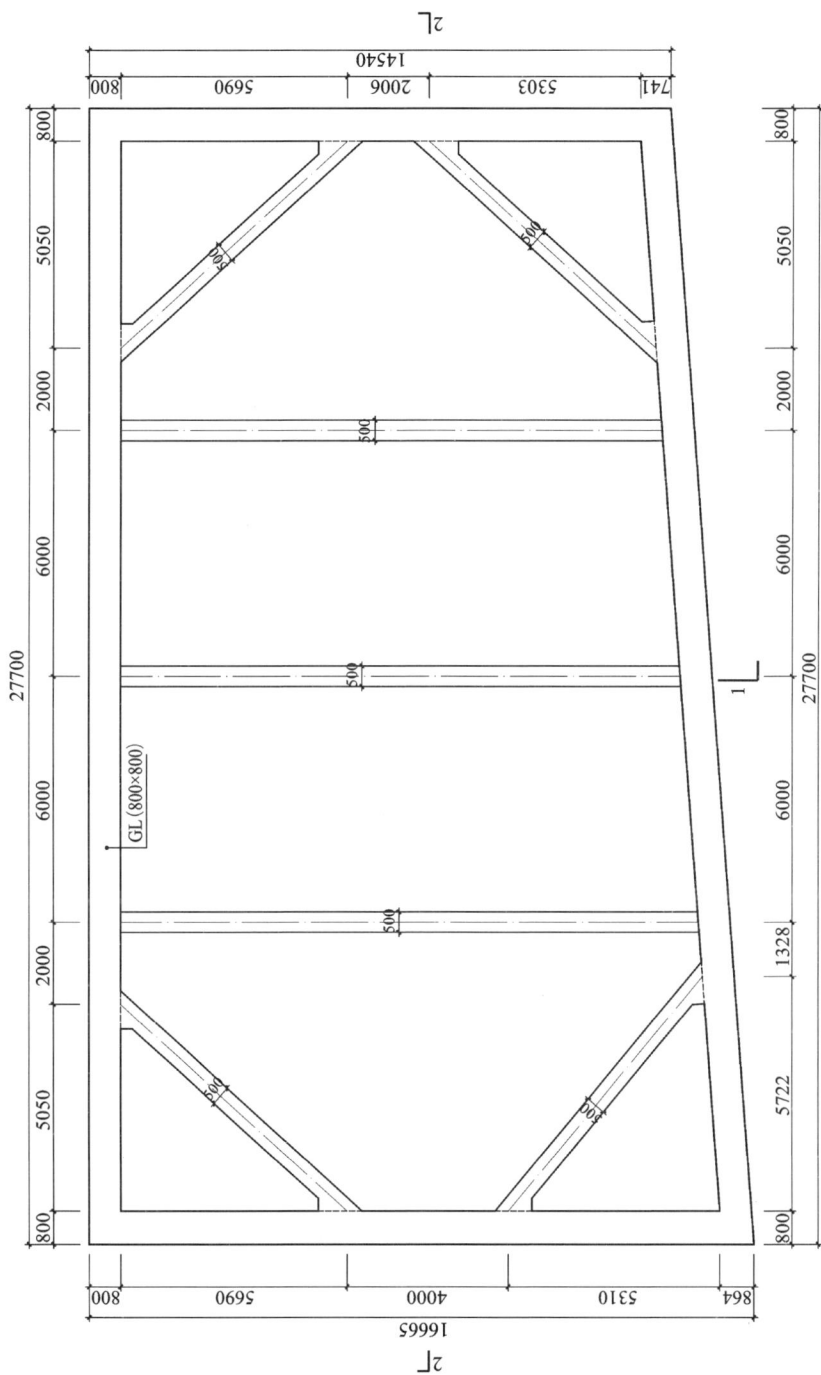

图5-29　临时竖井2支撑平面布置图（单位：mm）

包 络 图

工况 5——开挖 (11.80 m)

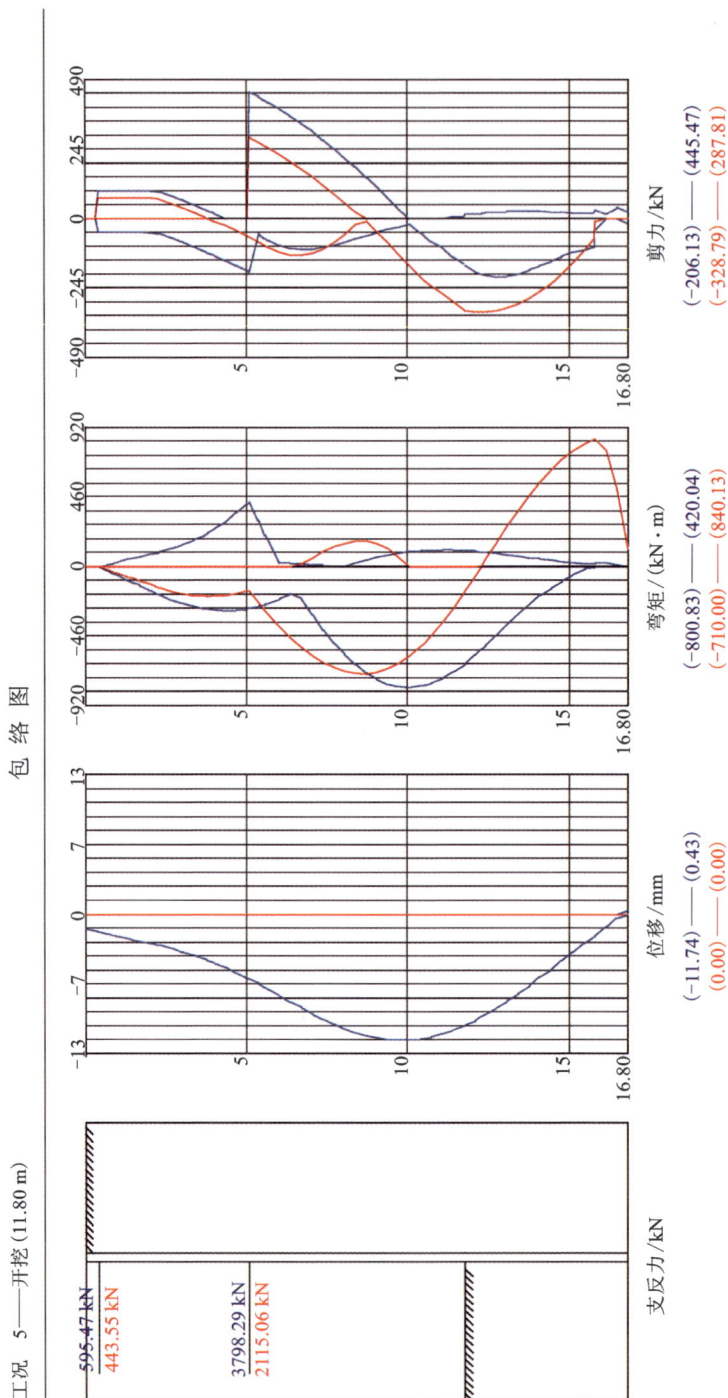

图5-30 临时竖井1围护计算内力包络图

包　络　图

工况　7——开挖（16.05 m）

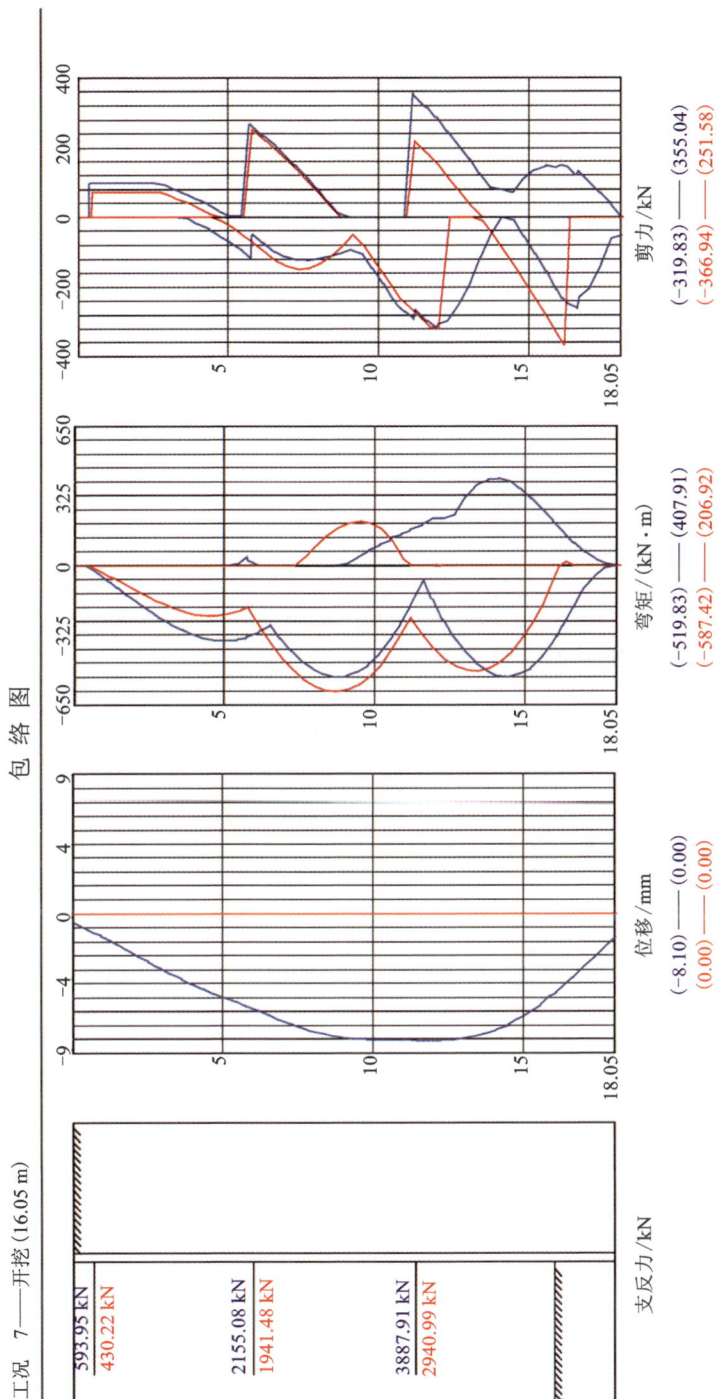

图 5-31　临时竖井 2 围护计算内力包络图

剪力／kN

（-319.83）——（355.04）
（-366.94）——（251.58）

弯矩／（kN·m）

（-519.83）——（407.91）
（-587.42）——（206.92）

位移／mm

（-8.10）——（0.00）
（0.00）——（0.00）

支反力／kN

593.95 kN
430.22 kN

2155.08 kN
1941.48 kN

3887.91 kN
2940.99 kN

5.2 下穿高铁工程监测设计

5.2.1 铁路路段施工监测设计

施工监测主要分为铁路内部监测、盾构隧道施工监测、地层沉降监测、京广高铁不停站列车时速监测四部分。

1.铁路内部监测

监控量测项目主要有：无砟轨道结构、轨道几何尺寸、接触网柱、站台及雨棚柱等。相关位置照片如图 5-32 所示。

(a)无砟轨道及站台　　(b)接触网(单钢柱)　　(c)雨棚柱

图 5-32　铁路内部检测相关位置

对无砟轨道结构沉降，原则上采用带自动监测系统的精密光电测距三角高程测量监测轨道沉降变形，其中一些关键测点采用自动静力水准系统作为补充。无砟轨道结构沉降监测的精度采用设计要求，如表 5-4 所示：

表 5-4　无砟轨道结构沉降监测精度和技术要求

监测项目	监测精度	监测控制建议值	警戒值
无砟轨道结构沉降	0.1 mm	−5~0 mm	取控制值的50%

对接触网立柱，沉降监测方法与无砟轨道相同，即采用带自动监测系统的

精密光电测距三角高程测量方法。监测时与无砟轨道结构沉降监测同步进行。接触网柱沉降监测精度采用设计要求，如表 5-5 所示。

表 5-5　接触网柱沉降监测精度和技术要求

监测项目	监测精度	监测控制建议值	警戒值
接触网柱沉降	1.0 mm	根据《铁路线路修理规则》等规范及铁路部门的要求执行	取控制值的 50%

对雨棚柱及站台外侧地表沉降，监测方法与无砟轨道的静力水准仪监测相同，即采用自动静力水准仪进行测量的方法，雨棚柱沉降监测精度采用设计要求，如表 5-6 所示。

表 5-6　雨棚柱沉降监测精度和技术要求

监测项目	监测精度	监测控制建议值	警戒值
武广雨棚柱	1.0 mm	20 mm	取控制值的 50%
站台外侧地表	1.0 mm	设计未作要求	设计未作要求

监控量测频率及周期：

①盾构到达前 1 d 至盾构通过后 3 d，应对各监测项目加强监测。出现情况异常时，各监测项目均应增大监测频率。宜采用全天侯监测。

②从临时竖井施工开始进行监测，在盾构下穿完成后根据测量数据变化情况及路局要求对测量频率再行调整，直至沉降稳定后停止监测。

③监测周期应根据现场实际施工情况确定，具体可参考加固施工工期表，如表 5-7 所示。临时竖井施工时开始监测；盾构机穿越隧道完成后，且观测值均稳定一周，观测频率降低，直至测点持续稳定，即停止测量。

表 5-7　盾构法施工周边环境及周围地质体监测频率表

施工状态	监测频率
临时竖井施工期间	3 次/d
加固施工期间	1 次/h
掘进面距量测点前后小于 2D	1 次/h

续表5-7

施工状态	监测频率
掘进面距量测点前后小于5D	3次/d
掘进面距量测点前后大于2D	1次/d

注：D为隧道开挖深度。

监控量测控制指标如表5-8所示。

表5-8　监控量测控制指标

监测项目	武广客运专线	京广铁路
雨棚柱基础沉降	−30~+10 mm	−30~+10 mm
站台沉降（隆起）	−30~+10 mm	−30~+10 mm

2.盾构隧道施工监测

常规盾构隧道施工监测技术要求如表5-9所示。

表5-9　常规盾构隧道施工监测技术要求

测量项目		测量仪器	测点布置	测量频率		
				开挖面距量测断面前后小于2D	开挖面距量测断面前后小于5D	开挖面距量测断面前后大于5D
选测项目	土体内部位移(垂直和变形)	水准仪、磁环分层沉降仪、倾斜仪	每30 m设一断面，必要时加密	1~2次/d	1次/2 d	1次/周
	衬砌环内变形	压力计和传感器	每50~100 m设一断面，必要时加密			
	土层土压力	压力计和传感器	代表性的地段设一断面			
必测项目	地表隆陷	精密水准仪	盾构始发段100 m范围内，每20 m设一断面。其余地段每30 m设一断面			
	隧道隆陷	精密水准仪、钢尺	每5~10 m设一断面			

注：D为隧道开挖深度。

3. 地层沉降监测

地铁盾构隧道与武广客运专线以接近 70°的角度相交，盾构隧道外轮廓距离武广客专接触网基础外轮廓为 6.8~11.1 m，隧道顶部距离地面 8.8~9.2 m。盾构隧道与京广铁路以接近 80°的角度相交，隧道外轮廓与接触网最小距离为 10.2 m，隧道顶部距离地面 8.0~8.8 m。

在盾构掘进前，将对铁路下方地基进行 MJS 加固处理。为了减少地基加固及盾构掘进对铁路及铁道建（构）筑物的影响，开展信息化施工是非常有必要的。

为最大限度减少对铁路范围的影响，同时确保施工安全，拟对武广及京广路基采用水平深层地层沉降监测，以指导施工。

主要传感器、自动数据采集系统组成的监测系统如图 5-33 所示。

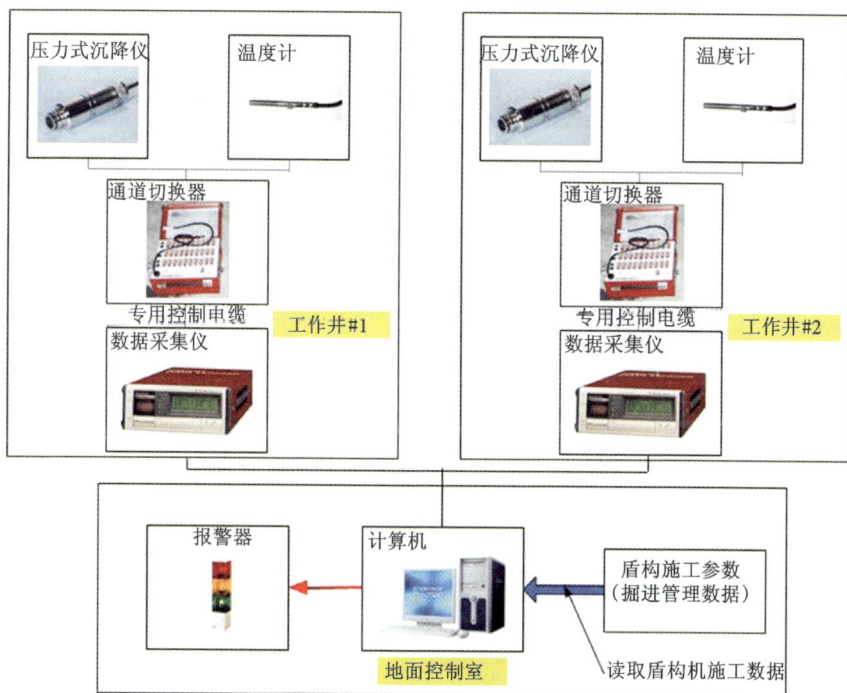

图 5-33 监测系统

测点布置如图 5-34 所示。

安装监测仪器进度安排如表 5-10 所示。

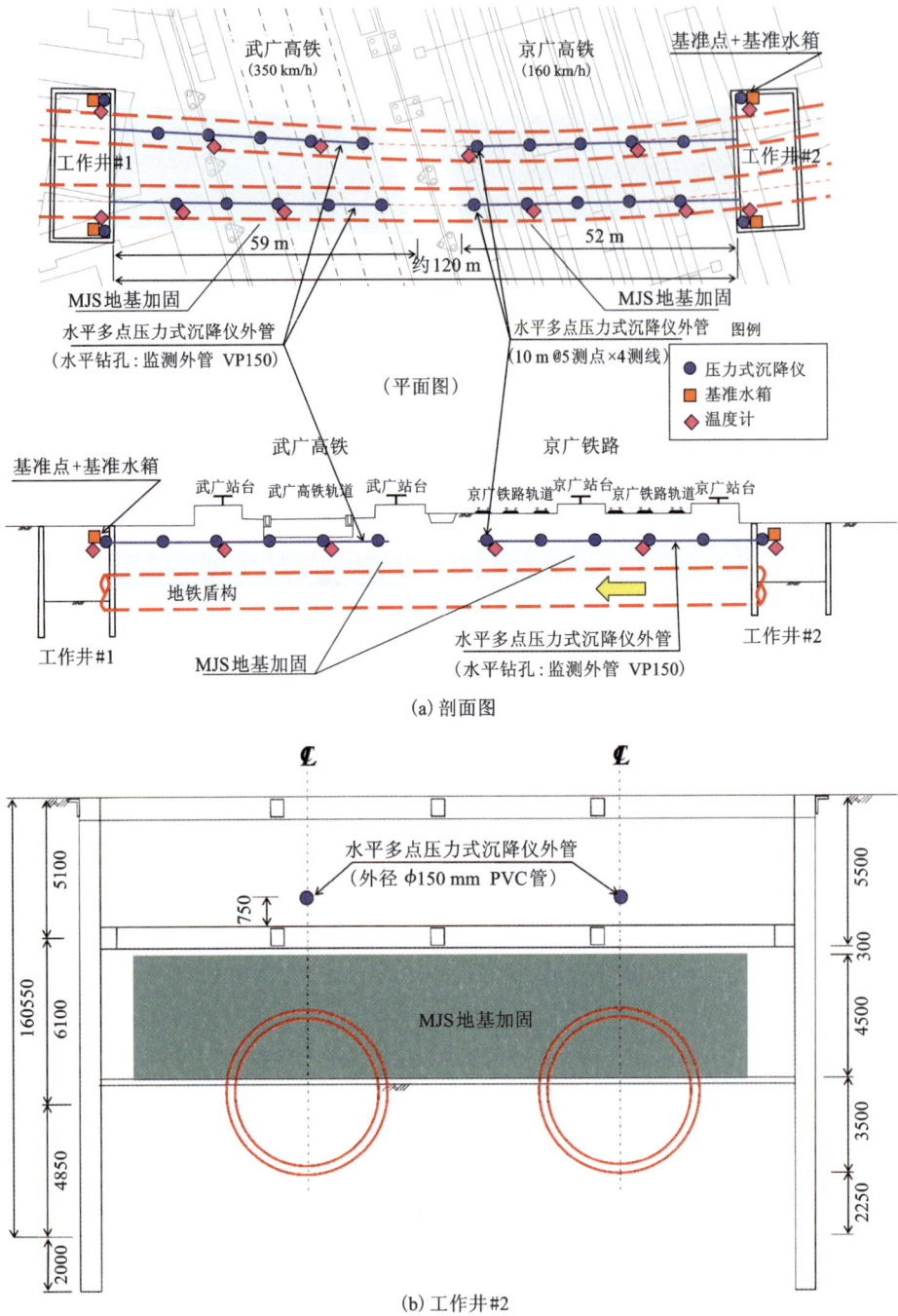

图 5-34 地层沉降监测示意图(单位: mm)

表5-10　监测仪器安装进度安排表

项目	1	2	3	4	5	6	7	8	9	10	11	12	13	14	15	16	17	18	19	20	备注
器材进场 水平钻孔精度测量准备	■																				
水平钻孔-左线 工作井#1		■																			
水平钻孔-右线 工作井#1		■																			
水平钻孔-左线 工作井#2			■																		
水平钻孔-右线 工作井#2				■																	
压力式沉降仪组装及调整						■															根据水平钻孔孔误差进行调整
压力式沉降仪设置-左线 工作井#1								■													
压力式沉降仪设置-右线 工作井#1									■												
压力式沉降仪设置-左线 工作井#2											■										
压力式沉降仪设置-右线 工作井#2													■								
基准水箱设置，铺管，铺线														■							
铺设控制电缆 (工作井—监测控制)															■						
系统设置																■					
监测系统调整																	■				
准备监测																			■		

时间/d

4.京广高铁不停站列车时速监测

采用全自动化的测速雷达。雷达测速主要是利用多普勒效应（Doppler Effect）原理：当目标向雷达天线靠近时，反射信号频率将高于发射机频率；反之，当目标远离天线而去时，反射信号频率将低于发射机频率。如此即可借由频率的改变数值，计算出目标与雷达的相对速度。

雷达测速具有易于发现目标、测速准确、测速距离远、技术成熟、价格合理的优点，是目前应用较为广泛的测速方式。监测精度和技术要求如表5-11所示。

表5-11　监测精度和技术要求

监测项目	监测精度	监测控制建议值 京广高铁	警戒值
武广不停站列车时速测量	1 km/h	限速80 km/h	—

列车时速监测设备如表5-12所示。

表5-12　列车时速监测设备

设备、材料或软件名称	单位	数量	备注
雷达测速仪	台	2	自动测速功能

监测对象为京广高铁不停靠广州北站的动车组，测速区域为京广高铁Ⅰ、Ⅱ线。监测点布置如表5-13所示。

表5-13　列车时速监测点布置

监测项目	监测点数量 京广高铁	监测时间
京广高铁不停靠广州北站的动车组	京广高铁正线过往列车	竖井施工：232 d MJS水平施工：475 d 盾构掘进施工：76 d 完工后监测90 d 合计873 d

施工关键期（基坑开挖、水平施喷喷浆、盾构掘进施工等）应提高监测频率，重点项目应进行全天 24 小时不间断实时监测。具体监测项目及频率要求见表 5-14。

表 5-14　监测频率及监测周期

监测项目	监测频率			监测周期
	临时竖井施工期间	MJS 加固施工期间	盾构掘进期间	
京广高铁不停站列车时速	1 次/列车			从竖井施工开始直至盾构机穿越施工完成全过程均需进行监测，预计 873 天

注：监测频率可根据施工进展进行适当调整。

5.2.2　基于监测信息反馈的信息化施工

盾构施工期间需加强对铁路下方地层沉降的监测。实时掌握铁路下方的地层沉降，监控 MJS 水平旋喷施工及盾构掘进对铁路的影响，及时向设计、施工方反馈周边环境的动态变化信息，使之能迅速调整、优化施工方法，确保工程和铁路行车安全。根据地表沉降及地层内部变形情况，加强监测，调整监测频率，调整盾构机施工参数，及时进行洞内同步注浆、补充注浆。盾构通过此段时做到匀速、小进尺、有步骤地推进，并用监控量测的数据指导施工。主要监测项目：地表沉降、线路沉降与方向偏移、线路深层土体沉降、隧道内沉降、地下管线、地下水位、管片围岩接触压力和混凝土应力等。

盾构穿越铁路过程前，建立系统、完善的监测网，施工中进行变形监测并及时反馈信息，进行跟踪注浆或补充注浆，做到信息化施工。信息化施工是盾构施工安全下穿铁路的有效保障，施工前相关各方应协同铁路相关部门制定专项监测方案并确定控制限值，施工期间密切监控铁路的变形情况，以确保铁路及掘进安全。盾构下穿铁路期间，要根据地层沉降变形情况，及时调整盾构机施工参数，尽可能减少对周围土体的扰动，确保盾构开挖面的稳定。另外，应及时进行洞内同步注浆、补充注浆，以减少地层损失。

由于武广客专难以上道作业，施工单位应对穿越施工段进行远程监控量测作业，具体远程监测方案由施工单位负责实施。

盾构区间施工完成后，施工单位应对盾构隧道及隧道所穿越铁路位置进行工后观测，具体方案由施工单位负责实施。

1. 监测内容

(1)监测范围

①地面监测范围。本工程监测范围包括：盾构推进左、右区间轴线外各 4*H* (*H* 为隧道埋深)且不小于 70 m 的范围内的地表、铁路、接触网杆、雨棚、站台及构(建)筑物等。其中，周边构(建)筑物、铁路范围外的地表与由我司进行监测。

②地层监测范围。铁路段内的隧道上方地层及左右隧道区间结构沉降监测。

(2)监测频率及周期

①监测频率应根据监测数据变化情况、关键施工阶段的施工情况、监测断面距掘进面的距离等情况综合考虑，当出现监测速率发展变化较大等异常情况时，及时增大监测频率。本工程中按设计要求给定的监测频率进行监测，如表 5-15 所示。

表 5-15　监测频率设计要求表

监测项目	监测频率				
	临时竖井施工期间	MJS 加固施工期间	掘进面距离测点前后<2*D*	掘进面距离测点前后<5*D*	掘进面距离测点前后>5*D*
轨面沉降测量	关键时期 3 次/d，一般情况 1 次/d，之后根据需要进行适当调整	关键时期 1 次/列，一般情况 1 次/2 h，其他根据需要进行调整	关键时期 1 次/h，一般情况 3 次/d，之后 1 次/d，其他情况根据需要进行调整		
路基沉降测量					
轨道尺寸(高低、水平、轨距)					
站台沉降测量					
站台沉降测量					
铁路段地层沉降测量	—	系统设定频率，4 次/h	系统设定频率，4 次/h		

注：监测频率可根据施工情况进行适当调整。

②监测周期。监测周期应从临时竖井施工开始监测直至盾构机穿越施工完成整个过程均需进行监测，施工完毕后可根据监测数据逐步放宽监测频率，直至测点稳定并通过验收后，方可停止测量。

(3)监测项目

监测项目如表 5-16 所示。

表 5-16 监测项目一览表

施工阶段	监测项目	监测仪器	标准来源
竖井施工阶段	①墙顶位移； ②墙体变形； ③周边重要建筑沉降、倾斜； ④支撑轴力； ⑤基坑周围地表沉降； ⑥地下水位； ⑦侧土压力； ⑧墙内钢筋应力应变	①经纬仪； ②水准仪； ③测斜管； ④轴力计； ⑤精密水准仪； ⑥土压力计； ⑦钢筋计	以规范要求和铁道部《铁路线路维修规则》等相关标准为基础
MJS 水平加固阶段	地层土体沉降	深层土体沉降测量系统	
盾构掘进施工	①地层土体沉降； ②隧道隆陷	①深层土体沉降测量系统； ②精密水准仪； ③钢尺	

2. 监测控制标准及警戒值

本工程中按照设计规定的监控量测控制指标及警戒值进行施工监测，监控量测控制指标及警戒值如表 5-17 所示。

表 5-17 监控量测控制指标及警戒值一览表

监测项目	监测精度	监测控制指标		警戒值
		武广客运专线	京广铁路	
站台沉降测量	1.0 mm	-30 mm	-30 mm	取控制值的70%
雨棚柱及接触网基础沉降	1.0 mm	-33 mm	-33 mm	
路基沉降测量	0.1 mm			
轨面沉降测量	0.1 mm	-5 mm	-10 mm	
轨道尺寸(前后高低、左右水平、轨距等)	0.1 mm	根据《铁路线路修理规则》等相关规范及标准确定		
铁路段下方地层沉降测量	0.1 mm	根据试验段确定		

3.监测信息反馈

根据各个规定的频率对盾构穿越铁路段施工进行监测,迅速地处理所采集的数据,并根据数据处理结果及时调整和设定盾构施工参数,从而达到监测指导施工的目的,这是穿越铁路群施工的至关重要的环节,建立以下反馈机制,确保信息流的顺畅。监测与施工流程关系如图 5-35 所示。

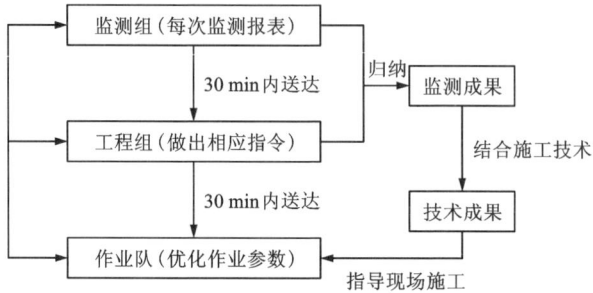

图 5-35 监测与施工流程关系图

建立监控及信息反馈的联动机制。数据采集处理后,形成监测日报、周报、月报等文字信息材料。报送业主、铁路局相关部门、设计、监理及施工单位。当达到警戒值时,应立即采取如下措施:

①以短信、电话、快报等形式及时通报业主、施工单位,铁路相关部门,监理公司,设计院等单位,务求快速、及时。

②通知施工单位暂停掘进,采取必要措施,消除隐患,确保安全。

5.3 下穿高铁工程施工

5.3.1 MJS 工法水平旋喷桩施工

1.试桩施工

为了在武广客运专线与京广铁路段的水平加固施工中确保加固体质量及优化盾构下穿铁路施工的掘进参数,有必要进行 MJS 工法水平加固的试桩施工,以选定 MJS 工法水平加固施工的最佳浆液配比和注浆压力等施工参数,以及收集分析盾构通过加固段的掘进施工参数,确保采用最佳的施工参数指导盾构下穿铁路段。试桩施工具体措施为:

在 2#临时竖井开挖至隧道中部(即标高为-2.200)时,于竖井东侧在左线隧道顶上方 3.8 m 处预埋一排深层土体沉降监测仪及在对应的地面上安装一排地面沉降监测仪后,再从竖井内向东在左线隧道上方试做 3 排 50 m 长的 MJS 工法水平加固旋喷桩。具体布置如图 5-36 和图 5-37 所示。

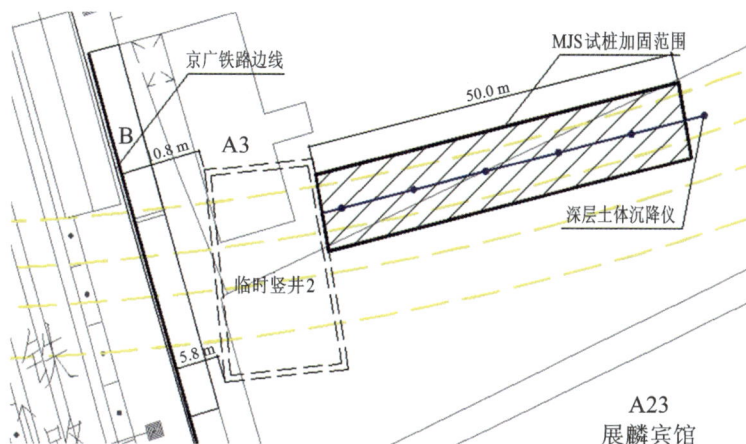

图 5-36　MJS 试桩加固平面布置示意图

完成试桩后,我司将认真总结试桩施工的经验,制定出一套完整的 MJS 工法水平加固与深层监测的施工流程,以确保在正式加固施工阶段,施工每一环节都是信息化施工。

2. MJS 水平加固施工措施

(1)安装防喷涌装置

在竖井内,凿出预埋在连续墙内的钢管口,拆下封口钢板后并安装上防喷涌装置(如图 5-38),管口器内安装两排 O 形密封圈,为钻杆钻入连续墙提供导向管及密封封堵。

(2)MJS 多孔管钻入

①多孔管钻入防喷涌装置,并穿过 O 形密封圈,如图 5-39 所示。

②打开阀门,继续钻入多孔管,并穿过连续墙钻进土层,如图 5-40 所示。

(3)MJS 水平加固桩施工

①在水平旋喷加固施工中,为了尽量减少在施工过程中对围岩的影响,水平旋喷桩施工顺序为:先施作加固体周边外侧的旋喷桩,再施作在内部的旋喷桩(如图 5-41 所示)。

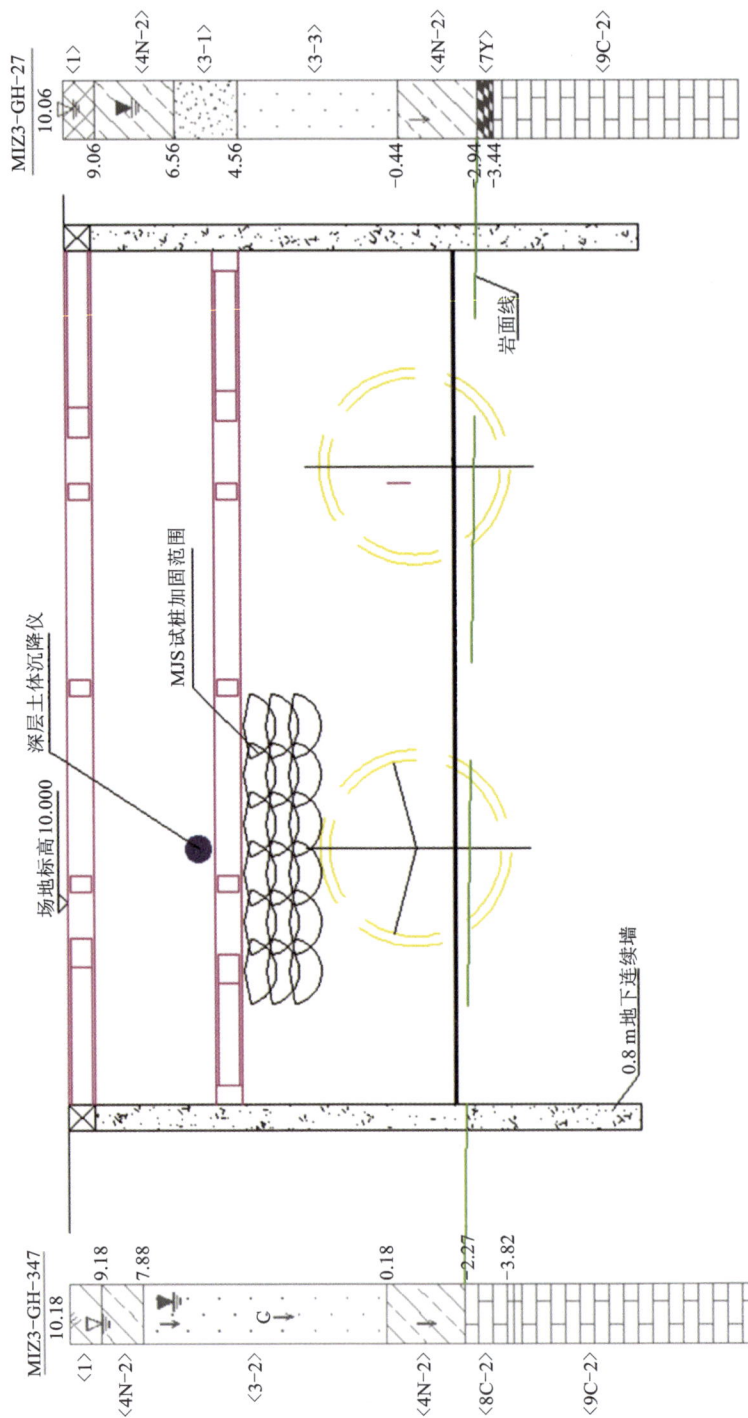

图5-37 MJS试桩加固横截面布置示意图

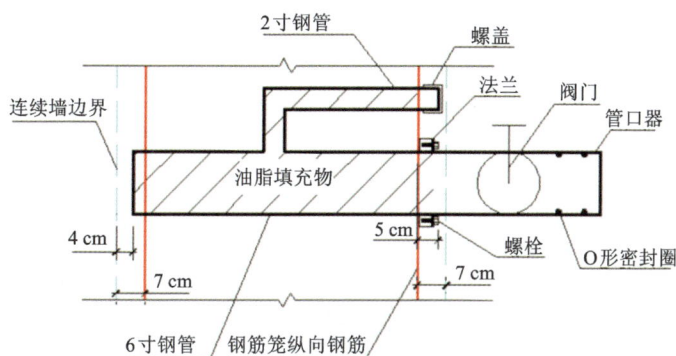

图 5-38　防喷涌装置安装示意图

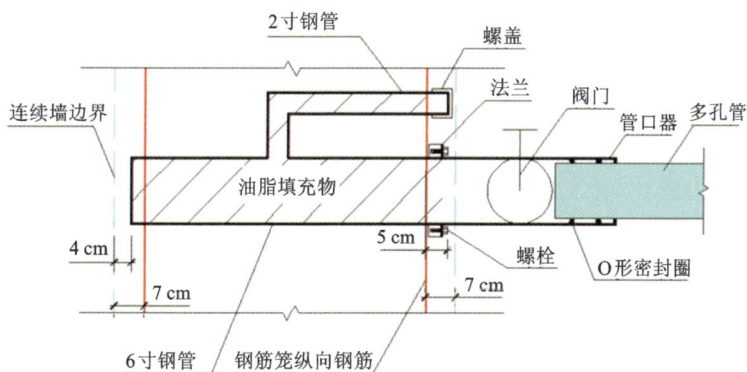

图 5-39　多孔管钻入防喷涌装置示意图

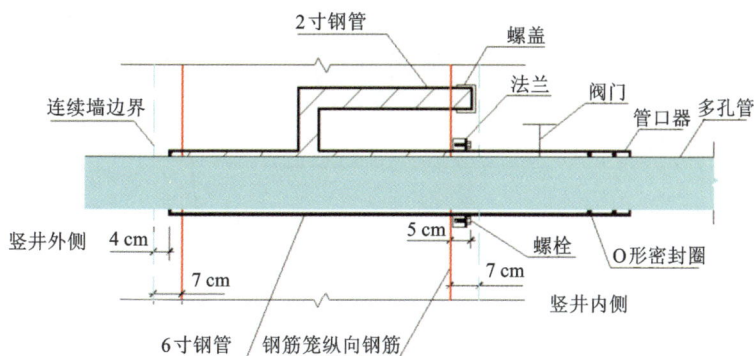

图 5-40　多孔管钻入土层示意图

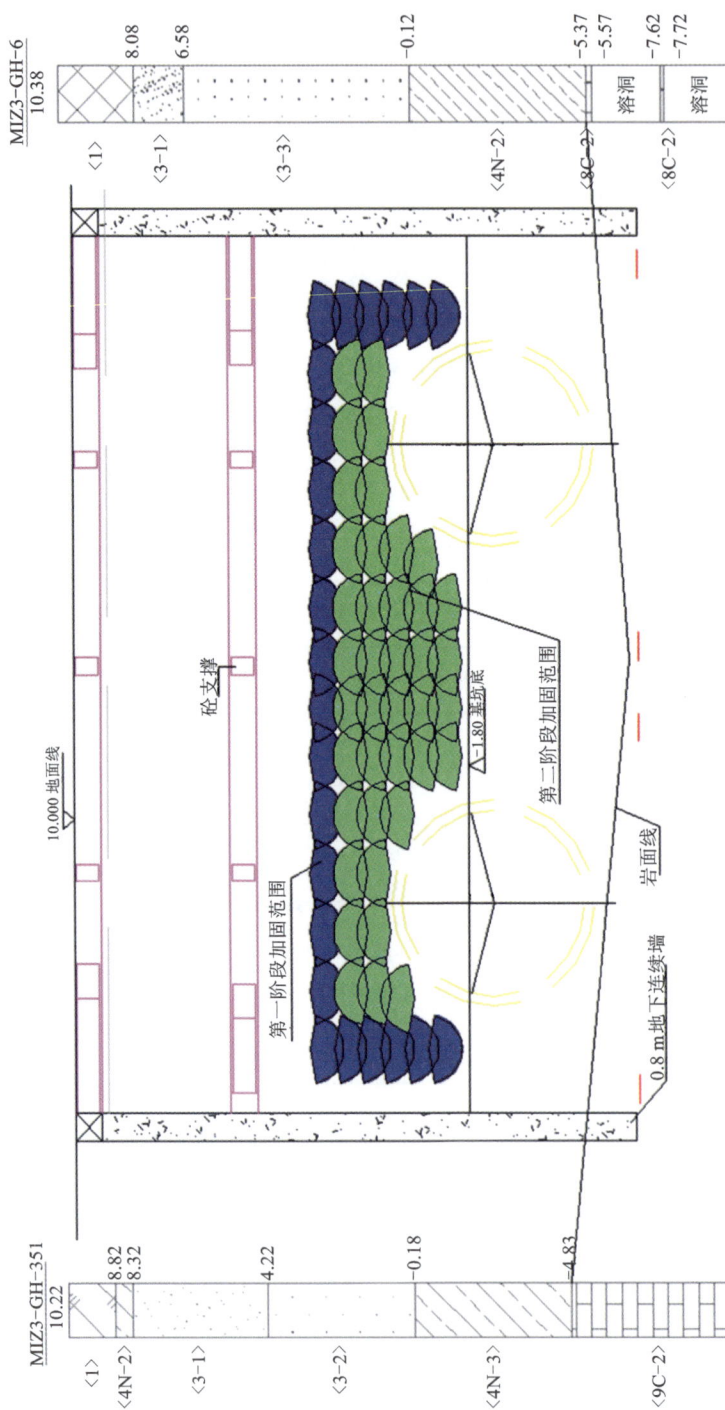

图 5-41 MJS 水平旋喷桩加固施工顺序示意图

②MJS 工法加固土体分为两个阶段：

第一阶段为削孔阶段：削孔时将 1.5 m 的多孔钻杆（如图 5-42）和前端装置（如图 5-43）连接，顶出多孔管（如图 5-44），直到计划施工深度。

图 5-42　多孔钻杆连接施工图

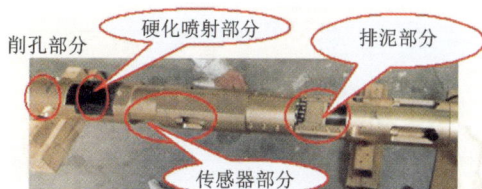

图 5-43　前端切削装置（钻头）

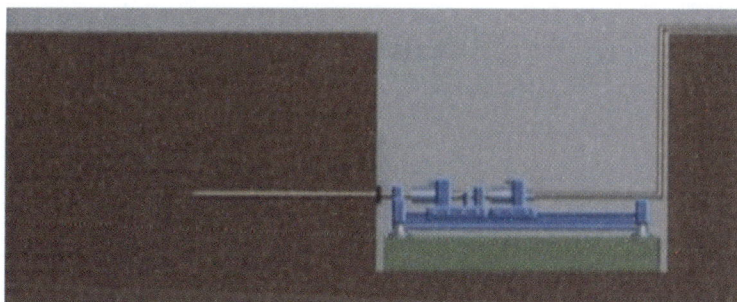

图 5-44　第一阶段削孔步骤示意图

第二阶段为摇摆喷射阶段，通过安装在钻头侧面的特殊喷嘴，置入土体深度后，用高压泵等高压发生装置，以 40 MPa 左右的压力将硬化材料从喷嘴喷射出去，并一边将多孔管抽回。由于高压喷射流具有强大的切削能力，因此，喷射的浆液一边切削四边土体，土体在喷射流的冲击力、离心力和重力等作用下，与浆液搅拌混合，并按一定的浆土比例及质量大小有规律地重新排列，浆液凝固后，便在土中形成各种形状的加固体。

在 MJS 水平加固施工中，将采用分段渐进式施工，即将每根桩分 3 次进行钻入成孔及分成 3 段进行土体加固，每段加固的距离大大减小，钻杆的长细比也减小，刚度随之增大，使得钻杆不发生向下偏转的现象，如表 5-18 所示。

表 5-18　MJS 水平加固桩施作顺序表

施工阶段	图例
第一阶段 成孔	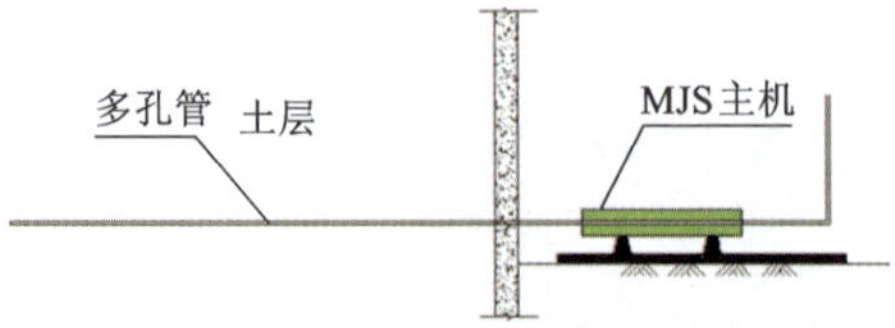
第一阶段 加固	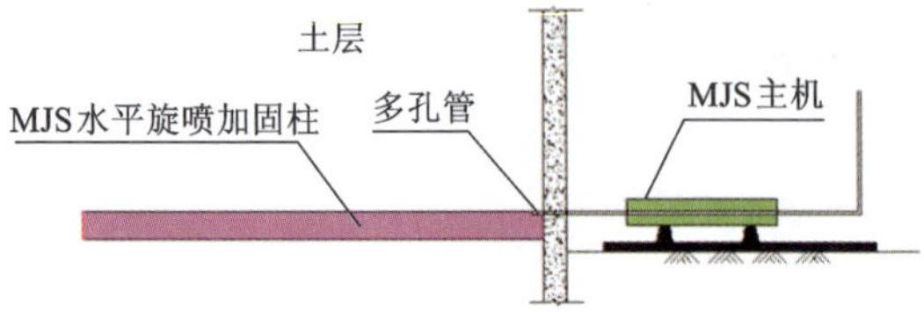
第二阶段 成孔	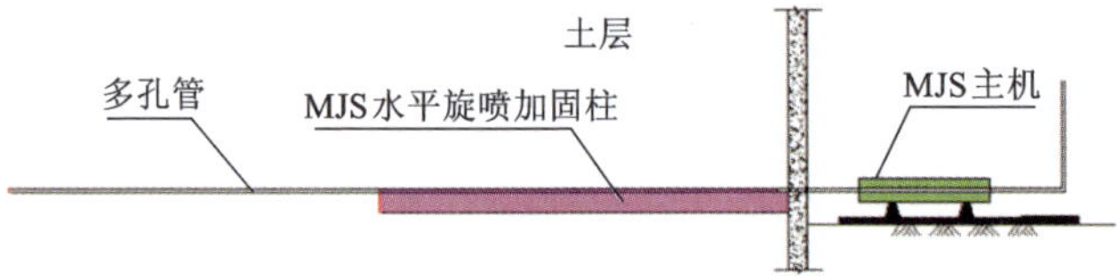
第二阶段 加固	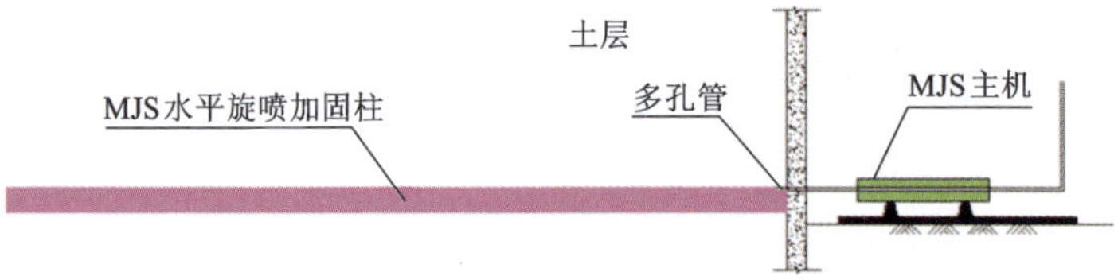
第三阶段 成孔	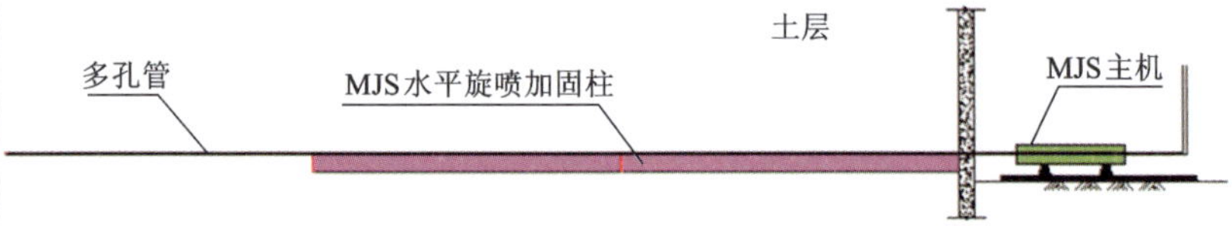
第三阶段 加固	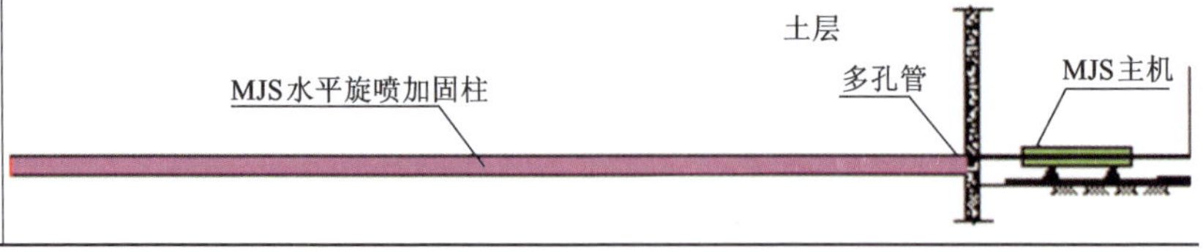

（4）MJS 水平加固桩封孔施工

①每根水平旋喷桩完成后，钻杆头抽出至防喷涌装置的阀门与密封圈之间，并关上阀门。

②打开预埋 2 寸①钢管的螺盖，连接注浆泵，向 6 寸管内注入高强度化学浆充分填充封堵预埋管(如图 5-45)，然后抽出钻杆及拆卸管口器。

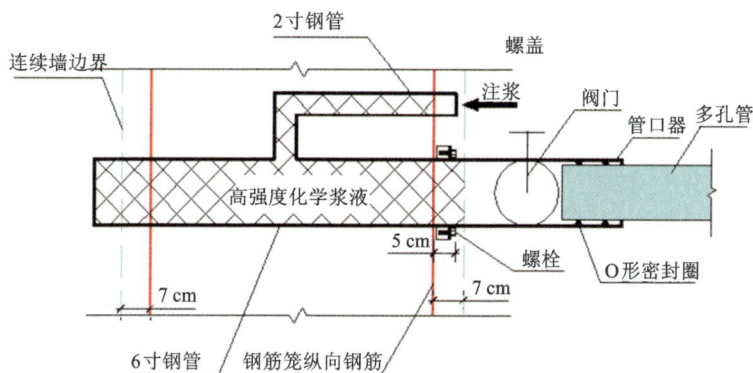

图 5-45　高强度化学浆液封管口示意图

(5) MJS 水平加固桩搭接保证措施

MJS 水平桩加固施工中，可能由于钻杆遇到桩体、硬岩等障碍物而无法继续向前加固时，在该桩两侧重新钻孔，并绕过障碍物后，对障碍物后方地层进行加固。如图 5-46 所示。

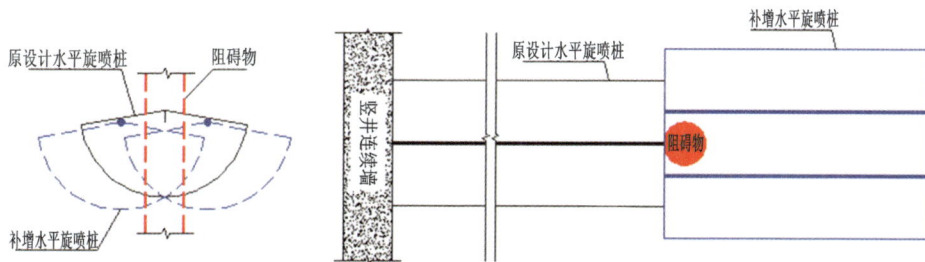

图 5-46　补增水平旋喷桩示意图

(6) MJS 水平加固桩加固效果

在盾构下穿铁路段时，为了确保隧道上部地层具有足够的气密性(即耐击穿能力)，使得泥水盾构机有能力超压掘进，故 MJS 水平加固桩必须达到成桩

---

①　1 寸约等于 3.33 厘米。

完整和搭接充足的要求标准。

5.3.2 溶洞处理措施

1. 封口处理措施

利用预留在连续墙上的钢管，安装防喷涌装置，由于该处的埋深较大、水头压力大，管口器内安装三排 O 形密封圈（如图 5-47 所示），以保证防止管口喷涌的情况。

2. 水平勘探岩面施工

从两个竖井内分别在隧道底沿隧底走向施作 60 m 的水平钻孔，勘探是

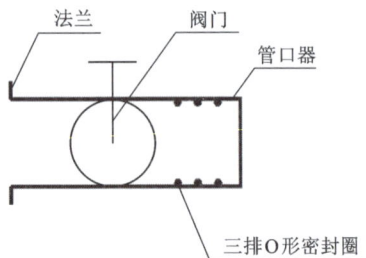

图 5-47　加强型管口器示意图

否存在石灰岩侵入到隧道范围内，若发现石灰岩侵入隧道，将继续往上施作水平钻孔，孔距为 0.5 m，以摸清确定突出的石灰岩岩面标高。

3. 水平溶洞处理施工

京广铁路段下方溶洞采用水平钻孔的方式进行勘察及处理，溶洞处理的方法是：勘探到一溶洞，处理一溶洞，然后再继续水平向前钻孔勘探。溶洞勘探与处理的水平钻孔布置，如图 5-48、图 5-49 所示。

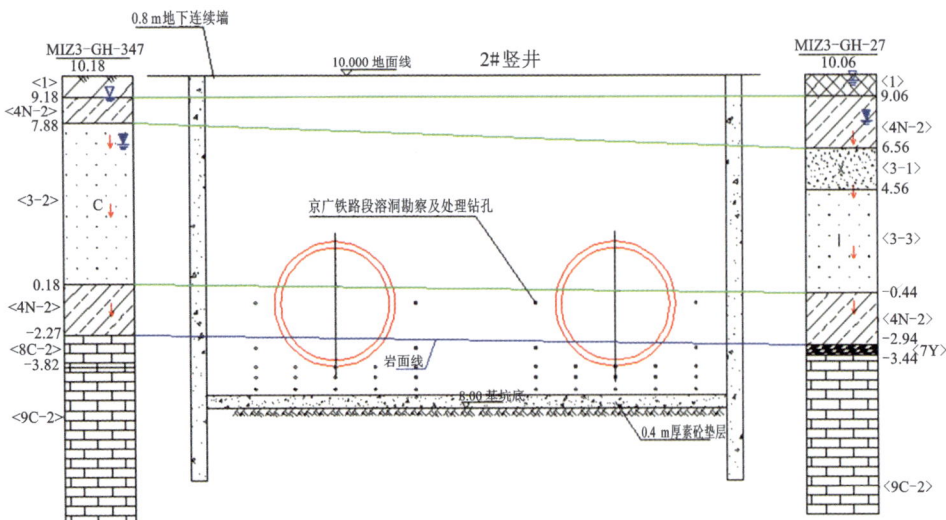

图 5-48　京广铁路段溶洞勘探处理水平钻孔横断面布置图

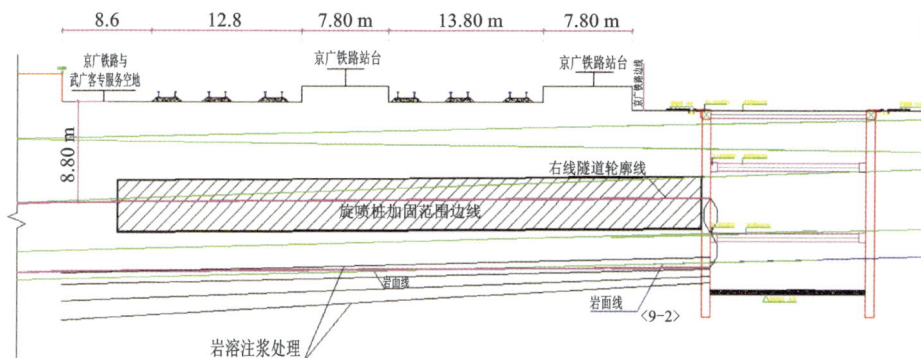

图 5-49　京广铁路段溶洞勘探处理水平钻孔纵断面布置图

溶(土)洞采用压力注浆的方法进行充填处理。对于溶(土)洞的处理分两种,对于全填充溶(土)洞、半填充溶(土)洞采用水泥浆进行注浆充填;对未填充溶(土)洞采用水泥砂浆进行充填。

5.3.3　盾构掘进施工

1. 刀具配置

盾构机下穿铁路段施工中,需要对部分侵入隧道范围的微风化石灰岩及武广客专下方的旋喷桩进行切削,刀具必须具有足够的破岩能力。

表 5-19　滚刀介绍对比表

	单刃滚刀	双刃滚刀	
		双轴承滚刀	单轴承滚刀
实物			

岩溶地区地铁工程设计关键技术研究与应用

续表5-19

	单刃滚刀	双刃滚刀	
		双轴承滚刀	单轴承滚刀
结构示意图	承受推力：25 T	承受推力：50 T	承受推力：25 T
破岩能力	≥120 MPa	120 MPa	60 MPa
刀具偏磨情况	较难偏磨	较难偏磨	容易偏磨
偏磨原因		刀圈是可以独立转动，不同刀刃适应不同长度的轨迹线，双刃之间不容易卡到岩块	两个刀圈同速转动，但轨迹线长度不同，两刀圈之间容易卡到岩块，造成偏磨
综合评定	单刃滚刀和双轴承双刃滚刀的切屑能力更适应于高强度的岩层		

在下穿铁路段掘进施工中，盾构刀具采用单刃滚刀和双轴承双刃滚刀。

2.机械设备保证措施

盾构始发前，应对盾构机进行全面检修与调试，并请参建各方、生产厂家共同验收，确认无误后方可始发。盾构掘进至2#竖井时进行停机检修，确保盾构机到达以下标准：

①盾尾密封油脂注入系统工作正常，各种管道完好，不存在阻塞情况，并对盾尾刷进行更换，更换步骤如下表。

表 5-20　盾构机尾刷更换步骤图表

序号	示意图例	说明
1		盾构机完全进入竖井 2 内
2		采用 1.5 m 长钢管筒代替管片，将盾构机继续往前推，使得三道盾尾刷均露出管片外
3		检查及更换三道盾尾刷，并拼装一环宽 0.5 m 的钢管片，以利于之后拼装的管片跟已拼装的管片进行定位连接

②两套壁后注浆设备均能正常运作，一套是单液同步注浆系统，一套是以双液为主的注浆系统，注浆管路内不存在固结情况。

③刀盘驱动装置、主传动装置，检查油位，填充润滑油均正常运作。

④刀盘驱动密封与铰接密封的注脂系统、管路及密封压力均正常达标。

⑤检查所有线路，接线端子，控制按钮、电缆卷盘、传感器、感应器等，对损坏部分进行修复和更换。

⑥在送泥管 AV1 阀之前，焊接一条 4 寸管直间连接土仓，并采用手动阀 P 进行开关控制。

⑦土仓后壁中隔板安装直间观看的切口压力计。

⑧更换全断面滚刀。

3.控制盾构掘进参数

控制地面沉降主要的关键技术是保持盾构开挖面的稳定和及时填充隧道与地层之间的建筑空隙以及盾构的掘进参数控制。具体措施如下所述：

①保持盾构开挖面的稳定：盾构开挖面的稳定可以通过调整掘进参数来控制。掘进参数主要有：刀盘和土舱压力、排土量和推进速度、螺旋机转速、千斤顶总推力、注浆压力与时间、注浆方式、浆体性能、盾构坡度、盾构姿态和管片拼装偏差等。因此，必须熟练掌握盾构机的操作技能，根据地面变形情况进行监测反馈，以验证选择施工的合理性或再调整施工参数。通过设定推进速度来调整排土量或者设定排土量来调整推进速度，以求得土舱压力与地层压力的平衡。

②同步注浆与二次注浆：为了减小和防止地面沉降，在盾构掘进中，要尽快在脱出盾构后的衬砌背面环形建筑空隙中充填足量的浆液材料。根据地质条件，浆液配比、注浆压力、注浆量及注浆起讫时间对同步注浆达到预期效果起关键作用。浆液具有较快的凝固性，限制后期沉降。二次（或多次）注浆弥补同步注浆的不足，是减小地表沉降的有效辅助手段，可使盾构在穿越建（构）筑物、铁路股道、道路及地下管线时，大大减小地面沉降。衬砌背后实施二次注浆，重点对拱部进行施作。

③盾构姿态控制：盾构推进时，控制好盾构姿态，避免盾构上浮、叩头和后退等现象发生。本区间隧道左右线下穿铁路隧道曲线半径均为 350 m，曲线半径较小。盾构在曲线上掘进时，土体对盾构及隧道的约束力差，盾构轴线控制较困难，需放慢掘进速度、小幅度纠偏、减少超挖及加大注浆量及加强纠偏测量工作，以减少地层损失和地面沉降量。

4. 盾构掘进技术措施

（1）设置试验段

MJS 工法试桩段范围作为试验段，收集分析盾构试验段的数据，制订合理的掘进参数指导下穿铁路段的掘进施工。并在盾构下穿铁路段的施工过程中，通过信息的反馈，进一步调整盾构施工参数。

（2）切口压力

在穿越铁路区域过程中有京广铁路、武广客运专线及站台雨棚等地段，根据不同的地段选择不同的切口压力值，掘进过程中始终保证土仓压力与作业面水土压力的动态平衡。理论计算公式为：

$$P_{京} = k\gamma H + 20\ \text{kPa}；P_{武} = k\gamma H + (25 \sim 35)\text{kPa}$$

式中：K 为土压力的侧向系数，视覆土性质和厚度而定，一般为 0.5~0.7；γ 为土的容重；H 为隧道中心埋深；$P_{京}$ 为京广铁路段的切口压力理论设定值；$P_{武}$ 为武广客运专线段的切口压力理论设定值。

在工程实施过程中，根据实际情况，以及和干砂量的有机结合，切口压力设定值可做适当调整。

（3）泥浆性能

盾构穿越铁路过程，泥浆储备充足，且黏度控制在 30 s 以上。

（4）干砂量控制

盾构推进的每环理论切削土量为 46.46 m³。理论干砂量为：$Q_{干} = Q_{切}/(1+e) = 28.16$ m³，其中：e 为平均孔隙比为 0.65。

在掘进过程中，通过环流系统感应器收集泥浆流量、比重等数据，并传送到中央控制室，经过数据处理后，操作人员可以在显示器上直观知道干砂量，一旦发现有超量的现象，必须对该区段进行处理，包括二次补浆。

（5）同步注浆

计算空隙量为 4.05 m³，考虑地层中以细砂、粗砂和砾砂为主的地层渗透系数较大，取较高系数，实际注浆量取值为理论方量的 1.5~1.8 倍，即 6.08~7.29 m³/环。注浆量的最终确定要视注浆压力、隧道的稳定情况以及地面沉降情况而定，以上数值仅为经验值。在此地段掘进过程中，加密深层沉降监测系统的监测频率，及时了解土层的沉降情况，并加强与广铁集体和第三方监测的沟通，同步掌握地面沉降监测数据，及时分析地面与地层的沉降数据，调整盾构机掘进参数和注浆压力。

根据盾构施工经验，同步注浆拟采用下表所示的配比，在施工中，根据地层条件、地下水情况及周边条件等，通过现场试验优化确定。同步注浆浆液的主要物理力学性能应满足下列指标：

表 5-21 同步注浆材料配比表

水泥/kg	粉煤灰/kg	膨润土/kg	砂/kg	水/kg	外加剂
120~140	381~241	60~50	710~934	460~470	按需要根据试验加入

胶凝时间：一般为 3~10 h，根据地层条件和掘进速度，通过现场试验加入促凝剂及变更配比来调整胶凝时间。对于铁路区域地段需要注浆提供较高的早期强度的地段，可通过现场试验进一步调整配比和加入早强剂，进一步缩短胶凝时间。

固结体强度：1 d 不小于 0.2 MPa，28 d 不小于 2.5 MPa。

浆液结石率大于 95%，即固结收缩率小于 5%。

同步注浆时必须要做到"掘进、注浆同步，不注浆、不掘进"，在同步注浆压力和注浆量方面进行双控，做到适时、足量。具体注浆参数还需通过地面与地层的沉降信息反馈来确定。

（6）姿态控制

严格控制盾构的纠偏量。在掘进中严格控制盾构机的姿态，最大限度减少每次纠偏的幅度，使其不超过盾构直径的 0.3%（即 19 mm）。然后根据每环的测量结果和管片四周间隙情况，对盾构机下一环的推进提供精确依据，及时调整各区千斤顶的伸长量。

盾构机操作人员严格执行指令，谨慎操作，对初始出现的小偏差及时纠正，尽量避免盾构机走"蛇"形，并控制每次的纠偏量在 2 mm 以内，以减少对地层的扰动，并为管片拼装创造良好的条件。

（7）二次注浆

一般情况下，盾构机通过后地面还会有后续沉降。在铁路下方通过后，为了防止后续沉降的发生，必须进行二次补充注浆，补充一次注浆未填充部分和体积减少部分，并且采用流量和压力双控的方式进行二次补充注浆，必要时采用双液浆进行注浆，尽量恢复围岩松动圈内的地层应力损失，从而减少盾构机通过后土体的后期沉降，同时减轻隧道的防水压力，提高止水效果。

在盾构穿越铁路段过程中，每两环进行一遍二次注浆。二次注浆在管片出盾尾 4~7 环后进行。二次注浆采用水泥浆掺粉煤灰，注浆压力一般为 0.2~0.4 MPa。盾构过程中要保持持续注浆，二次注浆在过铁路及特殊部位时要及时，多次少量。

（8）盾构推进

推进速度制：盾构机穿越铁路以安全、快速为原则，掘进速度控制在 10~

15 mm/min。两套注浆系统全部启动：一套是单液同步注浆系统，一套是以双液为主的注浆系统，采用流量和压力双控。

掘进模式采用逆循环的方式进行掘进施工，但在掘进施工中，若环流发生堵塞情况、切口水压波动值大于±2%时，盾构掘进模式更改为交替掘进，即武广客运专线列车运营时停机保压，保压时按气压开仓造泥皮的方式将土仓内泥浆黏度提高到 40 s，切口压力比掘进时增加 20 kPa；武广客运专线列车停止运营时再恢复盾构掘进施工。

（9）保压能力

在突发性停水停电的情况下，通过手动关闭 MV1、MV2 后面的手动球阀和打开土仓 4 寸管上的手动阀 P，利用 AV1 阀之前位置的 4 寸管进行自然保压（如图 5-50 所示）。

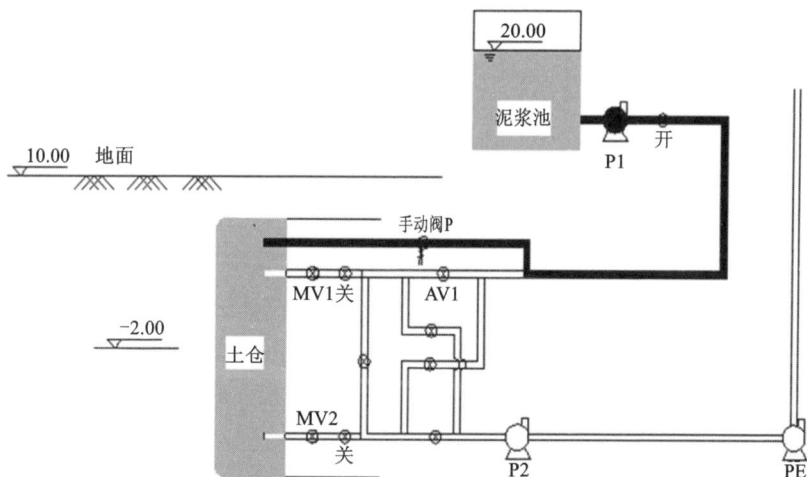

图 5-50　盾构机自然煲药示意图

由于泥浆池位于花果山公园施工场地，地势高，泥浆液面标高可达 20 m，而盾构机在铁路下方时的埋深约 9 m，地面标高仅约 11 m，盾构切口水压最大仅需要 180 kPa，自然保压足够能满足切口压力的设计要求。

（10）二次注浆孔

在盾构隧道施工过程中应加强二次注浆，故在盾构管片生产时，每环管片上预留 10 个注浆孔以便于二次注浆（如图 5-51 所示）。

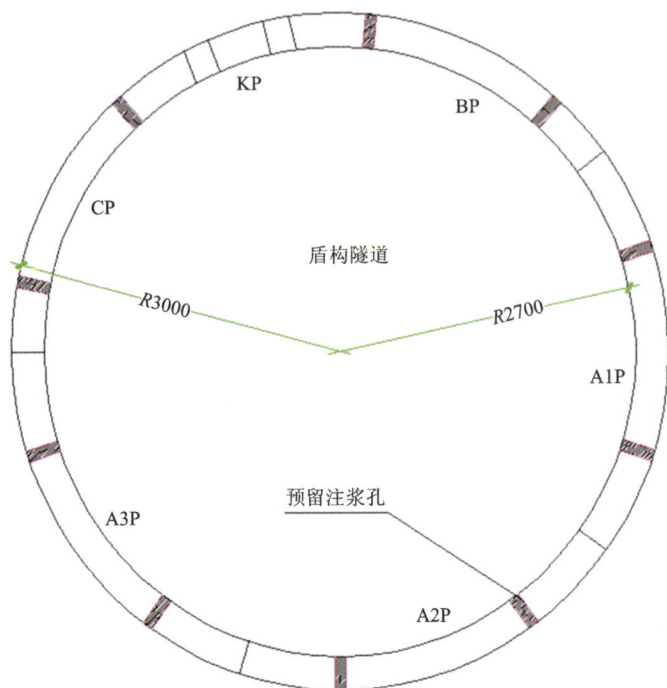

图 5-51　加固注浆孔横断面示意图

5.3.4　工程保护应急管理方案

1. 列车限速方案

武广客运专线为高速铁路，同时区间下穿铁路段埋深较浅，下穿施工可能多次扰动地层，因此为确保武广客专、京广铁路的运营安全，有必要在盾构施工阶段适当限速以确保铁路运营安全。

结合各施工阶段施工风险分析、同时考虑尽量降低对运营的影响，结合专家审查意见及广铁集团的批复意见，盾构施工期间推荐限速方案如下。

对于武广高铁：

①原则上仅针对盾构掘进穿越期间进行限速，其他施工阶段正常情况下不限速正常运营。

②盾构穿越武广施工期间限速 80 km/h，施工时间左右线各 10 d，中间间隔 1 个月，右线通过后 1 个月正常运营，总时间约 80 d。

③利用确认车、动（轨）检车定期检查数据指挥列车限速通过并指导施工。

④利用监测数据指挥列车限速通过。

对于京广铁路：

①原则上仅针对盾构掘进穿越期间进行限速，其他阶段不限速正常运营。

②盾构下穿阶段京广建议限速 80 km/h，施工时间左右线各 15 d，中间间隔 1 个月，右线通过后 15 d 正常运营，限速总时间约 80 d。

③利用监测数据指挥列车限速通过。

目前设计方案为确保铁路运营安全，要求对武广高铁和京广铁路进行限速，原则上仅针对盾构掘进穿越期间进行限速，其他施工阶段正常情况下不进行限速，保持正常运营。

由于高铁的重要性及特殊性，具体限速方案需与铁路部门进一步协调后最终确定。

2. 应急预案

设计是工程建设的"龙头"，在设计的全过程中都应充分考虑工程风险，确定有效的应急预案，最大限度地消除复杂工程条件给地铁建设带来的风险。

应急处置原则：

①坚持以人为本，安全第一，减少危害。

②居安思危，预防为主，科学防范。增强预警预防和应急处置能力，坚持预防与应急相结合，提高预防意识，做好应对突发事件的各项保障工作。

③明确职责，规范有序，资源共享。明确应急管理机构职责，建立统一指挥、分工明确、反应灵敏、协调有序、运转高效的应急工作机制和响应程序，加强部门间协作，形成优势互补、资源共享的突发事件联动处置机制。

④实行分工负责。在广州市人民政府、广州市地下铁道总公司、广铁集团及施工单位的统一领导下，按照各自职责、权限，共同做好铁路既有线施工安全事故、行车事故应急救援处置工作应急预案，总体概述如图 5-52 所示。

应急预案具体内容包括：

①基坑开挖、地层加固及盾构施工前施工单位应根据实际情况与铁路相关部门协调做好应急预案（如列车限速、调整轨道、回填道床、补充注浆等措施），确保铁路运营的绝对安全。

②穿越既有铁路存在一定的施工风险，针对有可能发生的一些突发事件，从管理、技术和组织等方面分析，制定相应的应急预案。

③建议成立以项目经理为首的应急领导小组，组建专业应急处理突击队。加强工程监测、监控，实行信息化施工。一旦监测数据出现预警值，立即报告应急处理领导小组，同时监测、监控小组按程序增加监测频率和监测点。

④关于人员的安全疏散，所有抢险人员应坚持"救人重于救物"的原则。

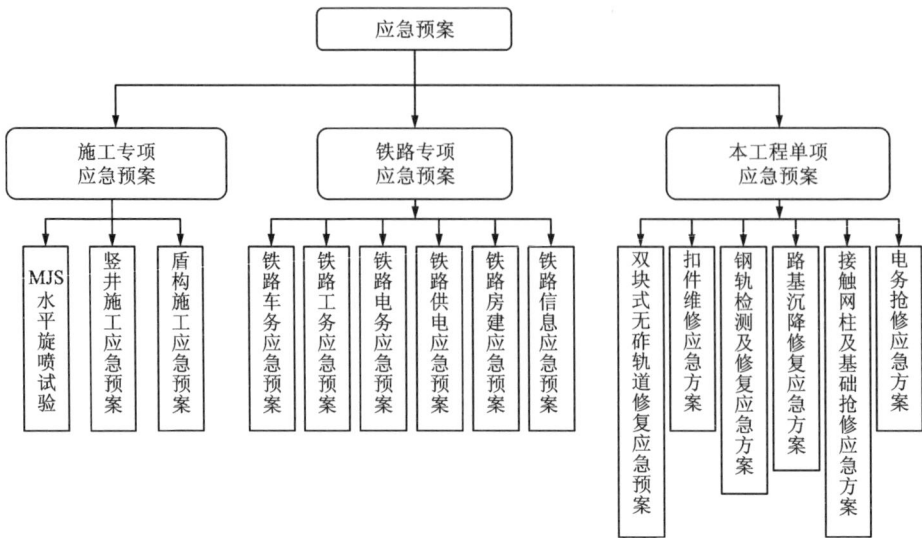

图 5-52　应急预案总体概述

⑤施工地点两端按规定设置防护员及防护信号标志，施工地点防护员及两端防护员保持通信联系，随时预报过往车辆通过施工地点的时间，施工地点一旦出现险情，防护员须立即通知驻站联络员及两端防护员，并立即采取安全防护措施及时将列车拦停在故障点之外，待险情消除后方可放行。

⑥在毗邻既有线施工地段一旦出现线路险情，立即上报既有线施工安全应急抢险领导小组，及时通知驻站联络员，根据实际情况决定是否设置停车信号标，确保行车安全。

⑦组织年轻力壮、热爱工作，有经验、有责任心的职工和劳务工组成救援抢险队。要求做到听从命令，收到命令后人员和机械等在 15 min 之内赶到险情现场。到场后，依照指挥抢险命令，按分工积极投入抢险工作，减少人力财力损失，用最短的时间抢险抢修，及时开通线路。

⑧各种设备、车辆、器材、物资等统一调遣，各类人员必须坚决无条件服从组长或副组长的命令和安排，不得拖延、推诿、阻碍紧急情况的处理。

⑨进行事故分析，找出事故原因，对事故原因进行分析，找出事故第一责任人，进行严肃处理，同时组织全体施工人员进行安全意识再教育，事故处理过后积极投入施工生产。

⑩配备足够的抢险机动设备、材料：

a.加固施工期间，防护人员加强监护瞭望，防止施工机具侵入铁路限界，

并随时检查线路状况,出现异常时立即采取相应措施;

　　b.盾构隧道下穿线路时在线路两侧预先堆放道砟(数量应根据起、拨道长度确定,可暂按 10 m³ 准备),以备线路沉落后起、拨道所需;

　　c.隧道外地层补偿注浆:深孔钻机、双液及单液注浆设备各一套,20 m³ 注浆材料。

　　⑪变形达到安全警戒值,危及国铁线路安全时,立即停止施工,并及时与铁路运营部门联系,配合铁路养护单位,尽快减缓变形,调整线路设备,确保安全。

5.3.5　施工监测

　　根据 9 号线下穿既有铁路 2018 年 1 月监测日报对京广高铁区域及天桥站房地道等构筑物的监测数据进行汇总,各测点累计变化量最大值如表 5-22 所示。MJS 加固、盾构掘进在武广高铁下方施工的沉降控制标准极高(零隆起、5 mm 沉降),对改良后的地层,盾构下穿引起的高铁路基累积沉降量达到控制值要求。

表 5-22　监测数据一览表

监测区域	监测日期						
	1 月 1 日	1 月 5 日	1 月 10 日	1 月 15 日	1 月 20 日	1 月 25 日	1 月 30 日
高铁站台沉降/mm	-0.72	-0.73	0.87	0.93	0.82	0.75	0.72
高铁雨棚柱沉降/mm	-0.53	-0.66	-0.96	-0.8	0.7	0.64	0.65
高铁接触网柱沉降/mm	0.6	0.7	1.04	1.03	0.77	0.46	0.49
高铁接触网柱倾斜 X 方向/‰	0.06	0.06	0.07	0.07	0.06	0.07	0.07
高铁接触网柱倾斜 Y 方向/‰	0.07	0.07	0.06	-0.07	-0.07	0.06	0.06
高铁地下水位/mm	24	27	26	25	28	22	22
高铁地基分层沉降/mm	-1.12	-1.01	-1.17	-1.22	0.71	0.75	0.61

续表5-22

监测区域	监测日期						
	1月1日	1月5日	1月10日	1月15日	1月20日	1月25日	1月30日
高铁4站台西侧地表沉降/mm	0.8	-0.79	-0.75	0.81	-0.67	-0.46	0.47
天桥沉降/mm	0.57	-0.39	0.32	-0.44	0.66	0.37	0.31
地道沉降/mm	0.74	0.59	0.55	0.35	0.58	0.7	0.71

5.4 本章小结

广州地铁9号线广州北站—花城路站区间地铁盾构下穿高铁无砟轨道路基段工程项目存在施工环境复杂、盾构隧道埋深浅、线路条件复杂、铁路下方地质条件复杂、沉降控制要求严格等难点问题,主要存在的工程设计风险为地层沉降和岩溶风险。下穿高铁的设计关键技术主要包括:

①通过选线设计方案比选,确定了盾构隧道下穿武广客运专线路基段的线路方案。

②通过对基坑开挖、地层加固,盾构掘进等施工过程的数值模拟,分析了施工过程中的沉降情况,综合评估了设计施工方案的可行性。

③通过对地铁9号线在复杂地质条件下浅埋下穿武广客专无砟轨道实际情况分析,在盾构穿越施工之前采取适当的加固措施是必要的。通过国内外诸多地基加固工法的对比分析,并结合下穿武广客专沉降控制要求,选用目前技术先进、沉降控制效果可靠的MJS加固工法。利用施工竖井对京广铁路下方的灰岩地基进行了压力注浆处理,达到岩溶处理的目的以保证工程安全。

④地铁基坑工程周边环境复杂,安全事故带来的后果会相当严重。必须采取完备的监测设计方案,方能在既保证正常、顺利施工,确保其周边管线及建(构)筑物的安全。

⑤施工中进行变形监测并及时反馈信息,通过监测信息反馈,优化施工参数,实行信息化施工,确保工程和铁路行车安全。

第 6 章

总　结

　　广州地铁 9 号线是世界首条在岩溶区修建的浅埋地铁工程线路，线路从设计、建设至验收运营历经近 9 年，为解决设计建设过程中的难题，设计团队从岩溶区勘察、车站设计和地铁区间设计等方面开展了岩溶区地铁修建设计关键技术研究。本书结合广州地铁 9 号线勘察设计全过程，全面分析了岩溶区勘察风险，提出了岩溶区地铁修建勘察重难点及技术要求；针对岩溶发育区地铁设计修建，总结了车站和地铁区间设计全过程风险及重难点，提出了车站和地铁区间设计原则及关键技术要求；着重围绕区间下穿既有高速铁路设计开展分析，总结了岩溶区地铁下穿高速铁路设计关键技术。本书主要研究成果如下：

　　1. 针对岩溶区地铁土建工程勘察设计可能遇到的风险，结合工程实践，总结了岩溶区地铁土建工程的勘察风险、勘察重难点及勘察关键技术，整理了广州地铁 9 号线的勘察成果。

　　①针对岩溶的成因和特点，并结合广州地铁 9 号线工程实践，系统地总结了岩溶区地铁土建工程可能存在的地质风险、勘察重难点、勘察特殊要求，以及勘察手段和技术要点等。在勘察阶段，对不能完全查明的岩溶地质情况，采用钻探、物探相结合的方法，详细查明岩溶的发育情况。

　　②依据岩溶区地铁土建工程勘察成果，以典型案例的形式整理了广州地铁 9 号线的勘察成果，针对具体案例给出了勘察方法和勘察成果，并针对溶(土)洞的具体情况，提出了工程措施建议，为同类工程提供了参考。

　　2. 针对岩溶区地铁车站修建过程中存在的风险及设计的重难点，归纳了车站设计总体技术要求，研究了岩溶区明挖法地铁车站设计方案。

　　①分析了岩溶区修建地铁车站可能出现地面塌陷、支护结构坍塌、渗漏水及基底突涌水等风险，对站位、埋深、车站建筑形式、围护结构形式、防水、基底处理、溶(土)洞处理等岩溶区地铁车站设计重难点进行了总结。

　　②依据车站设计的重难点与设计总体技术要求，分别对花都汽车城车站、广州北站、高增站、清塘站等四种典型的明挖法车站进行了车站方案设计研

究，根据车站的站址环境、地质情况等因素，确定了车站的方案，设计了车站的围护结构、基本结构等，基于车站风险的重难点提出了明挖法车站施工中风险预控技术及相应的设计措施，为工程实践人员提供了参考。

3. 针对岩溶区地铁区间设计建设可能面临的风险，分析了岩溶区地铁区间设计重难点，提出了岩溶发育区地铁区间设计总则及设计关键技术。

结合岩溶区地铁区间施工方法，从地质风险、盾构法及明挖法施工特点出发，系统地总结了岩溶区地铁区间建设的典型风险问题，全面分析了灰岩区岩溶预处理、线路穿越既有铁路或高速公路路基、线路穿越重要建(构)筑物、线路穿越河流、区间穿越上软下硬地层等地铁区间设计建设难点，提出了岩溶区地铁区间设计总则，形成了地铁区间岩溶预处理、双模盾构设计运用、特殊岩土地层盾构管片设计、盾构隧道基底预留注浆处理、盾构下穿河流及重要建(构)筑物等一系列设计关键技术。最后，结合工程设计实践，详细介绍了地铁区间施工、盾构掘进、荷载结构设计、附属结构设计、岩溶预处理设计和盾构下穿重要建(构)筑物设计等地铁区间设计开展全过程。

4. 针对岩溶区地铁下穿高铁修建设计中面临的地层沉降和岩溶等风险，分析了岩溶区地铁下穿高铁路基段设计重难点，提出了地铁下穿高铁的设计关键技术。

通过选线设计方案比选，确定了盾构隧道下穿武广客运专线路基段的线路方案。通过对基坑开挖、地层加固、盾构掘进等施工过程的数值模拟，分析了施工过程中的沉降情况，综合评估了设计施工方案的可行性。结合下穿武广客专沉降控制要求，选用目前技术先进、沉降控制效果可靠的 MJS 加固工法，采用 MJS 水平旋喷桩工艺对铁路路基进行水平加固。利用施工竖井对京广铁路下方的灰岩地基进行了压力注浆处理，以达到岩溶处理和保证工程安全的目的。施工中进行变形监测并及时反馈信息，通过监测信息反馈，优化施工参数，实行信息化施工，确保工程和铁路行车安全。

参 考 文 献

[1] 中国城市轨道交通协会.城市轨道交通 2020 年度统计分析和报告[R/OL]. (2021-04-09)[2021-04-10]. https://www.cam-et.org.cn/tjxx/7647.

[2] 竺维彬, 黄辉. 岩溶区地铁土建工程风险防控技术[M]. 长沙: 中南大学出版社, 2020.

[3] 中华人民共和国建设部. 地下铁道、轻轨交通岩土工程勘察规范: GB 50307—1999[S]. 北京: 中国计划出版社, 2000.

[4] 于晓东, 王芳, 张安静. 浅谈地铁车站埋深对工程造价的影响[J]. 现代城市轨道交通, 2005(3): 47-48.

[5] 易思蓉. 城市轨道交通线路规划与设计[M]. 北京: 科学出版社, 2013.

[6] 竺维彬, 鞠世健. 复合地层中的盾构施工技术[M]. 北京: 中国科学技术出版社, 2006.

[7] 竺维彬, 鞠世健. 地铁盾构施工风险源及典型事故的研究[M]. 广州: 暨南大学出版社, 2009.

[8] 竺维彬, 张志良, 林志元. 广州地铁土建工程工法应用与创新[M]. 北京: 人民交通出版社, 2014.

[9] 竺维彬, 钟长平, 黄辉, 等. 富水岩溶发育地层地铁盾构工程关键技术研究报告[R]. 广州: 广州地铁集团有限公司, 2019.

[10] 黄辉. 广州地铁 9 号线深基坑工程岩溶地质风险控制研究[J]. 施工技术, 2016(13): 88-92.

[11] 黄辉, 张伟荣. 广州地区软弱地层盾构掘进沉降控制技术研究[J]. 施工技术, 2015, 44(S2): 430-432.

[12] 谭佳, 涂文博, 张鹏飞. 岩溶发育区地铁穿越断裂带基坑承压水突涌应急处理技术[J]. 广东土木与建筑, 2020, 27(1): 71-74+78.

[13] 林本海. 广州地铁 9 号线在构造岩溶发育区特殊地层中既有结构安全保护的范围和措施研究成果报告[R]. 广州: 广州大学, 2017.

[14] 廖鸿雁. 复合地层盾构技术[M]. 北京: 中国建筑工业出版社, 2012.

[15] 王晖, 谭文, 黄威然. 广州地铁三号线北延段盾构隧道工程施工技术研究[M]. 北京: 人民交通出版社, 2012.

[16] 吕虎. 隧道联络通道施工力学行为研究[D]. 上海：同济大学，2006.

[17] 郭玉海. 大直径土压平衡盾构引起的地表变形及掘进控制技术研究[D]. 北京：北京交通大学，2014.

[18] 赵云建. MJS水平旋喷桩加固高铁路基及盾构下穿过程中地层沉降分析[D]. 成都：西南交通大学，2018.

[19] 王科甫. 盾构隧道下穿客运专线沉降预测及控制研究[D]. 成都：西南交通大学，2012.

[20] 张恒臻. 地铁盾构隧道下穿既有铁路沉降分析与控制研究[D]. 北京：北京交通大学，2015.